# 圖書分類法概論

# 圖書分類法槪論

鄭 馝謨 編著

한국학술정보㈜

# 인사의 말씀

개인의 저작전집은 대단히 훌륭하고 권위 있는 학자에 한해서 그 분이 작고한 다음에 여러 해 지나서야 제자들이나 그 자손들이 뜻을 모아 편찬하는 것이 현재까지의 관행이라고 알고 있습니다. 그런데 본인의 저작은 그 내용이 허술하여 학술적 가치도 없어서 앞으로 나의 저작이 전집으로 출간되리라고는 전혀 꿈에도 생각하지 못했는데, 내가 죽기도 전에 우선 표면상으로나마 이와 같이 훌륭한 저작전집을 발행하게 되었으니 나는 운수가 대단히 좋은 사람이라고 스스로 생각합니다.

이 저작전집을 발행하게 된 과정을 간단히 말씀드리면 2001년 5월에 "한국학술정보주식회사"라는 처음 듣는 출판사에서 한 청년이 집으로 찾아와서 자기소개를 한 다음, 내가 지금까지 저작한 책들을 모두 빠짐없이 연대순으로 작성한 목록을 내 앞에 제시하고, 이들 책들을 모두 전집으로 엮어서 발행하고자 하니 허락해 달라고 했습니다.

나는 처음에 그의 말이 전혀 납득이 되지 안아서 몇 가지 사항을 물었습니다. 그 목록에는 책을 발행한지 30년이 지난 책도 여러 권인데 이제 이런 책을 다시 발행해서 누가 볼 것이며, 우선 출판사에서 이득이 없고 오히려 손해만 볼 터인데 왜 이런 책을 발행하려고 하는가?

그 젊은이가 말하기를 저희가 손해 보는 사업이야 하겠습니까? 저희들의 출판사 이름이 "한국학술정보주식회사"입니다. 학술적 가치가 있다고 판단되면 아무리 오래된 책이라도 이들을 주로 "전자책"으로 복원해서 주로 대학도서관에 보급하고자 합니다. 전자책은 발행 비용도 적게 들고, 아무리 많은 독자가 있어도 CD 한 장으로 모두 동시에 볼 수 있습니다.

둘째로 우리나라의 도서관도 이제 장서가 포화상태에 이르러 동일한 책을 복본으로 소장할 수가 없고, 오히려 이미 소장된 문헌도 한 권씩만 남겨두고 복본은 폐기해야 할 처지입니다. 그리고 과거에 발행된 책들이 대부분 인쇄가 선명하지 못하고 지질이 불량해서 삭거나 좀먹은 책들이 많아서 앞으로 50년만 지나면 거의 쓸모없는 것이 더욱 많아질 것입니다. 반면에 CD는 아무런 손상이 없이 영구적으로 보존될 수 있다고 보고 있습니다.

나는 젊은이의 말을 듣고 부끄러운 생각에 얼굴이 붉어졌지만 많은 것을 깨달았습니다. 내가 대학에서 30여 년 동안 도서관과 직접 관련된 전공분야의 교수였고 도서관장까지 지낸 사람인데 불과 10년도 안 되는 동안에 이렇게도 많이 변했는가? 전자공학과 컴퓨터공학이 이렇게도 빠르게 세상을 혁신시키고 있는가? 놀라지 않을 수가 없었습니다.

한편 이상과 같은 시대적 변화를 일찍이 예견하고 전자문헌출판에 앞장선 "학술정보주식회사"의 채종준 사장님의 선견지명에 경의를 표하는 동시에 나의 저작전집을 훌륭하게 발행해 주신데 대하여 진심으로 감사의 말씀을 드립니다. 아울러 그 동안 실무를 맡아서 처음부터 끝까지 성심으로 추진시켜준 장인호군에게도 감사하는 마음을 전합니다.

2004년 5월 20일

淸 浪 드림

# 머 리 말

　人類文化가 發展하는 過程으로서의 知識의 發見과 슬기로운 來日
을 위한 創造는 그 保存과 傳達을 通하여 蓄積되어 가면서 向上해
나아가는 것이다. 個人의 成長 過程에 있어서도 이와 類似한 現象을
엿볼 수 있다. 즉 個人은 自己의 直前의 世代까지의 經驗과 業績의
蓄積을 물려받고 그것을 間接經驗材로서 自己의 直接經驗을 通하여
成長해 가면서 새로운 知識을 낳고 또한 改善하고 擴充해 나아가는
것이다.

　이러한 保存과 傳達의 두 過程에서 記錄으로써 蓄積되어온 知的
文化財는 새로이 利用되고, 또한 그 文化財는 이 利用의 過程에서
淘汰되어 가면서 새로운 發見과 創造가 不斷히 追加 蓄積되어 增大
하고 成長해 나아가는 것이다.

　現代의 圖書館은 이러한 過程을 有意的으로 制御하고 營爲하는 機
能을 지닌 하나의 社會的인 機關인 것이다.

　이러한 機能으로써의 圖書館이 그 現代的인 意義를 가지기까지에
는 圖書館 自體로서 發展의 歷史를 가지며 이 知的 文化財의 保存과
傳達의 問題를 中心으로 한 硏究가 必然的으로 發生하고 또한 成長
해 온 것이다. 이것이 오늘 날의 圖書館學의 中心을 이루고 있는 것
이다.

　具體的으로 말해서 이 保存과 傳達을 위한 問題는 그 能率化와 效
用化에 있었던 것이며, 이 能率化・效用化를 위해서는 圖書館 資料
를 體系化 또는 組織化하는 것이 가장 重要한 것이며, 또한 이 體系
化・組織化를 위한 唯一한 方法이 그 分類化와 目錄化에 있었던 것

이다.

圖書館分類는 知的 文化財의 體系化·組織化의 方法이며 目錄이란 그 效用을 위한 媒介手段인 것이다.

그리하여 本書가 다루고자 하는 分類問題만 하여도 歷史的으로 많은 研究가 거듭하여 發展하고 數 많은 分類體系가 이루어지고 있는 것이다.

이러한 分類問題의 研究는 必然的으로 그 結果가 直接 그 實用을 위한 것이므로 實務에 臨하는 圖書館人의 tool이 되고 있는 것이다.

이 分類體系는 西歐와 中國을 비롯하여 發展해왔으나 現代에 이르러서는 歐美의 그것이 國際的인 位置를 占하고 있는 實情이다.

그러나 世界의 文化는 一元化된 것이 아니며 各民族은 各各의 獨特한 面을 具有하고 있으므로 그 各各의 知識文化財도 색다른 어느 面이 있는 것이다. 그리하여 圖書分類도 一元化될 수는 없는 것이다. 그러기에 世界的으로 主要한 分類體系가 50餘種이나 實用되고 있는 것이다.

그리하여 本書는 世界的으로 主要한 分類體系를 歷史的으로 살피고 이것을 밑바탕으로 해서 現下 우리나라에서 많이 實用되고 있는 分類體系의 實務를 中心으로 하여 여기에서 惹起되는 여러 가지 問題點을 解說하고자 한 것이다.

뒤늦게나마 東西文化를 具有하고 새로운 文化의 創造와 發展을 어느 民族보다도 갈망하고 있는 우리에게는 앞으로 圖書館의 發展이 무엇보다도 期待되며 이에 따르는 圖書館學도 그 發展이 절실해진 것이다.

이제 우리나라에서는 數年 以來로 大學課程에 몇 개의 圖書館學科도 設立 되었으며 圖書館發展을 위한 立法도 이미 成就되었으므로 앞으로 기대되는바 크다.

이미 말한 바와 같이 本書는 各種 圖書館의 實務者의 指針이 되는 同時에 이 分野의 學生을 위한 敎材가 되기를 기대하면서 엮은 것이다.

本書의 第一編 第二章 圖書分類史의 大部分은 加藤氏의 「圖書分類法要說」에서 抄譯하였고, 第二編 第二章 圖書 分類規定은 Merrill의 *Code for class-fiers*에서 大部分 抄譯하고 本書 卷末에 揭載한 文獻을 參考로 하여 體系를 세워 본 것이다.

第二編 「圖書分類의 實務」를 解說하는 데 있어서 그 實例의 分類番號는 主로 D.D.C. 15版과 必要에 따라서는 16版에서 適用하였다.

그러나 脫稿를 하고 보니 當初의 意圖가 그대로 實現되지 못하여 自愧하는 바이며 讀者의 叱責을 빌어마지 않는다. 다만 初創期에는 흔히 未成熟한 勞作도 그것대로의 啓蒙的 役割이 기대되리라는 自慰의 一端이나마 實現되었으면 하는 마음 또한 간절한 바이다.


明 水 台 에 서
鄭 馹 謨 識

# 目　次

## Ⅰ. 圖書分類表槪說

# Ⅱ. 圖書分類의 實務

# Ⅰ. 圖書分類表槪說

# 第1章 緒　論

## 第1節 圖書分類의 意義 및 必要性

### A. 語　義

　分類란 어떠한 槪念의 外延(表象)을 分別하고 그 分別된 各 部分을 整列하에 槪念適用의 範圍를 밝히는 것이라고 볼 수 있다.

　分類와 類似한 말로 區分·分割等이 있다. 一般的으로 區分이란 一槪念의 外延을 分解함으로서 槪念을 밝히고 이것을 整頓하는 것이며 分類는 一旦 區分된 區分肢에 대해서 다시 區分을 하고 漸次的으로 나아가서 完全한 體系를 組織하는 것이라고 볼 수 있다. 즉 分類란 最高의 類에서 漸次로 다음의 分肢인 種에로 進展하는 分析的 方法이다.

　分類는 類를 나누어 種으로 하는 것이므로 分類된 種槪念은 아무래도 類槪念의 內包를 具備해야 할 것이다. 이에 反해서 分割이란 한 事物을 그 各部分으로 나누는 것이다. 따라서 分割된 部分은 共通의 屬性을 가지지 않는다. 그러므로 分割에 依해서는 全然 槪念의 判明(內包의 明確性等)을 期할 수 없다. 例로 三角形의 三線을 分割하고, 나무(木)를 잎(葉) 가지(枝) 줄기(幹) 뿌리(根)로 나누면 「三角形」, 「나무」라고 하는 槪念은 存在할 수 없다. 그러므로 分類는 個體의 直前에 있어서의 最低의 槪念까지를 限界로 하며 個體以下로 나누는 것은 아니다. 要는 區分과 分類와는 分類의 狹義的 解釋과 廣意的 解釋의 相違라고 보는 것이 가장 妥當한 見解라고 볼 수 있다. 이리하여 狹義의 分類인 區分의 境遇에도 適用될 수 있으므로 便宜上 分類의 語意는 類槪念을 一定한 原理에 따라서 種槪念으로 分析하고 이것을 또한 綱, 目으로 分析하여 하나의 體系를 이루는 것이라고 規定한다.

A. L. A의 *Glossary of Library terms*에 依하면 圖書分類란 ① 圖書 및 其他의 資料를 主題, 或은 形式에 따라서 配列하기 위한 體系的 組織으로 ② 그 組織에 따라서 圖書를 特別한 位置에 配當하는 것이라고 說明하고 있다. 이것을 다시 위에서 말한 分類의 語義에 따른다면 이 體系的 組織이라고 하는 것은 資料를 一定한 原理(主題 或은 形式에 따른)에 따라서 類槪念에서 種槪念으로 分析하고 또한 그 다음의 槪念으로 分析해 나아가서 이것을 一定한 體系에 따라서 組織化한 것(分類表)이며 그 組織에 따라서 圖書를 特別한 位置에 配當한다는 것은 그 組織(分類表)을 基準으로 하여 分類作業을 하는 것을 意味한다.


## B. 分類의 必要性

그러면 圖書分類는 무엇 때문에 해야 하느냐. 圖書의 數와 利用度가 限定되어 있던 過去의 文庫, 個人의 藏書에 있어서는 所藏者의 記憶에 依하여 그 所在를 아는 것이 極히 容易했을 것이다. 그러나 圖書의 數가 顯著히 增加하고 利用度가 높아짐에 따라서 다만 記憶에 依해서만은 그 所在를 알 수가 없다. 더욱이 情報傳達의 媒介機關으로서의 近代圖書館에 이르러서는 資料의 生産도 더욱 增大하고 資料의 收集蓄積도 大量으로 增大하고 同時에 利用度도 頻繁해짐에 따라서 利用者의 要求에 應하는 資料의 提供이 困難해 짐으로 情報

傳達은 不可能하며 媒介作用이 成立되지 못한다.

　이리하여 資料를 科學的 體系的인 組織에 따라서 分類하여 同一한 主題, 同一한 內容의 것을 一定한 位置에 集結하고 迅速히 利用에 提供될 수 있도록 蓄積의 秩序를 整備하고 組織을 完備해야 하게 된 것이다.

# 第2節  分類原理

　前述한 바와 같이 分類는 類槪念을 一定한 原理(基準)에 따라서 種 槪念으로 分析하고 이것을 하나의 體系로 織組하는 것이다. 이 分類 되는 것을 被分類體(類槪念), 分類된 各各의 種槪念을 分類肢, 分類의 基準이 되는 一定한 原理를 分類原理(基準, 特徵)라고 하며 이것을 分 類의 三要素라고도 한다. 例를 들면 사람을 分類하여 少年·靑年·老 人이라고 하면 사람은 被分類體, 少年·靑年·老人은 分類肢이며 이 分類는 年齡을 基準으로 한 것이므로 年齡은 分類原理인 것이다. 또 한 사람을 男子와 女子로 分類하면 男子·女子가 分類肢이며 이 分類 는 性을 基準으로 한 것이므로 性이 分類原理인 것이다.

　이와 같이 同一한 被分類體도 分類原理가 다르면 分類肢가 다른 것이다.

　例를 들면 敎育이라고 하는 槪念을 그 實施하는 곳을 分類原理로 하면 家庭敎育·學校敎育·社會敎育으로 分類되며 敎育의 事項을 分 類原理로 하면 初等敎育·中等敎育·專門敎育·高等敎育이 되며, 時 代를 分類原理로 하면 古代敎育·中世敎育·近世敎育·現代敎育等이 된다.

　이와 같이 分類原理는 恒常 同一한 것이 아니며 多樣한 것이어서 여러 가지 分類形態와 組織을 생각할 수 있다.

그러나 圖書館의 分類는 主題를 分類原理로 하여 資料의, 內包(主題)의 類似性에 따라서 同一한 主題, 同一한 內容의 것을 一定한 位置에 集結하게 하는 것을 原則으로 하고 있는 것이다.

그렇다 할지라도 分類의 組織은 한 가지만이 있을 수 없으며 分類하는 主題의 順位와 組織하는 方法과 見解에 따라서 分類組織(分類表)이 여러 가지 있을 수 있는 것이다.

여기에서 注意해야 할 것은 圖書分類는 學問의 分類에 基礎를 둔 것이나 學問의 分類와 圖書館에서의 資料의 分類와는 差異가 있는 것이다.(이를 參考하기 爲하여 次章에 學問의 分類를 略述한다). 이 것을 混同하면 圖書分類에 對하여 學術的인 價値가 없다는 批判을 받게 되는 것이다.

學術文化의 進展은 日進月步하는 것이므로 그 分類는 恒常 새로운 硏究에 依하여 變更되고 새로운 分類가 出現하는 것이다.

圖書館資料의 分類가 그와 다르다는 것은 Sayers가 말한 바와 같이 圖書館의 分類는 두 가지 形式을 取한다. 즉 그 하나는 書架上에 있어서의 資料의 編成(Arrangement)이며 다른 하나는 目錄이나 書誌에 있어서의 資料의 配列로서 知識의 分類와 圖書館의 分類와는 그 目的이 다른 것이다.

知識의 分類는 事物의 關係를 發見하는 手段이며 圖書館의 分類는 利用者가 資料를 發見하고 利用하고자 要求할 境遇를 對備하여 資料를 秩序있게 配置하는 것이다.

# 第3節  學問의  分類

　　分類의  論理는  個個의  槪念의  成立  및  그  分類를  規定하는  것이
다.  이에  對하여  學의  分類는  學의  區分·排列를  究明하기  위한  것
이다.  그런데  圖書分類의  對象인  圖書內容은  必然學에만  限하는  것
은  아니나  이에  따라서  圖書分類에  있어서의  大綱의  區分  및  排列의
根據를  發見할  수  있는  것이라고  생각된다.

　　學의  分類는  古來로  多少  變遷을  하고  있으나  이것은  畢竟  前述한
分類原理를  定하는  方法  如何에  따라서  決定될  것이다.  學의  分類原
理는  數種  있으나  그  主要한  것은  다음의  四種이다.

　1. 精神能力에  依한  것(Aristoteles  學派  및  Bacon의  分類)
　2. 學의  目的에  依한  것(Aristoteles  學派의  分類)
　3. 學의  對象에  依한  것(Wundt의  分類)
　4. 學의  方法에  依한  것(Winderband의  分類)


## A. 中國에  있어서의  學의  分類

　　中國  古代의  學問은  普通  六藝라고  불리는  것이었다.  그런데  六藝
에는  두  가지  意味가  있다.  그  하나는  周代의  所謂  선비(士)가  배워야
할  六種의  藝術,  즉  禮·樂·射·御·書·數이며  다른  하나는  司馬遷
의  史記에서  비롯하는  六經으로서  그  內容은  禮·樂·詩·書·易·春
秋이다.  六藝는  學科的  性質을  띤  것이었으나  時代의  推移에  따라서
學科的  性質의  것으로  變化한  것이다.  六經은  當時의  學問의  全般을
包括한  것으로  孔子와  孔子正系의  學者에  依하여  大成되어  中國의  正
統的  學問이  된듯하며  이것을  普通  經學이라고  한다.  그러나  이  正統
以外에도  人生의  原理의  學問을  이루는  것이  發生하였다.  이것을  諸

子라고 한다. 經學과 諸子學은 共히「人生은 어떻게 살아야 하느냐」를
가르치는 것이므로 그 窮極에 있어서는 同一系의 學問에 屬한다. 따
라서 이 兩者를 合하여 「經學」이라고 해도 無妨하다. 다음으로 우리
의 實踐過程, 즉 「人間은 어떻게 살아 왔느냐」를 論하는 學問이 있다.
이것을 史學이라고 한다. 經學과 史學은 表裏를 이루는 것으로 實로
人生의 根幹的 學問이다. 이 經學에 依하여 우리의 理性을 深化할 수
있고 史學에 依하여 우리의 意志를 새로이 할 수 있는 것이다. 나아가
서 우리를 움직이게 하는 힘으로서 情緖를 通過하여 나타나는 것이
다. 이 經・史・詩는 人格의 基礎的 素養인 것이다. 本來 中國에서는 이
러한 것을 學問이라 稱하고 商工等의 知識 技術은 이것을 根本으로 하는
枝・葉・花・實이라고 본 것이다. 따라서 中國에 있어서는 經・史・詩를
學問이라 稱하고 商・工等의 知識・技術은 學問에 屬하지 않았던 것이
다. 이것은 다음에 說明할 Bacon의 學의 分類인 史學・詩學・理學과
比較해 보면 興味가 있을 것이다.


## B. 西洋에 있어서의 學의 分類

### 1. Aristotele 學派의 分類

Aristoteles 學派에 있어서는 精神能力과 學의 目的, 兩 方面에 依
하여 다음과 같이 두 가지의 分類를 試圖했다.

精神能力에 依한 分類:

　　　　理性에 對應하는 學

　　　　感覺的 知覺에 對應하는 學

　　　　意志와 欲望에 對應하는 學

學의 目的에 依한 分類:

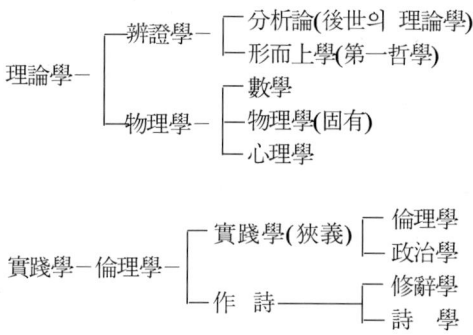

이 分類는 古代와 中世를 通하여 採用되었다.

古代에 있어서는 科學과 哲學의 區別이 明瞭하지 못했으며 科學의 分科도 역시 不充分했으나 Descartes(1596~1650)가 物心二元論을 論述하자 物質(自然)과 精神이 判別되게 되어 形而上學 같은 것은 何等의 經驗에도 依하지 않고 또한 實驗觀察에 基礎를 둘 수 없는 空論이라고 하여 無用한 것이라고 蔑視하게 되었다.

## 2. Francis Bacon의 分類

17世紀初에 Francis Bacon(1561~1625)은 各科學의 硏究에 必要한 精神能力을 分類原理로 하여 分類를 試圖했다. 그는 人間의 精神能力을 記憶, 想像, 悟性의 세 가지로 하고 이에 對應하는 學을 史學, 詩學, 理學이라고 하였다.

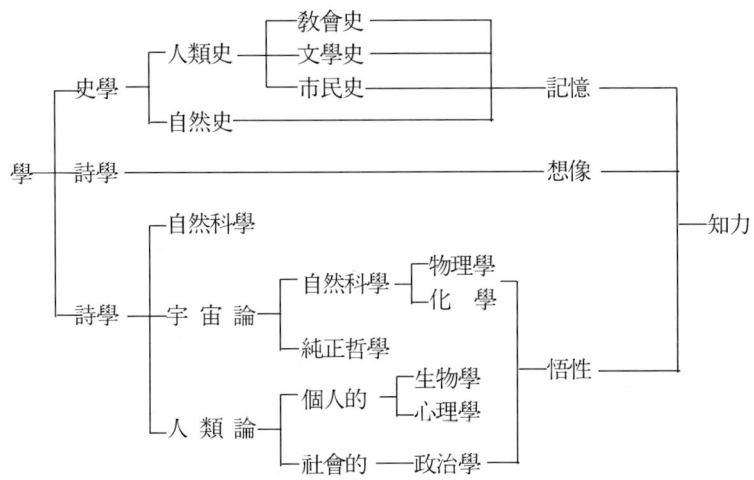

　　學問이　知識의　所産이라고　생각되는　限　精神能力에　依한　分類는
正當하다. 그러나　精神能力은　사람의　主觀에　不過하다. 그러나　知識
은　다만　主觀의　作用에　依한　것이　아니며　客觀性을　가진다. 더욱이
知識의　集成인　學問은　客觀的인　存在이다. 그러므로　精神能力에　依
한다고　생각된　分類는　實은　對象의　分類이다. Bacon의　分類도　第一
次는　精神能力에　依한　것이나　第二次的으로는　學問의　對象을　分類原
理로　하고　있다. 더욱이　精神能力을　峻別　한다고　하는　것은　誤謬이
다. 其他　諸科學이　物質과　精神과의　區別이　없이　竝列되어　있는　點,
詩學을　想像에　依한　科學이라고　한　點에　非難은　있으나　科學과　哲學
을　包含하는　가장　廣範하게　各科學의　特質을　比較的　올바르게　認定
한　分類로서　19世紀의　初에　이르기까지　널리　採用된　것이다. Harris
와　Dewey의　圖書分類는　이　分類에　基礎를　두고　있다는　것은　다음
에　分類史的인　面에서　밝히는　바와　같다.

### 3. Wundt의 分類

19世紀의 後半期에 이르러 科學者間에도 現象의 背後에 그 本質로서 어떠한 實體의 存在를 假定하지 않는다면 世界와 人生問題의 모든 것을 解決할 수 있다는 것이 認定되었다.

그 代表者로 認定받는 사람이 Wilhelm Wundt(1832~1920)이다. Wundt는 "自然科學에는 各各의 領域이 있어서 統一的인 世界觀의 要求를 滿足시킬 수 없으며 科學은 經驗의 事實에 限하는 것이다. 이에 反해서 哲學은 諸科學에서 얻은 一般的 法則을 認識하고 이것을 矛盾性이 없는 體系를 이루며 科學이 利用하는 一般的 方法과 豫想을 그 原理로 還元하는 것이다. 그러므로 哲學의 目的은 特殊한 認識을 모아 悟性과 情意와의 要求를 滿足시킬 수 있는 世界觀, 人生觀을 樹立하는 데 있다"고 했다. 그리하여 그는 科學과 哲學과의 對象을 區別하고 科學의 外에 哲學이 必要하다는 것을 말했다. 또한 從來에는 科學이라고 하면 自然科學을 意味했으나 近世에 있어서는 自然科學의 外에 精神科學 또는 文化科學이 論議되기에 이르렀다. 다음은 그의 科學分類를 表示한 것이다.

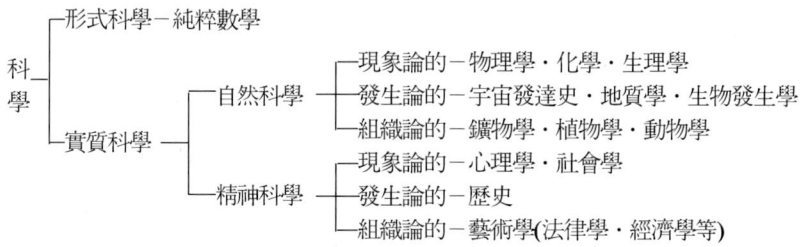

간단히 말해서 Wundt는 科學을 그 對象에 依하여 分類한 것이다. 그는 먼저 從來에 自然科學에 編入되어 있던 純粹數學은 다만 抽象的인 形式을 對象으로 하는 形式的 科學으로 하고 經驗을 主로 하는 것을 實質的 科學이라고 했다. 經驗的 實質科學의 對象은 如何튼 經

驗的 事實이나, 經驗에는 經驗內容으로서 賦與되는 客觀과 經驗內容
을 把握하는 主觀이 있다. 이 客觀을 硏究하는 것은 自然科學이며
主觀을 對象으로 하는 것은 精神科學이다.

다음으로 自然科學과 精神科學을, 經驗을 考察하는 方法의 相違에
따라서 現象論的·組織論的·發生論的의 셋으로 나누어 여기에 種種
의 科學을 配當하였다. 經驗的 事物에 共通되는 性質은 時間性, 즉
時間과 같이 存在하며 時間과 같이 變化한다는 것을 意味한다. 그러
므로 萬一 時間을 過去와 現在와 未來로 나눌 수 있다면 經驗科學은
三種으로 나눌 수 있다.

現象論的 硏究란 未來에 일어날 수 있는 現象, 즉 因果律을 硏究
하는 것이며, 組織論的 硏究란 現在에 있어서의 對象間의 類似性을
發見하고 그 類型에 따라서 無限의 對象을 統一시키려는 系統的 硏
究이며, 發生論的 硏究란 過去에 있어서의 對象의 經過를 硏究하는
發達에 關한 硏究라고 해서 各科學을 여기에 配當하였다.

### 4. Winderband의 分類

綜合的으로 말해서 對象은 結局 主觀에 依하여 비로소 그 存在를
認識할 수 있는 것이므로 Wundt와 같이 主觀과 客觀과는 本來 區別
될 수 없는 것이다. 그러므로 學問의 分類는 對象의 相違에 依할 것
이 아니라 主觀이 어떠한 觀點에 依하여 對象의 어떠한 方面을 硏究
하느냐 하는 것, 즉 硏究方法如何가 考察되지 않으면 안 된다.
Wundt도 學問을 그 對象에 依하여 分類했으나 自然科學, 精神科學
의 細分에 이르러서는 現象論的, 組織論的, 發生論的이라고 하는 區
分을 한 것은 이 方法論的 見解를 採用한데 不過하다. 이러한 立場
에서 Wundt의 分類에 反對하고 硏究方法에 依한 分類를 主張한 사
람이 Winderband(1848~1915)이며 이것을 繼承發展시킨 사람이
Rickert이다.

前述한 바와 같이 Wundt는 數學을 抽象的인 形式을 對象으로 하는

것으로서 形式科學이라고 命名했으나 Winderband도 數學의 認識方法
에 重點을 두었다. 그는 數學의 認識方法은 經驗에 依하는 것이 아니
라 先驗的으로 思惟의 構成에 基礎를 둔 槪念의 關係를 그 公理에서
論理的으로 演繹하는데 있다고 하고 이것을 先驗的 科學이라고 命名
했다. 다음으로 經驗的 科學을 普遍的 法則을 求하는 自然科學과, 歷
史的 事實의 個性記述을 目的으로 하는 歷史科學으로 나누었다.

例를 들면 心理學은 그 硏究對象의 方面에서 본다면 精神科學이지
만 硏究方面에서 본다면 人間의 精神活動의 事實을 確認하고 이러한
事實 사이에 있어서의 普遍安當的 法則을 發見하려고 하는 것으로서
다른 自然科學과 何等의 差異도 없는 것이라 하여 이것을 自然科學
의 一部分이라고 했다. 즉

Rickert의 分類는 Winderband의 分類를 繼承發展시킨 것이다.


## C. 科學의 分類

學一般의 分類가 上述한 바와 같이 分類原理를 定하는 方法에 따
라서 種種으로 그 形態가 變하는 바와 같이 하나의 科學도 역시 分
類를 달리 하고 있다. 例를 들면 心理學의 分類는

(a) **目的에 依한 分類**

  1. 理論心理學

  2. 應用心理學(敎育心理學, 醫學的心理學, 犯罪心理學, 經濟心理學)

(b) **對象에 依한 分類**

  1. 人間心理學(個人心理學, 集團心理學)

　　2. 動物心理學

　　3. 植物心理學

(c) **方法에 依한 分類**

　　1. 意識의 要素와 機能等을 基礎로 하는 研究(構成心理學, 機能心理學, 形態心理學)

　　2. 生理學的研究(行動心理學, 發生心理學, 比較心理學)

　　3. 實驗과 統計에 依한 研究(實驗心理學, 統計的心理學)

　　4. 個性과 環境의 研究(個性心理學, 環境心理學)

또한 應用心理學, 個人心理學, 集團心理學은 다시 細分되나 여기에서는 省略한다.

또한 測量學도

(a) **廣狹에 依한 分類**

　　1. 大地測量과 測地學

　　2. 平面測量

(b) **器械器具에 依한 分類**

| | |
|---|---|
| 1. 測鎖測量 | 2. 羅針測量 |
| 3. 轉鏡測量 | 4. 經緯儀測量 |
| 5. 平板測量 | 6. 水準器測量 |
| 7. 視距測量 | 8. 六分儀測量 |
| 9. 氣壓水準測量 | 10. 寫眞測量 |

(c) **測量의 目的에 依한 分類**

| | |
|---|---|
| 1. 陸地測量 | 2. 地形測量 |
| 3. 高低測量 | 4. 市街測量 |
| 5. 路線測量 | 6. 鐵道測量 |
| 7. 道路測量 | 8. 隧道測量 |
| 9. 河海測量 | 10. 河川測量 |
| 11. 港灣測量 | 12. 海洋測量 |
| 13. 運河測量 | 14. 鑛山測量 |
| 15. 工事測量 | |

　　圖書의 分類는 이러한 여러 가지 立場에서 著述되는 圖書를 分類하는 것이므로 여러 가지 分類表를 생각해야 할 것이나 이것은 전혀 不可能하다. 圖書館의 分類表와 그 規定은 必要에 따라서 恒常 變便, 或은 한 圖書館에서 여러 種類의 分類表를 使用할 수 없다. 그러므로 圖書分類는 一般的으로 對象에 依한 分類와 目的에 依한 分類를 하게 되는 것이다.

# 第2章 圖書分類史

分類史硏究의 目的은 古今 東西에 걸친 分類變遷의 過程을 살피고, 이로써 다음에 있어서의 分類表의 構成 및 古典籍의 處理上의 暗示를 얻고자 한다.

分類史의 資料로서는 各 時代의 各種 分類目錄에 依存해야 할 것이다. 分類目錄에는 다음과 같은 種類가 있다.

(a) 史志目錄－漢書藝文志, 隋書經籍志等.

(b) 書誌－一般書目, 特殊書目

(c) 叢書目錄－四庫全書, 群書類從等.

(d) 藏書目錄－官藏, 私藏, 圖書館藏等.

(e) 販賣目錄.

또한 그 範圍로 말하면,

(a) 一般分類目錄－一般圖書館의 分類目錄等.

(b) 特殊分類目錄－佛經, 道經, 禁閱, 善本等.

이러한 모－든 目錄에 對해서 論述하기는 困難하므로 그 代表的인 것에 限해서 說明하기로 한다.

分類目錄을 通하여 分類의 硏究를 함에 있어서 注意해야 할 것은, 이러한 目錄은 거의가 그 當時까지의 文獻을 收錄한 關係로 分類도 역시 所收의 範圍와 數量에 限定된다고 하는 것이다.

우리나라의 文化는 近世에 이르기까지 中國의 影響을 많이 받았으며 近世以後로는 西洋文明과 日本의 影響을 받았다는 것은 一般常識에 屬하는 것이다. 이제 우리나라는 東西文化의 融合과 그 發展過程

에 있으나 이것은 圖書分類史에서도 살펴 볼 수 있다. 우선 우리나라에 있어서 漢籍分類는 거의 中國의 四部分類를 踏襲한데 不過하며, 國內圖書의 分類도 오랫동안 漢籍分類에 準한 것은 事實이 證明하고 있는 것이다.

日帝下에서는 日本의 分類法에 依했으나 이것 亦是 始初에는 中國의 分類法을 模倣한 것이었으며 其後는 西洋分類法의 영향을 받은 것이었다. 이것은 過渡期的인 것이라고 볼 수 있을 것이다. 日帝時를 前後하여 西洋文物이 들어오자 洋書의 輸入이 增大하게 되었으며 이로서 日本에서는 東書와 洋書의 分類를 一環으로 하는 分類體系(分類表)를 編成하여 使用되었던 것이다. 그러나 解放 以後 數年間은 우리나라 自體의 分類法이 試案되어 使用되기도 했으나 現今에 이르러서는 大部分 美國의 D.D.C(後出)에 準하게 되었으며 東書와 洋書의 分類에 있어서 圖書記號(後出)에 다소의 差異는 있으나 大略 同一分類에 依하고 있으며 書架排列에 있어서도 東書와 洋書를 混合排架하기에 이르렀다. 그러므로 現今의 圖書分類에 있어서는 東西의 融合이 이루 어진 셈이다.

이러한 見地에서 本講에서는 中國分類에서 西洋分類에 또한 우리나라·日本·印度의 分類에 關해서 略述하고자 한다.

# 第1節　中國分類史

## A.　七　略

1. 別錄과 七略: 中國古代의 目錄은 各 時代의 兵亂에 依하여 散佚되어 現在 傳해지고 있는 것은 몇 가지 안 된다. 最初의 目錄이라고 傳해지는 것은 漢나라 劉向의 別錄이다.

漢書藝文志[1] 第十의 序에

> 至成帝時, 以書頗散亡, 使謁者陳農求遺書於天下, 詔光祿大夫劉向校經傳諸子, 詩賦步兵校尉宏校兵書, 太史令尹咸校數術, 侍醫李柱國校方技.

隋書經籍志[2]

> 至于孝成秘藏之書頗有亡散, 乃使謁者陳農求遺書於天下, 命光祿大夫劉向校經傳諸子詩賦, 步兵校尉任宏校兵書, 太史尹咸校數術, 太醫監李柱國方技.

成帝는 河平 3年(B. C. 26)秦의 始皇帝의 焚書 다음에 뒤를 이어 遺書를 天下에 求하에 劉向으로 하여금 이것을 整理하게 한 것이다. 그리하여 蒐集된 圖書를 解題한 것을 叙錄이라하고 이것을 分類 整理한 것을 別錄이라고 한다.

---

1) 前漢書三十, 藝文志第十.
2) 隋書三十一至三十五, 志第二十七至三十.

漢書藝文志의 序에:

> 每一書已, 向輒條其篇目, 撮其旨意, 錄而奏之라 했고

隋書經籍志의 序에:

> 每一書就向輒撰爲一錄論其指歸其訛謬叙而奏之 라고 했다.

別錄은 隋唐의 經籍志에는 二十卷이라고 했으나 北宋까지 新唐書에 記載되었으나 그 後 亡失되어 現在는 傳해지지 않고 있다.

七略: 劉向은 이 事業을 完成하지 못하고 別世하여(哀帝建平元年 B. C. 6) 哀帝는 劉向의 아들 劉歆에게 命하여 이것을 完成시켰다. 劉歆은 아버지의 遺稿를 整理하여 類로 나누어 七略이라 하고 建平 2年에 이것을 哀帝에게 바쳤다. 劉向이 命을 받아 劉歆에 이르러 畢하기까지 二十餘年이 걸렸다. 隋書에 依하면 蒐集된 圖書가 三萬三千九十卷이라고 한다.

七略은 輯略(隋書에는 集略이라고 함), 文藝略, 諸子略(儒家, 道家, 陰陽家. 法家, 名家, 墨家, 雜家, 農家, 小說家) 詩賦略, 兵書略, 術數略 方技略으로 漢籍分類의 始初이다. 上述한 바와 같이 七略은 別錄을 整理하여 이루어진 것이나 逆으로 別錄을 七略別錄이라고도 한다. 七略도 역시 南宋以後 散佚되었다고 한다.

(2) 漢書藝文志[3]: 後漢의 明帝 永平年間(58～75)에 班固가 前漢時代까지의 書目을 作成한 것이 漢書藝文志에 收錄되어 있다. 이 編纂은 王莽이 亂後에 作成한 것으로 그 體裁는 七略에 따르고 있다. 그 差異點은 藝文志에 있어서는 (1) 韓略이 省略되어 있고 (2) "略"字가 省略되어 있고 (3) 諸子의 七略에서는 八家, 藝文志에서는 法家와 縱橫家를 加하여 十家라고 한 點이다.

---

3) 前漢書三十, 藝文志第十.

記載의 例는 다음과 같다.

易經十二篇　施孟梁丘三家
易傳周氏二篇
服氏二篇
(中略)
凡易十三家二百九十四篇
易曰宓戲氏仰觀象於天俯觀鳥獸之文與地之宜近取諸身遠取諸物於
是始作八封以通神明之德以類萬物之情云云。

다음은 所收된 種別를 表示한 것이다.

|  | 家 | 篇 |  | 家 | 篇 |
|---|---|---|---|---|---|
| 易 | 13 | 294 | 賦 | 21 | 274 |
| 書 | 9 | 412 | 賦 | 25 | 136 |
| 詩 | 6 | 416 | 雜賦 | 12 | 233 |
| 禮 | 23 | 555 | 歌詩 | 28 | 314 |
| 樂 | 6 | 165 | ○詩賦 | 106 | 1318 |
| 春秋 | 23 | 948 | 兵權謀 | 13 | 259 |
| 論語 | 12 | 229 | 兵形勢 | 11 | 92圖18 |
| 孝經 | 115 | 9 | 陰陽 | 19 | 249圖10 |
| 小學 | 10 | 45 | 兵技巧 | 13 | 199 |
| ○六藝 | 103 | 3123 | ○兵書 | 53 | 790圖43 |
| 儒 | 53 | 836 | 天文 | 21 | 445 |
| 道 | 37 | 993 | 歷譜 | 18 | 606 |
| 陰陽 | 21 | 369 | 五行 | 31 | 652 |
| 法 | 10 | 217 | 蓍龜 | 15 | 401 |
| 名 | 7 | 36 | 雜占 | 18 | 313 |
| 墨 | 6 | 86 | 刑法 | 6 | 122 |
| 從橫 | 12 | 107 | ○數術 | 190 | 2528 |
| 雜 | 20 | 403 | 醫經 | 7 | 216 |

|  | 家 | 篇 |  | 家 | 篇 |
|---|---|---|---|---|---|
| 農 | 9 | 114 | 經方 | 11 | 274 |
| 小說 | 15 | 1380 | 房中 | 8 | 186 |
| ○諸子 | 189 | 4324 | 神僊 | 10 | 205 |
| 賦 | 20 | 361 | ○方技 | 36 | 868 |

六略을 合하여 38種 596家 13269篇이다.

主意할 것은 (1) 歷史에 相當하는 것이 없다.(史記는 春秋의 다음에 부터 있다.) (2) 佛敎釋家가 없다고 하는 것(當時는 아직 漢譯이 없었던 듯). (3) 道敎는 아직 宗敎의 形態를 이루지 않았다는 것 等이다.

또한 六藝라고 槪稱되는 것은 實은 易, 書, 詩, 禮, 樂, 春秋, 論語, 孝經, 小學의 九經이다. 이러한 것을 七略을 본받아서 諸子 外에 分立시킨 것은 特히 注目된다. 또한 六藝를 根本으로 하는 儒家를 다른 諸子와 같이 六藝에서 分立한 것은 一見 奇異한 感이 있다.

元來 이 九經은 그 內容에서 본다면 他의 五略에 分屬되어야 할 것이나, 孔子의 敎書를 엮은 것이라고 생각되며 반드시 儒家의 專有物은 아니라고 하는 見解에서 獨立시킨 것이다. 또한 九經은 글이며 儒는 諸子와 더불어 사람(傳記)이라는 것도 主意해야 할 것이다.

### B. 四部前期

七略 다음의 漢籍의 分類는 四部이다.

**(1) 荀勗의 四部**: 漢志에 의하여 整理된 典籍은 董卓의 亂(189~90)부터 漢末 三國初의 戰亂에 依하여 다시 散佚되었으나 魏에 이르러 蒐集되었다.

이것이 鄭默의 中經簿이다. 中經이란 國內書目이란 뜻이다. 무릇

14卷 1886部, 29845卷을 收錄했으나 이것도 唐初에 散佚되었다고 한다.

鄭默의 中經簿에 이어 晋初(武席 265∼) 荀勗이 新簿十四卷을 編했다. 收錄된 것은 亦是 29945卷, 그 體裁도 꼭 中經簿에 따랐으나 이것도 散佚되었다.

隋志에 依하면 新簿의 目은 群書를 總括해서 다음과 같이 四로 했다.

一目甲部 紀六藝及小學等書

二目乙部 有古諸子家, 近世子家, 兵書, 兵家, 術數

三目丙部 有史記, 舊事, 皇覽簿, 雜事

四目丁部 有詩賦, 圖讚, 汲冢書

甲乙丙丁의 四部는 書籍의 部類를 稱하는 것이 아니라 書目記錄上의 順序를 表示하는데 不過하나 六略에서 四部에의 過渡的 分類로서 注目할만한 것이다. 또한 丙部는 後世의 所謂 史部에 該當하나 當時에 이미 史籍이 相當數에 達하고 있었다는 것을 意味한다.

**(2) 李充의 四部**: 晋末 惠懷의 亂에 依하여 다시 散佚된 文籍은 東晋(元帝 317∼)의 初, 李充이 蒐錄하여 荀勗의 中經簿와 校合했을 때에는 現存한 것이 겨우 3014卷이었다고 한다. 그리므로 諸篇의 이름을 들지 않고 甲乙로서 順序를 表示하고 말았다. 但, 荀勗의 四部法中 乙丙의 順序를 變更하여 다음과 같이 한 것은 注目할 바이다.

甲部 五經等

乙部 史記等

丙部 諸子等

丁部 詩賦等

李充의 四部의 內容과 順序는 全的으로 後世의 經史子集을 방불하게 하는 것이다. 그리하여 四部分類는 다음에 表示한 바와 같이 其後 官府書目의 準據가 되었다.

謝靈運. 秘閣四部目錄, 宋, 元嘉八年(431) 所收 64582卷

王儉. 四部書目錄, 宋, 元徽元年(473) 所收 15704卷

王亮. 謝朏等. 秘閣四部書目. 南齊, 永明年間(483~493) 所收 18010卷

牛弘. 四部目錄, 隋, 開皇四年(584)

隋書經籍志. 唐, 顯慶元年(656)


## C. 七志, 七錄

四部法과 거의 때를 같이하여 七分法이 나타났다. 그것이 王儉의 七志와 阮孝緒의 七錄이다. 두 가지가 모두 散佚되어 隋志의 序에 依하여 그 內容을 엿볼 수 있을 뿐이다.

(1) 七志: 王儉은 宋·元徽元年(473) 四部書目錄 四十卷을 作成하고 後에 七志 三十卷을 作成했다. 收錄된 것이 15704卷.

　　七志는

一. 經典志 紀六藝, 小學, 史記, 雜傳

二. 諸子志 紀今古諸子

三. 文翰志 紀詩賦

四. 軍書志 紀兵書

五. 陰陽志 紀陰陽圖緯

六. 術藝志 紀方技

七. 圖譜志 紀地域及圖書

　　附-道·佛

六略과 對照하면 明確하며 그 名稱을 變更하고 새로이 圖譜志를 加한 것이다.

附錄에 道, 佛을 둔 것은 이 方面의 圖書의 增加를 表示하는 것으로서 注目을 해야 할 것이나 四部分類에 있어서 一旦 獨立시키려고 한 史類를 經典에 넣은 것과 圖譜志(當時 系圖를 重히 여기는 風潮가 생기어)의 獨立에 依하여 分類의 交錯를 가져오게 한 것은 不當하다.

(2) **七錄**: 梁의 武帝年間(520~526) 元孝緖가 編纂한 것으로 全十
二卷, 그 分類는 王儉의 七志에 改變을 加한 것이다. 七錄의 이름과
數는 다음과 같다.

一. 經典錄 紀六藝(易, 尙書, 詩, 禮, 樂, 春秋, 論語, 孝經, 小學의
部 591種 4710卷)

二. 記傳錄 紀史傳(國史, 註曆, 舊事, 職官, 儀典, 法制, 僞史, 雜傳,
鬼神, 土地, 譜狀, 簿錄의 12部 1020種 14888卷)

三. 子兵錄 紀子書兵書(儒, 道, 陰陽, 法, 名, 墨, 縱橫, 雜, 農, 小
說, 兵家의 11部 29種 3894卷)

四. 文集錄 紀詩賦(楚辭, 別集, 總集, 雜文의 4部 1042種 10755卷)

五. 術技錄 紀數術(天文, 讖緯, 曆算, 五行, 卜筮, 雜占, 刑法, 醫經,
經方, 雜藝의 10部 505種 3756卷)

六. 佛法錄(戒律, 禪定, 知慧, 疑似, 論記의 5部 2410種 5400卷)

七. 仙道錄(經戒, 服餌, 房中, 符圖의 4部 425種 1138卷)

즉 (1) 記傳錄은 經典志에서 史記雜傳을 抽出한 것이며, (2) 子兵
錄은 諸子志와 軍書志를 合한 것이며, (3) 術技錄은 陰陽志와 術藝志
를 合한 것이며, (4) 圖譜志는 本來의 意味에서 各錄으로 分屬시키
고, (5) 七志에 있어서는 附錄이었던 道, 佛이 佛法錄, 仙道錄으로
해서 다른 五錄과 並立시킨 것 等은 注目할 點이다. 隋志에 「其分部
題目頗有次序云云」한 것은 그 頗點을 잘 指摘한 것이다.


## D. 四部後期(經史子集)

(1) **隋書經籍志**: 四部分類의 先驅는 鄭默, 荀勗, 李充等이라는 것은
前述한 바와 같다. 더구나 李充은 아직 經史子集의 題名을 부치는데
이르지는 못했으나 그 順序는 全的으로 隋書經籍志의 四部에 一致한
다. 隋書經籍志에 이르러 그 題名을 經史子集이라 했다. 後世의 所謂

四部分類의 淵源이다.

隋書經籍志에 收錄된 部數와 卷數는 다음과 같다.

| | 部 | 卷 | | 部 | 卷 |
|---|---|---|---|---|---|
| 易 | 69 | 551 | 地理 | 139 | 1432 |
| 書 | 32 | 247 | 譜系篇 | 41 | 360 |
| 詩 | 39 | 442 | 簿錄篇 | 30 | 421 |
| 禮 | 136 | 1622 | 史 13 | 817 | 13264 |
| 樂 | 43 | 142 | 儒 | 44 | 53 |
| 春秋 | 97 | 983 | 道 | 78 | 525 |
| 孝經 | 20 | 63 | 法 | 6 | 72 |
| 論語, 五經惧義 | 73 | 781 | 名 | 4 | 7 |
| 讖諱 | 13 | 92 | 墨 | 3 | 17 |
| 小學 | 111 | 447 | 縱橫 | 2 | 6 |
| 六藝經緯 10 | 627 | 5371 | 雜 | 97 | 2720 |
| 正史 | 67 | 3083 | 農 | 5 | 19 |
| 古史 | 34 | 666 | 小說 | 25 | 155 |
| 雜史 | 72 | 917 | 兵 | 128 | 512 |
| 覇史 | 27 | 335 | 天文 | 97 | 675 |
| 起居注 | 42 | 1089 | 曆數 | 108 | 263 |
| 舊史 | 25 | 404 | 五行 | 272 | 1022 |
| 職官篇 | 27 | 336 | 醫方 | 256 | 4510 |
| 儀註篇 | 59 | 2029 | 諸子 14 | 1173 | 11037 |
| 刑法篇 | 35 | 712 | 楚辭 | 10 | 29 |
| 雜傳 | 217 | 1286 | 別集 | 437 | 4381 |
| 惣集 | 147 | 2213 | 雜經 | 380 | 716 |
| 集 4 | 554 | 6622 | 雜疑經 | 172 | 3376 |
| 四部 40 | 3127 | 36708 | 大乘律 | 52 | 91 |
| 亡書 | 4191 | 49467 | 小乘律 | 80 | 472 |
| 經戒 | 301 | 908 | 雜律 | 27 | 64 |
| 餌服 | 46 | 167 | 大乘論 | 35 | 141 |
| 房中 | 13 | 38 | 小乘論 | 41 | 567 |

| | 剖 | 卷 | | 部 | 卷 |
|---|---|---|---|---|---|
| 者錄 | 17 | 103 | 雜論 | 51 | 437 |
| 道經 | 377 | 1216 | 記 | 20 | 464 |
| 大乘經 | 617 | 2076 | 佛經 | 1962 | 6198 |
| 小乘經 | 487 | 852 | | | |

이리하여 隋志以後 正史의 藝文志, 經籍志는 이 四部分類를 踏襲하고 있다. 但, 細目의 名稱, 排列, 精粗에서 多少의 同異가 있다.

正史란 史記, 前漢書, 後漢書, 三國志, 晋書, 宋書, 南齊書, 梁書, 陳書, 北魏書, 北齊書, 北周書, 隋書, 南史, 北史, 新唐書, 新五代史, 宋史, 遼史, 金史, 元史(以上二十一史), 舊唐書, 舊五代史, 明史(以上二十四史), 新元史(以上二十五史), 淸史稿(以上二十六史)인데, 그 가운데 藝文志와 經籍志에 있는 것은 漢書, 隋書, 舊唐書, 新唐書, 宋史, 明史, 淸史稿의 七部이다. 宋史 以前은 古今의 典籍을 通錄하고 明淸史에 있어서는 各各 그 時代의 著述을 收錄한 것이다.

| | 經 | | | 史 | | |
|---|---|---|---|---|---|---|
| | 家(類) | 部 | 卷 | 家(類) | 部 | 卷 |
| 隋 書 | 10 | 627 | 5371 | 13 | 817 | 13264 |
| 舊唐書 | 12 | 575 | 6241 | 13 | 844 | 17946 |
| 新唐書 | 11 | 579 | 6145 | 13 | 857 | 16874 |
| 宋 史 | 10 | 1304 | 13608 | 13 | 2147 | 43109 |
| 明 史 | 10 | 959 | 12746 | 12 | 1316 | 28053 |

| 子 | | | 集 | | | 計 | | |
|---|---|---|---|---|---|---|---|---|
| 家(類) | 部 | 卷 | 家(類) | 部 | 卷 | 家(類) | 部 | 卷 |
| 14 | 1173 | 11037 | 4 | 554 | 6622 | 40 | 3127 | 36708 |
| 17 | 753 | 15637 | 3 | 870 | 12028 | 45 | 3061 | 51852 |
| 17 | 967 | 17152 | 3 | 856 | 11923 | 44 | 3828 | 65121 |
| 17 | 3999 | 28290 | 4 | 2369 | 349665 | 43 | 9819 | 119972 |
| 12 | 970 | 29211 | 3 | 1398 | 29966 | 35 | 4633 | 109966 |

(2) **四庫全書**: 淸의 乾隆帝 三十七年부터 十年間(1773~1782) 苦心하여 編纂된 一大叢書이다. 天下의 良書 三萬六千卷을 모아 七部(八部說도 있다)를 謄寫하여 다음에 表示하는 內廷四閣과 江浙三閣에 保存시켰다. 內廷의 것은 開花榜紙의 大型本이며 江浙의 것은 粗紙의 小型本이다.

**內廷四閣**

　文淵閣(宮中大華殿의 뒤, 後에 上海로 옮겼으며 現在는 不明)乾
　　　隆 41年
　文淵閣(奉天行宮 現在 滿洲國立奉天圖書館) 同 48年
　文淵閣(熱河避暑山莊 現在 國立北京圖書館) 同 39年
　文淵閣(北京郊外圓明圓 北淸事變에 依하여 大部分 燒失)

**江浙三閣**

　文淵閣(楊州大觀堂, 長髮賊의 亂에 燒失) 乾隆 47年
　文淵閣(鎭江金山寺, 長髮賊의 亂에 燒失) 同 47年
　文淵閣(杭州聖因寺, 長髮賊의 亂에 半燒, 南京 丁氏兄弟 補寫 現
　　　在 浙江省立圖書館) 同 47年

　그 著錄은 3458種, 存目은 6788種, 計 10246種, 그 分類는 前項에서 말한 經史子集의 四部를 採用하여 곳에 따라 細目을 두었다. 「淸史稿藝文志」의 分類도 역시 大同小異하다. 다음은 細目, 部, 卷數를

表示한 것이다.

| 經　部 | 部 | 卷 | | 部 | 卷 |
|---|---|---|---|---|---|
| 易類 | 158 | 1737 | 詩類 | 62 | 941 |
| 書類 | 56 | 649 | 禮類 | 73 | 144 |
| 春秋類 | 114 | 1801 | 政書類 | 57 | 3535 |
| 孝經類 | 11 | 17 | 目錄類 | 47 | 709 |
| 五經總義類 | 31 | 681 | 史評類 | 22 | 398 |
| 四書類 | 63 | 733 | 子　部 | | |
| 樂　類 | 21 | 452 | 儒家類 | 112 | 1692 |
| 小學類 | 46 | 510 | 兵家類 | 20 | 153 |
| 史　部 | | | 法家類 | 8 | 94 |
| 正史類 | 37 | 3705 | 農家類 | 10 | 194 |
| 編年類 | 38 | 2066 | 醫家類 | 97 | 1539 |
| 紀事本末類 | 19 | 1010 | 天文算數類 | 56 | 639 |
| 別史類 | 20 | 1601 | 術數類 | 50 | 434 |
| 雜史類 | 22 | 273 | 藝術類 | 83 | 1092 |
| 詔令奏議類 | 31 | 1409 | 譜錄類 | 56 | 365 |
| 傳記類 | 60 | 960 | 雜家類 | 187 | 2422 |
| 史鈔類 | 3 | 48 | 雜　編 | | |
| 載記類 | 22 | 4089 | 類書類 | 67 | 7039 |
| 時令類 | 2 | 29 | 小說家類 | 123 | 1359 |
| 地理類 | 151 | 4633 | 釋家類 | 13 | 302 |
| 職官類 | 21 | 314 | 道家類 | 44 | 442 |
| | | | 集　部 | | |
| | | | 楚詞類 | 6 | 67 |
| | | | 別集類 | 967 | 15847 |
| | | | 總集類 | 163 | 9644 |
| | | | 詩文評類 | 64 | 730 |
| | | | 詞曲類 | 81 | 466 |

## E. 現代中國의 分類

(a) **七略과 四部의 開合**: 中國의 分類는 반드시 七略과 四部에 限하는 것은 아니나 그 主流를 이루고 있는 것은, 이 두 가지이다. 그리고 이 두 系統의 相違는 開合이 서로 다르다는데 不過하다.

(1) 經部와 史部: 經部와 史部는 傳統的인 것이 아니라 後代의 편의상 出現한 것이다. 그런 故로 書經과 같이 經으로서 史에 屬하는 것, 春秋와 같이 史로서 經에 屬하는 것이 있다. 史記와 같은 것은 劉略; 漢志에 있어서는 春秋에 넣어 收錄했으나 荀勗은 이것을 分立하여 丙部를 新設했다. 丙部의 獨立은 理論上으로나 實際上으로나 推認할 수 있으나 甲部와 隔離시킨 것은 遺憾이다. 李充이 이것을 改變하여 乙部로 하고 甲部에 接近시킨 것은 改善的이다. 儉志가 다시 經典志에 이것을 收錄한 것은 逆轉이며 阮錄이 記傳錄으로 獨立시켜 또 다시 12部로 나눈 것은 隋志에서 本을 딴 것이라고 볼 수 있다. 그리하여 隋志에 이르러 史部는 確立된 것이다.

(2) 諸子, 兵書, 術數, 方技: 諸子는 六經의 支流餘裔이다. 그러므로 劉略과 漢志는 이것을 六藝의 뒤에 두었다. 漢志는 諸子略의 外에 兵書, 術數方技의 三略을 設立했는데 이것은 當時의 專門學이었다는 것을 意味한다. 儉志의 諸子는 名稱을 달리 했을 뿐 區分은 漢志와 對等하여 阮錄은 兵子를 合하여 子兵錄, 術數와 方技를 合하여 術技錄으로 했다. 荀勗은 다시 이 兩者(子兵錄, 術技錄)를 合하여 乙部, 李充은 丙部로 해서 隋志以後 이것을 子部로 했다. 子部의 位置의 變遷에 關해서는 理論上, 實際上으로 檢討의 餘地가 있다.

(3) 詩賦와 文集: 劉略과 漢志에는 詩武라고 했고 荀勗과 李充은 丁部, 儉志는 文翰志, 阮錄은 文集錄, 隋志는 集이라고 하는데 그 內容은 大略 同一하다. 但 그 位置의 變遷에 對해서는 注意해야 할 것이다.

(4) 圖譜: 圖譜는 學術의 類別이 아니라 文書의 形式이므로 獨立

할 것은 아니다. 儉志에 依하여 獨立되었던 圖譜가 阮錄에 依하여
各各 分屬된 것은 當然하다.

(5) 道經과 佛經: 道敎는 老子가 세웠으며, 釋敎는 東漢에 들어 왔
다. 佛經은 쓴 魏晉, 符秦을 거쳐서 隋唐과의 交流는 그 部數에 있
어서 四部의 過半을 넘을 程度로 盛했으나 道經과 함께 異端的이라
하여 儒家와의 並列을 避했다.

劉略과 漢志는 道敎 佛敎의 初期에 속하는 것이므로 그 目次에 없
는 것은 當然하나 儉志에 있어서는 附錄으로서 道佛을 두고 阮錄에
있어서는 이것을 佛法錄, 仙道錄이라고 고쳐서 七錄에 配列했으나
總數를 列擧했을 뿐 書名도 記入하지 않았다. 隋志에 있어서는 다시
道佛二經을 四部의 附錄으로서 그 部數, 卷數, 敍錄을 表示했다.

(b) **四部分類의 批評**: 四部分類는 隋書經籍志 以來 一千三百餘年間
中國은 勿論, 우리나라 日本의 漢籍의 分類를 支配하고 現在에 있어
서도 漢籍을 主로 하는 圖書의 分類에는 若干의 補訂을 加하여 利用
되고 있다. 그러나 現代의 圖書分類로서는 中國에 있어서도 전혀 不
適當하다고 認定되어 種種 批評을 받고 있다. 杜定友[4]는 四庫法의
缺點으로서 a. 不完全, 不槪括하다. b. 너무 簡單하다. c. 不合時하다.
d. 非論理的이다. e. 無秩序하다. f. 無標準하다. 9. 無遠慮하다 h. 世
界的인 眼目이 없다. i. 科學思想이 없다고 한다.

聶崇岐는 a. 偏見太深 b. 體制不純 c. 重複相糅(門類類似書兩入者,
書同名而兩見於類者), d. 錯謬叢生, e. 漫無倫次라고 中國書目에 對하
여 批評하고 있으나 a, b, c는 主로 分類에 관한 것이다. 姚名達[5]은 四
庫全書의 分類를 評하여 a. 是儒家的分類法, b. 是御用的 分類法, c. 分
類以書籍的 多寡而定 d. 分類以體以義不一律, e. 類書列入子類之不妥
라고 했으나 이것은 四部分類에 對한 批評이라고도 볼 수 있다.

이러한 것을 綜合하면 主로 다음과 같은 點이다.

4) 杜定友, 圖書分類法. 1925 p. 28~29.
5) 姚名達, 目錄學, 民國 23, p. 81~82.

(1) 儒家本位이다. a. 이것은 우선 道譯의 排列이 크다는데 나타나 있다. 또한 明末에 渡來했다고 생각되는 基督教關係의 것도 明志와 四庫全書에 收錄되어 있지 않다. b. 科學과 그 應用에 관한 度汎한 圖書를 分類할 수 없다. c. 外國의 學問 文學에 관한 圖書가 들어갈 자리가 없다.

(2) 區分의 交錯: a. 經과 子와의 區別은 「自六經以外立說者皆子書也」라는 原則에 依하면서 史는 圖書의 數에 따라서 經에서 獨立시키고 集은 所謂 文學形式에 따르고 있다. b. 同一部內의 區分도 역시 區分原理가 一貫되어 있지 않다. 史部에 있어서의 正史, 編年, 紀事本末, 別史, 雜史, 詔令奏議類는 歷史의 體裁에 依하여 區分하면서 傳記, 史鈔, 載記, 時令, 地理, 職官, 政書, 目錄, 史評類는 그 義理에 依하여 區分하고 있다. 또한 集部의 別集, 總集類는 著者本位의 編輯形式에 따라 楚辭, 詩文評, 詞曲類는 內容에 따르고 있다.

(3) 目錄을 위한 分類: a. 現存圖書의 分類는 그 範圍와 數量에 따라서 決定되는 것으로 將來의 資料의 增加에 따르는 適否를 위하여 展開를 必要로 하지 않는다. b. 所藏內容을 表示하는 것을 目的으로 하는 까닭에 반드시 書架排列을 表示하는 分類記號를 必要로 하지 않는다.

그러나 이미 말한 바와 같이 近代의 圖書分類는 現存圖書만을 위한 것이 아니라 將來의 圖書를 위한 것이어야 하는 동시에 書架排列과의 관계가 考慮되지 않으면 안 된다. 따라서 部門은 다시 廣範해야 하며 區分은 一層 詳細히 해서 다시 展開할 수 있는 可能性을 가져야 하며 書架排列에 適用되어야할 記號가 準備되어 있어야 한다.

그러나 四部分類는 전혀 새 時代의 要求를 充足시킬 수 없으며 現代 中國의 圖書分類는 難點을 지니고 있다.

(c) **現代 中國에 있어서의 圖書分類:** 現代 中國 圖書分類法의 全體를 여기에 記載하기는 困難하다. 蔣元卿[6]은 다음의 四種으로 大別하고 있다.

(1) 四部法을 改增한 것－四部法에 依한 것

(2) 新·舊併行하는 것－舊書는 四部法, 新書는 D.C. 杜定友, 王雲五等에 依한 것, (3) 新舊混合에 依한 것－新舊書의 區別이 없이 劉國鈞, 杜定友, 王雲五 其他 獨自的인 方法에 依한다. 洋書는 D.C. 或은 L.C.에 依한다.

(4) 中外統一에 依한 것－D.C. 王雲五, 杜定友, 劉國鈞, 其他 獨自的인 方法에 依한다.

主要한 分類法을 例示하면 다음과 같다.


中國圖書分類法(劉國鈞編)

| 000 | 總 部 | 500 | 社會科學部 |
|---|---|---|---|
| 100 | 哲學部 | 600 | 史地部(總記 及 中國) |
| 200 | 宗教部 | 700 | 史地總論 |
| 300 | 自然科學部 | 800 | 語文部 |
| 400 | 應用科學部 | 900 | 美術部 |


史地部가 6. 7의 二部門으로 나누어진 것이 그 特色이다. 이 分類番號는 事變前의 北平圖書館에서 發賣된 印刷 카드로 使用된 點으로 보아 近代 中國에 있어서의 代表的 分類法이라고 볼 수 있다.


**世界圖書分類法(杜定友編)**

| 000 | 普通類 | 500 | 自然科學 |
|---|---|---|---|
| 100 | 哲理科學 | 600 | 應用科學 |
| 200 | 教育科學 | 700 | 語文學 |
| 300 | 社會科學 | 800 | 文 學 |
| 400 | 美術科學 | 900 | 史地學 |

---

6) 蔣元卿, 中國圖書分類之沿革, 民國 26 p. 206~246.

이 分類法은 類의 區分, 排列에 관해서 編者의 說明도 있고 그 名
稱으로 보아서도 野心的인 것이다. 事變前의 北平市立圖館書에서는
Card 目錄의 分類에는 이 分類表의 綱目表가 使用되었다.

### 中國圖書統一分類法(王雲五編)

이것은 DC를 그대로 使用하고 中國에 關係있는 主要한 主題에는
+╫±의 記號를 붙여서 中國關係主題의 分類番號의 短縮을 꾀한 것
으로+는 D.C와 꼭 같은 番號의 것, ╫는 D.C와 거의 같은 것, ±는
D.C와 整數程度 같은 것 앞에 붙인다. 事變前의 商務印書館의 販賣
目錄에 使用되었다.

例를 들면:

| + 323.1 | 民族主義 | + 1 | 中國 |
|---|---|---|---|
| 323.1 | 民族運動 | 1 | 美國 |
| + 390 | 中國古禮儀 | + 2 | 日本 |
| 390 | 習俗禮制 | 2 | 英國 |
| ≠ 110 | 中國哲學 | ≠ 420 | 中國語文學 |
| 110 | 形而上學 | 420 | 英國語文學 |
| ≠ 220 | 佛敎與佛經 | ≠ 430 | 日本語文學 |
| 220 | 耶敎經典 | 430 | 德國語文學 |
| ± 343 | 中國刑法 | ± 327 | 中國外交 |
| 343 | 刑法 | 327 | 外交 |

(d) **中國의 새로운 圖書分類:** 第二次 世界大戰前에는 美國式一色이
었던 中國 圖書館은 戰後 蘇聯式一色이 되었으며 圖書館은 國策遂行
의 機關으로서 重要視되게 되었다. 그로 因하여 蘇聯 社會主義 圖書
館分類의 本을 따서 다음과 같은 中國人民大學圖書分類法이 1953年
에 發表되었다.7)

---

7) 松見弘道, 中國圖書統一分類法の 成立(圖書館界 No. 10 No. 6 1959)

總括科學(槪括 및 總結知識)

1. Marx, Lenin主義
   毛澤東知識
2. 哲學, 辨證唯物論等
   社會知識(階級鬪爭科學)
3. 社會科學, 政治科學
4. 經濟學, 經濟政治
5. 國防, 軍事
6. 國家及法權, 法律學
7. 文化, 敎育
8. 藝術
9. 語學

10. 文學
11. 歷史, 革命史
12. 地理, 經濟地理
    自然科學(生産鬪爭知識)
13. 自然科學
14. 醫學, 術生
15. 工學, 技術
16. 農藝 牧畜, 水産
    綜合參考
17. 綜合參考

# 第2節 西洋分類史

## A. 中世까지의 分類

西洋에 있어서의 分類에 관해서는 圖書館史上 最古의 것이라고 하는 Assiria의 Assurbanipal 圖書館의 粘土板(Clay tablets)에서 비롯하여 Alexandria 圖書館(B.C. 260~240)의 Callimachuts의 Poets, Lcwmakers, Philosophers, Historians, Rhetoricians(Orators), 中世의 寺院文庫의 僧院書架番號法(Co-llegiate Press-making system) 및 近世에 있어서는 Aldus Manutius(1498)의 1. Gramatica 2. Pcetica. 3. Logica 4. Philosophia 5. Sacra Scriptura等이 있다.

그 가운데 Konrad Gesner(1548)의 分類는 「最初의 書誌學的 分類」 또는 「哲學的 基礎를 가진 分類表」라고 하여 稱讚되고 있다. 그 大

綱은 다음에 揭示하는 바와 같다.

그러나 이러한 分類表는 우리의 立場과는 거리가 멀다. 그러므로
西洋分類史는 French System 以後의 것을 略述하기로 한다.

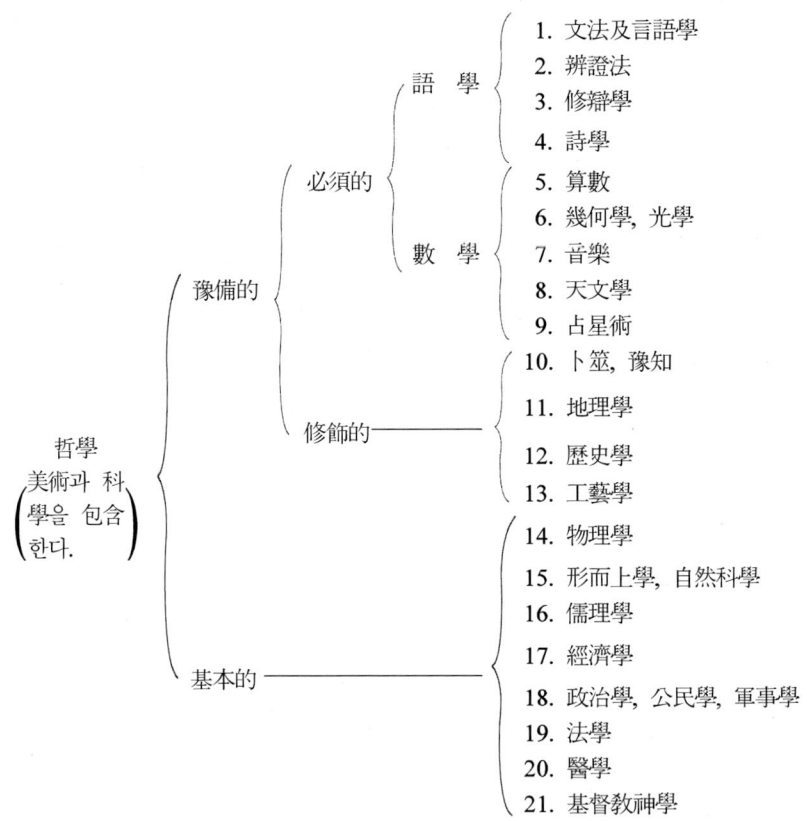

## B. French System

佛蘭西는 西洋의 中世以後에 있어서의 文化의 中心이었다. 따라서
書誌學에 있어서도 最近까지 그 良書는 佛蘭西에서 出版되었다고 하

며 圖書分類에 있어서도 Gabriel Naude(1643)을 비롯하여 여러 가지 System이 出現되어 있다. 그 가운데 가장 注意해야 할 것은 French System이다.

이 分類表의 創案者에 관해서는 Jean Gamier(1678), Gabriel Martin(1740) Ismael Bouillaud(1678) 等의 說이 있으나 Edward Edwards[8]는 Bouilaud가 가장 確實하다고 한다.

Bouillaud의 分類는 西洋 從來의 分類에서 볼 수 있는 다음과 같은 것이다.

1. Theology                    4. Philosophy
2. Jurisprudence               5. Literature.
3. History

이 分類表는 그 後 Marchand, de Bure, Rochell 等에 依하여 漸次로 改變되어 Jacques-Charles Brunet에 이르러 完成되었다. 이것이 所謂 French system이다. 그 大綱은 Sayers[9]에 依하면 다음과 같다.

A Theology                      (National and international)
 Ⅰ Bible.                       Ⅱ political law.
 Ⅱ Liturgy.                     Ⅲ civil and criminal law.
 Ⅲ Councils.                    Ⅳ Canon and Ecclesiastical law
 Ⅳ Fathers.                        Sciences and arts
 Ⅴ Theologians.                 Introductions, Dictionaries
 Ⅶ Jewish religions.            Ⅰ Philosophical sciences.
 Ⅷ Oriental religions.          Ⅱ Physical and Chemical sciences
 Ⅸ Appendix.                    Ⅲ Natural science. s

---

8) Edwards. memoirs of libraries. 1859.
9) Sayers. A manual of Ciassification for librarians and bibliographers. 1926. Table.

E Jurisprudence. Introduction
  I Law of nature and of man.
  VI Appendix to the sciences.
  VII Arts.
  VIII Mechanical arts and trades.
  IX Gymnastics.
  X Sports, Various.
O Belles-Lettres.
  I Linguistics.
  II Rhetoric.
  III Poetry.
  IV Prose fiction Appendix to IV.
  V Philology.
  VI Dialogues and conversations.
  VII Letter.
  VIII Polygraphy.

IV Medical sciences.
V Mathematical sciences.
IX Collections.
U History.
  I Prolegomena.
  II Universal history.
  III Religions and superstitutions.
  IV Ancient history. Appendix
    to Ancient history
  V Modem history.
  VI Historical Paralipomena.
    Miscellanies, encyclopaedic.
    dictionaries.
    Journals Literary.
    Scientific and political

이 分類表는 當時 佛蘭西의 書誌學者에 依하여 大端히 稱讚되었으며 種種의 書目, 書肆 및 個人의 蒐書는 勿論 佛蘭西 國民圖書館을 비롯하여 一般圖書館에 採用되었다.

Rauveyre는 이것을 D.C와 比較하에 「歐羅巴, 特히 佛蘭西에 있어서는 Dewey의 分類를 使用한다는 것은 失敗다」라고 말했으며 Sayers에 依하면 Mouravit는 이 表에 論理的, 科學的基礎를 賦與하기 위하에 다음과 같이 說明하고 있다.

A. 神學; 事物의 頂點으로서 人間은 우선, 그 創造者인 神을 바라본다.
E. 法學; 神의 다음으로 사람은 곧 世上에 나서 많은 사람과 그 家旋에게 直面한다. 그리하여 法律과 義務, 正義 및 不正義의 觀念이 생겨난다.
I. 科學 및 美術; 다음으로 사람은 自己 自身으로 돌아가 自己와

　　外界와의 關係와 外界에 修正을 加하려고 한다.

O. 純文學; 사람의 精神은 그 自身의 生活을 가지고 있다. 그리하
　　여 사람은 知識의 分野를 넓혀서 그것을 變形하려고 努力함과
　　同時에 國語를 使用하여 表現하려고 한다.

U. 歷史; 以上의 것이 充足되면 다음으로 사람은 人類의 運命과
　　環境을 알려고 한다.


　　이 分類表의 後世에의 影響을 준 것으로서 보는 것은 Thomas
Hartwel Horne(1825)의 分類이며 Horne에 依해서 提案된 當時의 大
英博物館圖書館의 分類이다.


Horne(1825)

　Ⅰ Theology or religion.(1-4)

　Ⅱ Jurisprudence.(1-5)

　Ⅲ Philosophy.(1-5)

　Ⅳ Arts and trades.(1-4)

　Ⅴ History.

　Ⅵ Literature(1-5) British Museum(1836-38)

　Ⅰ Theology(1-117)

　Ⅱ Jurisprudence.(1-57)

　Ⅲ Natural history and Medicine(1-36)

　Ⅳ Archaeology and arts.(1-17)

　Ⅴ Philosophy.(1-62)

　Ⅵ History.(1-46)

　Ⅶ Geography.(1-40)

　Ⅷ Biography.(1-22)

　Ⅸ Belles letters.(1-101)

　Ⅹ Philology.(1-17)

## C. Edwards의 分類

Brown은 *Manual of Library Classification and Cataloging*. 1861. 에서 다음과 같이 말하고 있다.

　"1850年 以後 分類表는 一層 實用的이고 詳細하고 現代觀念에 따라 오고 있다. 科學의 進步과 工藝文獻出版의 顯著한 增加는 漸次 主類와 細目의 排列을 變更시켰다. 英國에 있어서의 公共圖書館法의 通過와 美國이 있어서의 圖書館事業의 躍進은 分類硏究에 多大한 注意를 주어, 이때를 期하여 훌륭한 分類가 나타나게 되였다."

　그 當時에 가장 注目되는 것은 Edward Edwards(1812-86)의 分類表이다. 그는 英國公共圖書館의 偉大한 先驅者의 한사람으로 1850年의 圖書館法의 制定에도 寄與한 바 힘이 크다. 特히 그의 著 *Memoirs of libraries* 1859. 2 vols.는 英國近代圖書館의 發展에 대하에 偉大한 貢獻을 한 것이다.

　그의 分類表는 「Outline of Proposed scheme classification for town library.」[10]의 標題로 그 大綱은 다음과 같다.

Ⅰ. Theology.　　　　　　Ⅳ. Politics and Commerce.
Ⅱ. Philosophy　　　　　　Ⅴ. Sciences and arts.
Ⅲ. History　　　　　　　Ⅵ. Literature and palygraphy.

　그에 依하면 이 表는 「廣範한 原則과 여러 가지 經驗을 바탕으로 新制度의 特殊한 性質과 要求에 基礎하에 作成된 것」으로 그가 主管한 Manchester Public Library를 비롯하여 몇몇의 圖書館에 採用된 것이다. 그러나 그 記號는 書架排列上 不適한 것이였기 때문에 類는 文字, 綱은 Arabia數字 目은 dash(-)와 Arahia數字로서 表示하려고

---

10) Edwards. memoirs of libraries. 1859. vel 2. p. 815.

修正을 加한 것도 나타났다.


### D. Brown의 分類


J. D. Brown(1826-1614)은 英國近代圖書館의 아버지라고 할만한 사람이며 그의 斯界에 대한 熱意와 努力은 斯界에 從事하는 다른 사람으로 하여금 模範이 되고 있다. 그 主要한 業績은 Open access의 主張(1891), *Manual of Library Classification and shelf arrangement*(1898). *Manual of Library economy* 1903.(4th ed, 1931). *Subjetc Classification*(1906). *Manual of Library Classification and Catalaging*(1912) 等의 著書이다.

그는 세 가지의 分類表를 發表했다. Quinn-Brown式, Adjustable式, Subject式이 그것이다.

(1) Quinn-Brown Classification은 1894 Quinn과의 合作으로 그 類는 다음과 같다.


A Religion and Philosophy.   F Fine and Recreative arts.

B History, Travel, and   G Useful arts.

　Topography.   H Languages and the Drama.

C Biography.   K Fiction.

D Social science.   L General works.

E Science.


이 表의 特色은 文學形式(詩, 戲曲, 小說)을 獨立시킨 것인데 全體로서는 Edwards의 分類를 分合한데 不過하다. 記號는 Ala Bible texts와 같이 表示하나 展開上 不便하기 때문에 Adjustable classification을 作成했다.

(2) Adjustable Classifiication은 Brown의 *Manual of Library Classification and shelf arrangement*(1898)에 發表된 것이다. 이 分類表의 特色은 從來의 精神科學上位를 改良해서 自然科學上位로 한 것이다. 따라서 Quinn-Brown式에 있어서 A.B.C와 E.F.G.는 그 位置를 바꾸어 다음과 같이 排列되었다.

| | |
|---|---|
| A Sciences. | G Biography. |
| B Useful arts. | H Language and Literature. |
| C Fine and Recreative arts. | J Poetry and Drama. |
| D Social and Political science. | K Prose fiction. |
| E Philosophy and Religion. | L Miscellaneous. |
| F History and Geography. | |

各類에 있어서의 細分은 Arabia數字에 의한 整數를 썼으나 展開性이 缺乏되어 얼마 안가서 그 位置를 Subject Classification으로 두게 되었다. 本表가 發表되었을 때에는 D.C.는 이미 第四版(1891)이 出版되었으며 英國에 있어서는 Lyster나 Staniey Jast에 의해서 試用되었다. 特히 Jast는 Quinn-Brown式이나 Adjustable式을 버리고 D.C.를 採用할 것을 慫慂했으며11) 英國에서도 實際로는 相當히 使用되어 왔던 것이다. 그런데 Brown이 果敢히 對抗하여 Quinn-Brown式, Adjustable式을 發表하고 다음으로 S.C.의 編纂에 努力한 것은 어떠한 理由였는지 理解할 수 없다.

當時 D.C.에 대한 批評은 未定이었으나 Brown도 그 區分排列, 細分法에 대하에 많은 不滿을 가지고 있었다고 생각된다. 그는 「他人의 主張에 따르느니 보다는 차라리 自己 自身의 主張을 세우는 사람이다」라고 Sayers는 말했으나 이것은 英國分類 美國分類에 대한 獨立을 宣言한 것이라고 해도 過言은 아니리라.

---

11) Jast. Library classification,(British library years book 190-1901).

(3) Subject Classification(1906): 略稱 S.C라고 한다. 이 分類表는 四大分類表(D.C. E.C, L.C., S.C.) 가운데 最後로 나타난 것이나 Brown에 의해서는 第三의 分類表이므로 여기에 그 槪要를 記述하기로 한다. 그 分類大綱은 다음과 같다.

| | |
|---|---|
| A | Generalia |
| R.C.D | Physical scence. |
| E.F | Biological science. |
| G.H | Ethnological and Medical science. |
| I | Economic Biology and Domestic arts. |
| J.K | Philosophy and Religion. |
| L | Social and Political science. |
| M | Language and Literature. |
| N | Literary Forms. |
| O.X | History, Geography, Biography. |

Generalia는 特殊한 類에 屬하지 않고 一般的으로 適用되는 것으로서 다른 特殊한 類에 先行시키고 있으나 다른 分類表에 있어서의 General works와는 相違點이 있다는 것을 留意해야 한다.

B.C.D Physical science. 物質, 勢力, 運動 및 그 應用은 生命과 精神 보다 앞에 存在하는 것이라고 하여 特殊類의 第一位에 둔다.

E.F Biological science. 物質에서 發生한 生命과 形式이 이에 屬한다. 最初에 生物學의 理論과 應用을, 다음으로 進化의 順序에 따라서 植物學에서 動物學에 이른다.

G.H Ethnologlcal and medical science. 生物學上 進化의 最上位는 人類이다. 그러므로 여기에는 人體의 構造, 疾病, 治療, 保健, 保養, 娛樂에 관한 것을 配置한다.

I Economic biology and Domestic arts. 植物과 動物을 人間의 需要에 適應시키는 것은 緊要한 일이다. 이것은 論理的 必然이라기

보다는 實際的인 便宜에 基因되는 것이다. 이 作業이 農業이며 畜産이며 林業이며 纖維工業이며 衣食이다.

**J.K Philosophy and Religion.** 精神活動, 理性 信仰等은 物的 基礎에서 派生했으며 衣食의 本能 다음가는 것이다.

**L. Social and political science.** 社會的 秩序와 法則이 이에 屬한다.

**M. Language and literature.** 思想의 交換, 記錄은 人知의 原始的 活動에서 必然的으로 發生한다.

**N. Literary Forms.** 人生에 있어서의 思想의 交換과 記錄의 想像的 形式이 이에 屬한다.

**O.X History, Geography, Biography.** 人生 活動의 記錄과 住所가 이에 屬한다. 地誌는 論理的으로는 地文學(D3), 傳記는 人種(G0)에 關係가 있으나 實際的 利用에 있어서는 매양 歷史에 接近시켜야 할 것이다.12)

이러한 類는 B.C.D.는 Matter and Force. E-Ⅰ.는 Life, J-L.는 mind, M-X는 Record에 關係있는 것으로 排列하고 있다. 이것이 主題排列의 根據이다.

本表의 特色으로서 列擧할 것은 다음과 같은 點이다.

(1) 主題의 理論的 排列: 主題에 대해서는 위에서 略述했다. 細目에 대해서도 그러하다.

(2) 自然科學上位 : 他의 三大分類表가 精神科學上位의 排列을 採用하고 있는데 대하여 뚜렷한 特色이라고 볼 수 있다. 이것은, 一面 自然科學萬能을 想起시키는 今世紀 初頭의 學界의 反映이라고도 생각되나, 한편 精神科學, 社會科學과 文學, 藝術을 接近시키기 위해서 企圖된 것이리라.

Ranganathan의 *Colon Clasification, Bliss*의 *Bibliographic Classification*도 이 科學上位의 排列을 採用하고 있다.

---

12) Brown. Subject Classification. 1906 Introduction.

(3) 自然科學과 그 應用의 接近 : 他의 三大分類表에 있어서는 類全體로서는 接近시키고 있다. 예를 들면 D.C.에 있어서는 500 Natural science, 600 Useful arts, E.C.에 있어서는 L-O science, Q medicine, R-U useful arts로 되어있다. 그러나 S.C에 있어서는

| | | | |
|---|---|---|---|
| B000 | Physics. Dynamics. | 300 | Architecture. |
| 166 | Mechanical engineering. | C300 | Acoustics. |
| 200 | Civil engineering. | 400 | Music. |
| 400 | Musical Forms. | 510 | Vocal Practices. |
| 443 | Instrumental Forms. | D700 | Chemistry. |
| 465 | Dance Forms. | 800 | Chemical technology. |
| 500 | Vocal Forms. | | |

와 같이 原理와 그 應用과는 加能한 限 接近시키고 있다. 이것은 B.C.D. Physical science의 細目을 檢討함으로써 더욱 實證될 것이다.

(4) 主要主題의 같은 곳 配當: 他의 三大分類表에 있어서는 同一主題가 그 取扱하는 立場에 따라서 分類上 數個所에 나타난다.

例를 들면 D.C.에 있어서는

| Sugar | | | |
|---|---|---|---|
| duty on | 337.5 | manufacture | 641.1 |
| food values | 664.1 | organic chemistry | 547.3 |

그러나 S.C에 있어서는 Sugar는 Ⅰ885의 한곳에 配當되며 그 取扱方法은 範疇表에 따라서 .604 Foods, .348 Chemistry 等으로 나타난다.

무릇 어떠한 主題의 研究方法은 大別하여 두 가지가 된다. 特定主題에 대한 多角度에서의 研究와 特定의 立場에서의 研究이다. 이 得

失이 어데 있느냐 하는 것은 興味있는 問題이나 이에 대해서 S.C.가
他의 三大分類表와 對蹠的인 立場을 取하고 있으며 이것이 이 表의
最大의 特色이기도 하다. 이것은 綜合的으로 取扱한 圖書 및 豫想할
수 있는 特殊한 立場에서 取扱한 圖書의 分類을 容易하게 하기 위해
서 考慮된 것이리라. 그러나 경우에 따라서는 救濟法은 반드시 分類
에서 求할 必要는 없다. 따라서 이것은 이 表의 特色이기는 하나 반
드시 長點이라고 볼 수는 없다.

(5) 範疇表(Categorical table): 前述한 바와 같이 하나의 같은 主
題는 原則的으로 한곳에 集中되며 이로써 Subject 分類法이라고 하
는 名稱이 주어졌으나 同一主題에 관해서 여러 가지 立場에서 取扱
된 圖書가 一群이 되는 境遇 利用者는 必然的으로 그 範圍內에 있어
서의 圖書의 區分을 要求할 것이다. 이에 對應하는 것이 範疇表이다.
범주표는 總數 987에 達하며 主題取扱의 立場, 方法, 形式等을 包含
한다.

| | | | | |
|---|---|---|---|---|
| .0 | Generalia | .11 | Ancient history. | |
| .00 | Catalogues | .12 | Christian era. | |
| .01 | Monarchs. Rulers. | .13 | Mediaeval history. | |
| .02 | Sub-division for rearrangement | .14 | Modern history. | For suvbdivision of classes O.W. |
| .1 | Bibliography. | .15 | Civil history | |
| .2 | Encyclopaedias. | .16 | Church history | |
| | Dictionaries. | 17. | Social(including | |
| .3 | Text-books, systematic. | | civilization). | |
| .4 | …Popular(Non-scientific). | 18. | Military history | |
| .5 | Philosophy and theories. | 19. | Naval. history | |
| .6 | Societies. | .20 | Battles. | |
| .7 | Periodicals. Magazines. | .39 | Gazetters. | |
| | Reviews. | .40 | Maps. | |
| .8 | Collections. Series | .41 | Biography. Necrology. | |

| | | | |
|---|---|---|---|
| | (Polygraphy.) General. | .42 | Genealogy.　　　Family history. |
| .9 | (Individual Authors.) | .43 | Heraldry. |
| .10 | History(for general use in all classes). | .57 | Museum. |
| | | .89 | Classification. |
| .101 | Statistics. | | 例 |
| .131 | Science. | U900 | London, General. |
| .171 | Bridges | U900. 1 | London Bibliography. |
| .260 | Music. | U900. 2 | London Dictionaries. |
| .314 | Hour. | U900. 10 | London History. |
| .441 | Botany. | E100 | Botany. General. |
| 454 | Flowers. | E100. 3 | Botauy systematic text books. |
| 877 | Grammar. | | |
| .972 | North. | E100. 5 | Botany Philosophy and theories. |
| .973 | East. | | |
| .974 | South. | E100. 57 | Botany Museums. |
| .975 | West. | E100. 89 | Botany Classification. |

더욱이 範疇表에는 .693 Sermons, Addresses, Charges, Discourses, .180 Sewage, .815 Sheriffs, .403 Sleep, .552 Splints, .716 Synagogues 와 같은 것도 包含되어 있다. 이러한 것은 모든 主題에 適用되는 立場 또는 形式이 아니라 特定主題의 副區分를 表의 節約上 範疇表에 옮긴 것이라고 볼 수 있다. 그런 故로 圖書의 分類는 우선 主題의 記號에 依해서 定하고 다음으로 範疇表의 番號에 의해서 細分하도록 使用되어야 한다.

　　B000. 815 一般科學

　　B000. 552 一般科學의 破片

　　B000. 716 一般科學의 猶太敎會堂

이와 같은 것은 全然 無意味한 結合이다.

(9) 地方表: 地方表는 總表中의 **O-W History Geography**에 表示된 記號에 의한다.

| | | | |
|---|---|---|---|
| O300 | Africa. | R900 | Spain |
| P000 | Australia. | S000 | Russia. |
| P290 | Asia. | S600 | Germany. |
| P300 | Japan. | U000 | Ireland. |
| P400 | China. | V500 | United Kingdom. |
| Q000 | Europe. | W000 | America |
| R500 | Italy. | W100 | United States. |
| R000 | France. | | |

(7) 記號: 記號는 頭文字 A-X(Y.Z는 未使用)와 **Arabia**數字 000-999로 되는 混合記號이다. **Brown**은 24 文字로 되는 文字를 使用하고 있으나, 他의 分類表에 있어서와 같이 이것을 各主題에 配當하고 있지 않다. 例를 들면 哲學과 宗敎는 **J-K**에 모여 있으나 哲學은 **J**가 아니라 **J300**이다. 마찬가지로 U.V는 **British island**이다. 더욱이 小圖書館에서는 別表에 나타난 바와 같이 **A0-X3**의 記號가 使用되어 있다.

(8) 索引: 表中의 名辭, 그 同義異語를 收錄한 所謂 列擧索引 **(Specific index)**이다. 어떠한 主題의 範圍와 關係를 表示하는 말은 索引이 되어있지 않고 別途로 **A.B.C.** 順. 範疇表가 마련되어 있다는 것은 上述한 바와 같다.

(9) 基他: 本表는 「人名記號表」, 「年代記號表」, 「著作細分表」等이 準備되어 있다.

## SUBJECT CLASSIFICATION.(2d ed. 1914)

A GENERALIA.

A0　Generalia.

A1　Education.

A3　Logic.

A4　Mathematics.

A5　Geometry.

A6　Graphic and plastic arts.

A9　General seience.

B.C.D PHYSICAL SCIENCE

B0　Physics. Dynamics.

B1　Mechanical engineering
Machinery.

B2　Civil engineering.

B3　Architecture.

B5　Railways. Vehicles.

B6　Transport. Ship-building.
Shipping.

B8　Naval and military science.

C0　Electricity.

C1　Optics.

C2　Heat.

C3　Acoustics.

C4　Music.

C8　Astronomy.

D0　Physiography.

D1　Hydrography. Hydrostatics.

D2　Meterology. Pneumatics.
Horology.

D3　Geology. Petrology.

D4　Crystallography. Mineralogy.

D6　Metallurgy. Mining. Metal
trades.

D7　Chemistry.

D8　Chemical technology.

E. F BIOLOGICAL SCIENCE.

E0　Biology, General.

E1　Botany, General, orders.

E2　－Cryptogams.

E3　－Phanerogams.

E4　－－Liliflorae.

E5　－－Centrospermae.

E6　－－Posaceae(Roses).

E7　－－Sapindales.

E8　－－Umbelliflorae.

E9　－－Tublieflorae.

F0　Zoology, General. Protozoa.

F1　－Metazoa.

F2　－Mollusca, Arthopoda.

F3　－Arthropoda(Insecta).

F4　－Chordata, Pisces(Fishes).

F5　－Reptilia.

F6　－Aves(Birds).

F7　－Mammalia.

F8　－－(Ungulata).

F9　－Caruivora.

G. H ETHNOLOGICAL AND
MEDICAL SCIENCE.

G0　Ethnology.

| | |
|---|---|
| G2 | Human anatomy, Physiology. |
| G3 | Pathology. |
| G4 | Materia medica, Pharmacy. |
| G5 | Therapeutics, Medlcal and Surgical science.(General) |
| G6 | Functions, Diseases, Osteology. |
| G7 | Nervous System: Brain, Insanity. |
| G8 | Sensory system. |
| G9 | Respiratory system. |
| H0 | Blood and circulation. |
| H1 | Digestive System. |
| H2 | Urinary system. |
| H3 | Reproductive system. |
| H4 | Skin and hair. |
| H5 | Parasitical, infectious and other diseases. |
| H6 | Ambulance. Hygiene and burial. |
| H7 | Physical training and exercises. |
| H8 | Field sports. |
| H9 | Recrative arts. |

I ECONOMIC BIOLOGY AND DOMESTIC ARTS.

| | |
|---|---|
| I0 | Agriculture, Dairy farming. |
| I1 | Veterinary medicine. |
| I2 | Milling. Gardening. Forestry. |
| I3 | Wood working. |
| I4 | Textile manufactures. |
| I5 | clothing trades. |
| I6 | Costume. Jewellery. |
| I7 | Vegetable and animal products. |
| I8 | Foods and beverages. |
| I9 | Gastronomy, Domestic economy. |

J. K PHILSOPHY AND RELIGION

| | |
|---|---|
| J0 | Metaphysics. |
| J1 | Aesthetics. Psychology. |
| J2 | Ethics. |
| J3 | Philosophy. |
| J4 | Theology, Religion, general. |
| J5 | Mythology. Folklore. |
| J6 | church doctrines. |
| J7 | −Fasts. Festivals. |
| J8 | −Government. |
| K0 | Churches and sects, Nonchristian |
| K1 | Christian churches. Bible. |
| K3 | christology. |
| K4 | Early and Eastern Christian churches. |
| K5 | Monarchism. |
| K6 | Latin christianity, Roman Catholicism. |
| K7 | Protestántism, Episcopal Churches. |
| K8 | Nonconformity. |
| K9 | Presbyterianism and miscellaneous. |

L SOCIAL AND POLITICAL SCIENCE.

| | |
|---|---|
| L0 | Social science. |
| L1 | Political economy. |
| L2 | −science, Government. |
| L3 | Central and Local administration. |
| L4 | Law. International, general. |

L5　－Trials. Actions.
L6　－Criminology. Police. Penology.
L7　Contracts. Property and Tenures.
L8　Commerce and Trade, Money.
L9　Finance.

M LANGUAGE AND LITERATURE
M0　Language, general.
M1　Literature. general.
M2　African and Asiatic languages and literature.
M4　European languages and literature(Latin, etc.)
M5　European languages and literature(Teutonic.)
M6　American Language.
M7　Palaeography. Bibliography. Historical typography.
M8　Practical Printing and bookbinding.
M9　Library economy.

N LITERARY FORMS.
N0　Fiction.
N1　Poetry.
N2　Drama.
N3　Essays and miscellanea.

O-W UNIVERSAL HISTORY GEOGRAPHY AND AFRICA.
O0　Universal history.
O1　Archaeology.
O2　Universal geography.
O3　Africa.
O4　Egypt.

O5　East Africa.
O6　Central Africa.
O7　South Africa.
08　West Africa.
O9　African islands.

P OCEANIA AND ASIA.
P0　Australia.
P1　Polynesia, Micronesia, Melanesia.
P2　Malaysia.
P29　Asia.
P3　Japan.
P4　China.
P6　Farther India. Malay States.
P6　India.
P88　Afghanistan.
P9　Persian.

Q. R UEROPE, GENEPAL AND SOUTH.(Latin, etc)
Q0　Europe, general.
Q1　Turkey in Europe.
Q12　Turkey in Asia.
Q2　Palestine.
Q26　Arabia.
Q3　Greece.
Q4　Balkan ststes.
Q5　Italy.
Q0　France.
R6　Spain.
R8　Portugal.

S. T EUROPE, NORTH(Teutonic, and Slavonic).

| | | | |
|---|---|---|---|
| S0 | Russia in Europe. | V0 | Scotland. |
| S15 | Poland. | V5 | United Kingdom. |
| S2 | Finland. | V6 | British Empire. W. AMERICA. |
| S25 | Russia in Asia. | W0 | America, general. |
| S3 | Austria. | W02 | Canada. |
| S34 | Bohemia. | W08 | Indian tribes. |
| S4 | Hungary. | W1 | United States. |
| S5 | Switzerland. | W5 | Mexico. |
| S6 | Germany. | W6 | Central America. |
| S61 | Holy Roman Empire. | W63 | West Indies. |
| S7 | Prussia. | W7 | South America. |
| T0 | Netherlands. | W72 | Brazil. |
| T1 | Holland. | W8 | Argentina. |
| T2 | Belgium. | W9 | Polar Regins. |
| T4 | Scandinavia. | X BIOGRAPHY. | |
| T5 | Denmark. | X0 | Collective and class biography. |
| T6 | Norway. | X08 | Heraldry. |
| T8 | Sweden. | X11 | Orders of Knighthood. |
| U. V BRITISH ISLANDS. | | X1 | Epitaphs. |
| U0 | Ireland. | X21 | Portraits, etc. |
| U2 | Wales. | X3 | Individual biography, |
| U3 | England. | | subdivisional tables. |

## E. Harris의 分類

分類記號와 圖書記號를 書架, 目錄, 出納 其他 모든 境遇에 使用된 最初의 分類表는 1870年 美國 Sentluis 公立學校圖書館長 William T. Harris의 考案에 의한 分類이다. 이 分類表는 同校圖書館의 目錄[13] 및

---

13) St. Louis Public school Library, Catalogue, classified and alphabetical of the books of the St. Louis Public School library. 1870.

그 卷頭에 揭載되어 있는 Harris의 Essay on the system of class-ification에서 볼 수 있다. 이에 의하면 다음의 四部門 100區分으로 되어 있다.

|  |  |  |  |
|---|---|---|---|
|  |  | Philosophy | 2-5 |
|  |  | Theology | 6-16 |
| 1. Science | 17 Social and Political sciences. | Jurisprudence. | 18-25 |
|  |  | Politics. | 26-28 |
|  |  | Social science. | 27-31 |
|  |  | Philology. | 32-34 |
|  | 35 Natural Sciences and Useful arts. | Mathematics. | 26-40 |
|  |  | Physics. | 41-45 |
|  |  | Natural history. | 49-51 |
|  |  | Medicine | 52-58 |
|  |  | Useful arts. | 59-63 |
| 64. Art |  | Fine arts. | 69 |
|  |  | Poetry. | 41-45 |
|  |  | Prose fiction. | 69-70 |
|  |  | Literary miscellany. | 71-78 |
| 79. History. |  | Geography and travels. | 80-87 |
|  |  | Civil history. | 88-99 |
|  |  | biography. | 97 |
| 98. Appendix |  | Polygraphy. | 98 |
|  |  | Cyclopaedias. | 99 |
|  |  | Periodicals. | 100 |

各細目은 文字(a-g)에 의하여 表現되며 同一類는 다음과 같이 著者 및 書名의 Alphahet順으로 排列되어 있다.

例2. Philosophy.

| | |
|---|---|
| Academic questions. | Cicero. |
| Against the Atheists. | Plato. |
| Apology and Crito. | Plato. |
| Philosophic Opera. | Seneca. |
| Memorabilia of socrates. | Xenophon. |

이 分類表에 있어서 特히 注意할 것은 다음과 같은 點이다.

(1) 逆Bacon式: Francis Bacon은 學問의 이것을 修得하는 精神能力-.Memor, Imagination Reason에 의해서 나누고, Memory에 對한 것을 History, Imagination 에 대한 것을 Poesy, Reason에 對한 것을 Science 라하고 各種의 學問을 어기에 分屬시켰다. Harris의 分類에 있어서의 主題-Science, Art, History는 Bacon의 History, Poesy, science를 역으로 한 것이기 때문에 이것을 逆Bacon式이라고 한다. 圖書의 分類에는 多少間에 그 時代의 學問의 分類가 考慮되는 것은 東西古今을 莫論하고 같은 것이나 Harris의 境遇와 같이 創案者에 의하여 그 典據가 明示된 것은 그 類例가 드물다. 그는 主題의 排列에 대하여 다음과 같이 말하고 있다.

"科學은 方法과 原理를 提供하는 것이므로 第一 먼저 와야 할 것이다. 이로서 Science的안 言語는 意識的體系를 主로 하는 圖書에, Art(Esthetics)的인 言語는 有機的統一, 換言하면 無意識的體系를 主로 하는 圖書에, History는 時間이나 空間과 같이 偶然的인 關係에 의하여 決定되는 體系를 主로 하는 圖書에 대해서 賦與한다."14)

(2) 分類記號의 簡便: 例를 들면 衛生을 나타내는 데는 X. 5. b와 같이 段階를 두어 늘어놓지 않고 57b라고 한다. 主要한 主題에는 1 乃至 100의 番號를 주고 있음으로 分類記號로써는 極히 簡便하다. 實로 Harris의 分類는 書架目錄, 出納等에 利用되는 分類記號의 初期

---

14) 同 上 Introduction.

의 것으로서 注目 할만한 것이다.

(3) D.C.와의 關係: D.C는當時 實用되고 있던 여러 가지 分類를 參考로 하여 作成된 것이나 그 主題의 排列은 거의 Harris에 따르고 있다는 것은 다음에서 알게 될 것이다.


## F. Dewey의 分類

圖書分類史上 가장 뚜렷한 것은 Melvil Dewey(1851-1931)의 Decimal Classification(略稱 D.C)이다. 그는 1851年에 出生하여 1874 年 Amherst 大學을 卒業, 1879年 A.L.A.의 設立, *Library Journal*의 編纂에 關與하고 1887年 圖書學校 創設, 1891年 目錄記入法을 出版하 고 美國圖書館의 發展에 偉大한 貢獻을 했다. 이 分類表는 1873年 그 의 母校인 Amherst 大學에 採用되어 1876年 初版을 發行했다. 初版은 序文12page, 總表 12page, 索引等이 18page, 計 42page, 總表 1000 綱 表, 索引 210項目으로 된 小冊子였으나 그가 逝去한 1942年의 第14版 에서는 序文 63page, 表1058page, 索引等이 796page, 計1927 page의 大冊子가 되었다. 도한 1945年에는 15版으로 D.C. standardedition, 1950年 16版은 本表와 索引 2冊으로 되었다. 1929年 A. L. A.會報에 依하면 美國의 公共圖書館의 96%, 大學圖書館의 89%, 4000館에 採用 되고 11個國語로 번역되어 있다. 도한 美國書誌學會에 의해서 國際分 類法으로 採用되게 되어 現在는 美國議會圖書館內에 그 編輯部를 두고 있으며 議會圖書館이 發行하는 印刷 Card에는 그 分類番號도 記載되 어 있으므로 그 實用性은 더욱 强化되어 있다.

우선 本表의 基礎는 Deway가 Amherst 大學 在學中 各圖書館의 分類表와 그 實際的인 調査硏究에 依하여 이루어긴 것이나 그가 主 로 參考로 한 것은 Italy Milano의 Battegati가 編한 分類目錄, St. Louis Public School Library의 Harris의 分類表 및 New York

Apprentice Library의 Schwarz의 分類라고 스스로 말하고 있다. Battegati의 分類目錄은 우리나라에서는 볼 수 없으며, Schwarz의 分類는 Natural, Human, Divine Science의 三大區分 22類, 各類는 9 綱으로 되어 있다.

　Harris의 分類는 다음에서 보는 바와 같이 D.C.의 主類의 區分排列의 直接的인 根據라고 볼 수 있다.

| Harris | Dewey |
|---|---|
| 2-5 Philosophy. | 000 General works. |
| 9-16 Religion. | 100 Philosophy. |
| 17-31 Social and Political sciences. | 200 Religion. |
| 32-34 Philology. | 300 Sociology. |
| 35-52 Natural sciences. | 400 Philology. |
| 53-63 Useful arts. | 500 Natural science. |
| 64-95 Fine arts. | 600 Useful arts. |
| 66-78 Literature. | 700 Fine arts. |
| 79-97 History. | 800 Literature. |
| 98-100 General works. | 900 History. |

　이것으로 미루어 D.C.는 Harris를 通하여 間接的으로 Bacon의 學의 分類에 관계가 있다는 것을 알 수 있다.

　그러나 Deway는 敢히 理論的一貫을 目的으로 하지 않고 第12版의 序論에도 "實際的 活用과 經濟와는 무릇 問題解決에 대한 要點이다. 또한 理論的 精巧를 完成하기 위하여 本表를 改變할 必要를 느끼지 않는다. 萬若에 이것을 敢行하면 그 結果는 반드시 많은 實用性이 減殺 되고 運用經費의 增大를 가져오게 할 것이다."라고 말했으며 또한 "너무 理論的으로 計劃된 것은 完全한 理解를 困難하게하며 또한 應用해도 千人中의 한사람이 흡족히 實際的으로 驅使할 수 있을 程度 일 것이다."라고 말하고 있다.

Deway는 知識의 全 分野를 9大類로 나누고 總記를 先行시켜서 여기에 0에서 9까지의 番號를 주었다. 이 10類의 區分排列은 前述한 바와 같이 理論的이라기 보다는 實際的 使宜를 考慮한 것이다.

다음으로 各類는 9의 綱으로 나누어 各綱은 9의 群으로 區分되고 그 以下는 必要에 應해서 順次로 9로 展開된다. 理論的으로 말하면 各主題를 9로 나누는 것은 不合理하다. 9區分 以上을 必要로 할 때 에는 近似한 主題를 倂合해서 9의 群으로 나누는 것이나 重要한 主題에 대해서 1-8의 番號를 주고 其他의 小主題는 9에 모으기 않으면 안 된다.

(1) 一般形式細目과 總記와의 助記性: 各主題에 共通하는 區分을 一致시키는 것은 表의 簡易化를 위해서나 또한 利用上으로 보나 必要하다. 이 要求를 充足시키는 것은 一般形式區分이다.

D.C.의 形式區分은 0001-0009, 001-009, 01-09의 三種이 있으나 가장 一般的인 것은 01-09이다.

| | |
|---|---|
| 01 Philosophy | 06 Societies, Transactions. |
| 02 Compends, Outlines. | 07 Teachings & Study. |
| 03 Dictionaries, Cyclopedias. | 08 Polygraphy, Collections. |
| 04 Essay, Lectures, Adresses. | 09 History. |
| 05 Periedicals. | |

01, 02, 07, 09는 主題의 取扱方法에 관한 것이므로 內的形式이라고 할 수 있으나 그 나머지 것은, 表現에 관한 것이므로 外的 形式이라고 할 수 있다.

여기에서 1은 100 Philosophy, 07은 370 Education, 09는 900의 History와 助記性을 가지는 것이라고 解釋되며 03 乃至 08은 다음과 같이 總記의 030-080과 助記性을 가진다고 볼 수 있다.

03 Dictionaries, Cyclopedias.

030 Genral cyclopedias.

04 Essays, Lectures, Adresses.

040 General collected essays.

05 Periodicals.

050 General periodicals.

06 Societies.

060 General societies.

08 Polygraphy, Collections.

080 Polygraphy.


(2) 歷史地方區分과 地理地方區分과의 助記性: D.C.의 910은 Geography & travels, 930-990은 History, 그 가운데 940-990은 現代 國家로 配定되어 있다. D.C. 各主題下에 "940-990에 依하여 細分하라"고한 것은 그 歷史番號에 의해서 分類한다는 것에 注意해야 한다. 다음은 六大洲와 主要國家의 歷史番號이다.


937 Roma. Italy.

950 Asia.

938 Greece.

951 China.

940 Europe.

951 9 Korea.    ※

942 England.

952 Japan.

943 Germany.

960 Africa.

944 France.

970 North America.

945 Italy.

973-9 United States.

946 Spain.

980 South America.

947 Russia.

990 Oceania. Polar regions.


이러한 歷史番號는 第一數字 9와 第二字數와의 사이에 1을 揷入하여 第三數字와 第四數字 사이에 小數點을 찍음으로써 地理의 地方番號로 한다고 볼 수 있다.


例 942 英國歷史

914, 2 英國地誌

943 獨逸歷史

914. 3 獨逸地誌

951 中國歷史

915. 1 中國地誌

(3) 語學과 文學과의 助記性: 要目(百區分)表에서 看破할 수 있는 것은 400語學과 800 文學의 區分이 一致하고 있다는 것이다. 410의 比較 言語學에 대해서 810이 美國文學이라고 하는 것은 美國의 立場에서 美國文學과 英國文學을 區別한 것이나 다른 助記性을 유린하지 않고 이룩한 것은 適切한 着眼이었다. 우리나라에서 D.C를 採用하는 圖書館에 있어서는 大部分 東洋關係는 適切히 改良展開하여 使用하고 있으나 特히 文學은 美國文學을 820 英國文學과 合하고 810에 東洋文學을 配當하고 있다.

D.C에 있어서 文學의 第一次區分은 國語에 의한 關係로, 400의 國語區分은 極히 詳細하다. 그리하여 語學의 分類 는 實用上 英語를 第一로 하여 英美本位로 하고, Teuton, Latin Greek, 其他의 順으로 配當하고 있다.

| | |
|---|---|
| 400 General. | 460 Spanish: Portuguese. |
| 410 Comparative. | 470 latin and other Italic. |
| 420 English: Anglo-Saxon. | 480 Greek and other Hellentic. |
| 430 German and other Teutonic. | 490 Other Languages. |
| 440 French: Provenciol | 495.6 Japanese. |
| 450 Italian: Rumanian. | |

이제 이러한 國語區分은 030-080을 비롯하여 220.5 聖書의 飜譯, 229 基督敎外의 宗敎, 572.8 人種別等의 細分에 使用되고 다음으로 一部分이기는 하나 歷史의 地方番號와 助紀性을 가지는데 注意해야 한다.

| Philology. | | History. | |
|---|---|---|---|
| 420 | English. | 942 | England. |
| 430 | German. | 943 | German. |
| 440 | French. | 944 | France. |
| 450 | Italian. | 945 | Italy. |
| 460 | Spanish. | 946 | Spain. |
| 470 | Latin. | 937 | Roma, Italy. |
| 480 | Greek. | 938 | Greek. |

(4) 國語共通區分: 一國語의 區分을 他國語의 區分에 適用하는 것은 實用上 가장 便利하다. 그리하여 英語學 밑에 細分을 하고 餘他는 이것에 準하도록 되어있다.

| 420 | English philology. | 425 | Grammar. |
|---|---|---|---|
| 421 | Orthography. | 426 | Prosody. |
| 422 | Etymology, Deviation. | 427 | Dialects. Patois. Slang. |
| 423 | Lexicology, Dictionaries. | 428 | School Texts. |
| 424 | Synonyms, Homonyms. | 429 | Anglo-Saxon |

(5) 文學形式區分: 文學에 있어서도 역시 形式에 따라서 8의 共通區分이 準備되어 있다.

| 820 | English Literature. | 825 | English oratory. |
|---|---|---|---|
| 821 | English Poetry. | 826 | English Letters. |
| 822 | English Drama. | 827 | English Satire and Humor. |
| 823 | English Fiction. | 828 | English Miscellany. |
| 824 | English Essays. | 829 | Anglo-Saxon Literature. |

其他의 文學도 이와 꼭 같이 細分한다. 820. 890의 表에 揭示된 以外의 所謂 小國語에 의한 文學은 우선 400 語學에 의해서 그 番號를 찾아내고 그 第一數字 4를 8로 代置하여 最後로 文學形式番號를 添加해서 作成한다.

例를 들면, 日本小說의 番號를 만들려면 語學에서 日本은 495.6(413)을 찾아서 이 4를 8로 하여 日本文學番號 895.6(813)을 만들고 最後로 小說의 文學形式番號 3을 붙어서 895.63(813, 3)이라고 表示한다.

文學形式 밑에는 時代區分에 의하며 그 밑에는 主要 作家名과 其他로 되어 있으나 實際上 大部分의 圖書館에서는 時代別 밑에는 作家의 abc順으로 排列한다. 또한 小說은 別途로 하여 "F"라고 하는 分類記號를 주어 著者記號에 依하여 排列하거나 分類記號를 주지 않고 다만 著者記號에 의하여 排列한다.

文學의 第一次區分을 國語에 의한다는 데는 一般的으로 異論이 없는 듯하나 形式別, 時代別, 作家別을 어떻게 組合하느냐에 대해서는 여러 가지 異論이 있다.

(6) 記號: 記號는 Arabia 數字로 되는 純粹記號이다. 이것은 迅速히 書寫할 수 있으며 誤謬의 危險이 적고 文字를 結合할 때와 같이 우습지 않다.(D.O.G.를 結合하변 개(犬)가 되는 것처럼). 記號는 最初의 三字까지는 整數로서 使用된다. 그런 故로 自然科學은 반드시 500이며 5 또는 50이 아니다. 마찬가지로 動物學은 590이며 59가 아니다. 三字 다음에는 小數點을 붙이고 以下는 無限으로 十分된다.

(7) 相關索引: D.C의 獨創性은 主題의 十分法이 아니라 相關索引에 있다는 것은 Deway 自身이 말하고 있다.

相關索引이란 다만 本文에 나타난 名辭의 所在를 表示하는 列擧索引과는 달리 關係있는 主題에 있어서 어느 一方의 主題下에도 他主題를 揭示하여 迅速한 檢索에 使利하도록 한 것이다.

例

| Library. | | Building | |
|---|---|---|---|
| administration | 025 | library | 022 |
| building | 022 | Catalogs | |
| Catalog authou | 018 | author | 018 |
| dictionary | 019 | dictionary | 019 |
| Subject | 017 | subject | 017 |
| economy | 020 | Economy | |
| Administration | | library | 020 |
| library | 025 | | |

本表에 대한 批評

長 點

a. 表가 單純하기 때문에 理解, 記憶, 使用에 便利하다.

b. 伸縮性이 豊富하다. 圖書館의 性質에 따라서 細分表를 使用하거나 簡易表를 使用하거나 綱에 있어서 一致한다.

c. 名辭가 實際經驗에 의한 것이다.

d. 助記性이 豊富하다.

e. 無限히 展開시킬 수 있다.

f. 不斷히 成長하고 있다.

g. 記號가 單純하고 國際的임으로 記錄하고 記憶하기 容易하다.

h. 相關索引이 있다.

i. 多數의 圖書館과 文獻의 分類에 使用되고 있다.

短 點

a. 機械的, 人爲的이다.

　Deway는 이 批評에 대해서 "圖書館分類에 現代人間의 知識에 있

어서 相互關係하는 最善의 哲學的 一覽表의 役割을 하도록 한다
는 것은 全然 不可能하다. 그렇게 한다면 해마다 修正이나 變更을
해야 할 必要가 생길 것이다. D.C.는 機械的이라는 評이 있으나
이 表가 漸次 文明界에 進出했다고 하는 것은 그것이 一種의 知的
인 鳩舍式의 方式으로 認定했기 때 문이다"라고 말하고 있다.

b. 論理的이 아니다.

400과 800, 300과 900이 分離되었고, 心理學이 130 心身論과
150 精神能力으로 分離되었고, 140 哲學諸體系와 180 古代哲學
者, 100 現代哲學과의 사이에 150 心理學, 160 論理學, 170 倫
理學이 介在되어 있다. 또한 320 政治學과 350 行政과는 330
經濟學과 340 法律에 의해서 分離되어 있다.

c. 區分이 均等하지 않다.

一般宗敎 1, 自然神學 1, 基督敎以外의 宗敎 1에 대해서 聖書와
基督敎에 7綱이 주어져 있다. 지나치게 詳細한 것이 있는가 하
면 項目이 不足한 것이 있고 比較宗敎學, 鑛物學, 民俗學, 氣象
學, 細菌學, 國際法, 衛生學, 財政學等 知識의 重要한 部分이
100區分中에 나타나지 않은 것이 있다.

d. 歐美本位이다.

歐美語學 420-480, 歐美文學 810-880인데 反하에 小國語는
490, 小國文學은 890에 몰아넣어서 中國語는 496.2 中國文學은
895.2로 되어 있다. 또한 美國史는 973-979로 展開되어 있는데
대하에 中國史는 951로 되어 있다.

e. 學問의 分類에서 볼 때 舊式이며 名辭가 옛것이다.

130 心身論, 150 心理學은 舊式이기 때문에 第13版에서는 159.9
에 새로 分類를 展開했다. 582-589의 植物分類는 Bensam과
Futzcar(1862-1883)의 下向分類에 따르고 있다.

f. 重要한 新主題를 揷入할 餘地가 없다.

이 對策으로서는 旣存의 主題와 가장 密接한 關係가 있는 主題

에 添加하던가 或은 그 主題下에 展開한다.

g. 分類番號가 길어진다.

D.C.에는 小數以下 몇 行이라고 하는 細分도 表示되어 있으나 實際 書架分類에 있어서는 小數 以下 二行 또는 三行에서 그치게 된다.

以上과 같은 特點과 短點이 있으나 널리 全世界에 利用되어 있고 前述한 바와 같이 그 番號는 美國 議會圖書館에 의해서 頒布되고 있는 印刷card에 記載되어 있기 때문에 所謂 標準分類表로서 앞으로도 相當한 生命을 가지게 될 것이다. 또한 다음에 論述할 U.D.C.는 이 分類票의 後繼者라고 볼 수 있으므로 無限한 生命力을 가지게 될 것이다.

## DECIMAL CLASSIFICATION. (1876 to date)

| | |
|---|---|
| 000 GENERAL WORK. | 190 Modern philosophers. |
| 010 Bibliography. | **200 RELIGION.** |
| 020 Library economy. | 210 Natural theololgy. |
| 030 General cyclopaedias. | 220 Bible. |
| 040 General collections. | 230 Doctrinal Dogmatics. Theology. |
| 050 General periodicals. | 240 Devotional. Practical. |
| 060 General societies. Museums. | 250 Homiletic. Pastoral. Parochial. |
| 070 Journalism. Newspapers. | 260 Church. institutions. Work. |
| 080 Special libraries. Polygraphy. | 270 Religious history. |
| 090 Book rarities. | 280 Christian Churches and sects. |
| **100 PHILOSOPHY.** | 290 Ethnic, Nonchristian. |
| 110 Metaphysics. | **300 SOCIOLOGY.** |
| 120 Special metaphysical topics. | 310 Satistics. |
| 130 Mind and body. | 320 Political science. |
| 140 Philosophic systems. | 330 Political economy. |
| 150 Mental faculties. Psychology. | 340 Law. |
| 160 Logic. dialectics. | 350 Administration. |
| 170 Ethics. | 360 Associations and institutions. |
| 180 Ancient philosophers. | 370 Education. |

380 Commerce and communication

390 Customs. Costumes. Folklore.

## 400 PHILOLOGY.

410 Comparative.

420 English.

430 German.

440 French.

450 Italian.

460 Spanish.

470 Latin.

480 Greek.

490 Minor languages.

## 500 NATURAL SCIENCE

510 Mathematics.

520 Astronomy.

530 Physics.

540 Chemistry.

550 Geology.

560 Paleontology.

570 Biology.

580 Botany.

590 Zoology.

## 600 USEFUL ARTS.

610 Medicine.

620 Engineering.

630 Agriculture.

640 Domestic economy.

650 Communication. Commerce.

660 Chemic technology.

670 Manufactures.

680 Mechanic trades.

690 Building.

## 700 FINE ARTS.

710 Landscape gardening.

720 Architecture.

730 Sculpture.

740 Drawing.

750 Painting.

760 Engraving.

770 Photography.

780 Music.

790 Amusements.

## 800 LITERATURE.

810 American.

820 English.

830 German.

840 French.

850 Italian.

860 Spanish.

870 Latin.

880 Greek.

890 Minor languages.

## 900 HISTORY.

910 Geography & travels.

920 Biography.

930 Anciect history.

| | | |
|---|---|---|
| 940 | | Eruope. |
| 950 | | Asia. |
| 960 | | Africa. |
| 970 | Moden | North America. |
| 980 | | South America. |
| 990 | | Oceanica and polar. |

## G. 國際十進分類法

1895年 Belgium의 Brussels에서 全世界의 書誌的 資料에 관한 國際
會議가 開催되었다. 이 會議는 第一次世界大戰後까지 Belgium 政府의
補助를 받고 있었으나 1923年 再組織 國際委員會가 出發되었다. 그 後
國際聯盟이 이 事業을 繼承하게 되었고 다시 最近에는 모든 文書記錄의
蒐集整理를 하기에까지 이르렀기 때문에 그 名稱도(F.I.D＝Federation
International de Documentation)國際文書協會라고 改稱하게 되었다.

國際書誌學會의 當初의 目的은 全世界에 걸쳐 全時代와 온갖 形式
의 圖書와 文書의 目錄을 作成하려는데 있었다. 이 때문에 極히 詳
細한 分類表의 必要性을 느꼈다. 그리하여 旣存의 分類表를 檢討한
結果「(1) 十進的分類法이라고 하는 것은 各 國語를 超越하여 그 意
味는 어느 國家에 있어서나 全然 同義的으로 理解된다는 點, (2) 本
法에 使用된 分類番號는 그 자체가 現今에 있어서의 唯一한 國際語
라고 하는 點, 즉 世界的으로 普及되어 있는 Arabia數字만으로 構成
되었다고 하는 點, (3) 本組織에 採用한 十進法原理는 無限히 擴大시
킬 수 있다는 點」의 理由에 의하여 Deway의 D.C를 採用하게 되었
다. 略稱 C.D.U. 或은 U.D.C.라고 한다.

이리하여 D.C는 學會에서 任命된 專門家의 協力으로 再檢討되어
不必要한 點을 省略하고, 改訂을 加하여 많은 展開를 하고 種種의
記號를 添加하게 되었다. 本表는 佛語第一版을 1906年, 佛語第二版
(4冊)을 1927-1933年에 出版하였다.

本表는 科學論文의 詳細한 索引과 排列上 有用하다는 것이 認定되
어 1929年에는 42個國으로 一萬의 機關에 使用되어 150萬 以上의
文書, 書目, 論文에 이 分類番號가 붙어 있다고 한다.

1933年 第3版 獨語版, 英語版이 0門부터 漸次 出版되었다.

本表의 類, 綱은 D.C의 原表와 大略 같으나 部門의 適用法에는
三種이 顯著한 差異가 있다. 特히 獨語版에는 不必要한 點을 省略하

고 必要한 部分만을 飜譯하였다. 各部門의 始初에 該當部門의 適用
例를 例擧하고 곳에 마라서는 增訂을 하고 있다.

D.C와의 主要한 相違點은 다음과 같다.

(1) D.C에서는 三數字를 基礎로 하기 때문에 歷史總記는 900, 地
誌는910으로 表現되나, C.D.U.에서는 各各 9와 91로 表現한다.

(2) 助記記號(主要한 것만을 表示함)

a. 共通細目記號

(01-09) 例1 哲學 1(02) 哲學槪論

b. 地理區分記號

(2-9) 例9 歷史 9(52) 日本歷史

c. 言語區分記號

(2-9) 例42 英語學 42=95 東洋말로 쓰인 英語學

d. 年代區分記號

" "例9 歷史 9(5) "1938" 1938年代 東洋史

e. 觀點區分記號

.001-.009 例625.143 鐵道 625.143003 經濟上으로 본 鐵道

f. 相關記號

: 例31 統計, 63農業 31: 63 農業統計

g. 添加記號

+또는 / 例 622 採鑛, 667 冶金 622+967로 表現한다. 592 / 599,
592 Invertebrates부터 → 599 mammals까지 包含하는: 動物
系統學을 表示한다.

## U.D.C. OUTLINE OF THE MAIN DIVISION.

**0**   **Generalities.**

00   Prologomena. General fundamentals of knowledge and culture.

01   Bibliography. catalogues.

02   Libraries. Librarianship.

03   Encyclopaedias. Dictionaries. Reference Books.

04   Mixed collections of essays.

05   Periodicals. Reviews.

06   Corporate bodies. Institutions. Congresses. Exhibitions. Museums.

07   Newspapers. Journalism.

08   Polygraphics. Collected works.

09   Manuscripts. Rare and remarkable works. Curiosa.

**1**   **Philosophy.**

11   Metaphysics. Fundamentals.

13   Philosophy of mind and spirit. Metaphysics of spiritual.

14   Philosophical systems. Metaphysicontological speculations and theories.

159. 9   Psychology.

16   Logic. Theory of knowledge. Logical method. Reasoning.

17   Morals. Ethics.

18   Aesthetics.

**2**   **Religion. Theology.**

21   Natural theology.

22   Holy scripture. The Bible

23   Dogmatic theology.

24   Practical theology.

25   Pastorial theology.

26   The Christian church.

27   General history of the Christian church.

28   Christian churches.

29   Non-Christan religions and cults. Mythologies

**3**   **Social sciences.**

30   Social Sociography

31　Statistics.

32　Political science Politics.

33　Political economy. Economics.

34　Jurisprudence. Law. Legislation.

35　Public administration. Military art and science

36　Social relief and welfare. Insurance.

37　Education.

38　Trade. commerce. Communication.

39　Ethnography. Manners and customs. Tradition. Folklore

**4　Philology. Linguistics Languages.**

40　General questions

41　General Philology and linguistics

42/48　Western languages.

43　Germanic languages

44　Romance languages

46　Iberic languages

47　Classical languages. Latin and Greek.

48　Slavonic languages. Baltic languages

49　Oriental, African and other languages

**5　Mathematics. Natural sciences.**

51　Mathematics.

52　Astronomy. Geodesy.

53　Physics.

54　Chemistry. Crystallography. Miner alogy.

55　Geology. Meteorology

56　Palacontology.

57　Biology. Anthropoligy.

58　Botany.

59　Zoology.

**6　Applied sciences. Medicine. Technology.**

60　Common problems of applied sciences. Inventions, etc.

61　Meical sciences

62    Engineering sciences. Technology.

63    Agriculture. Forestry. Stockbreeding. Animal produce. Hunting. Fisheries

64    Domestic economy.

65    Commercial, business techniques. Management. Transport.

66    Chemical and allied industries

67/68    Industries and crafts based on processable materials.

**7    The arts. Architecture. Photography. Music Entertainment. Sport.**

71    Physical planning. Town and country planning. Landscape, etc.

72    Architecture

73    Sculpture and the plastic arts. Numismatics. Art metalwork.

74    Drawing and minor arts

75    Painting

76    Engraving. Prints

77    Photography.

78    Music.

79    Entertainment Games Sport

**8    Literatute**

820    English Literature

830    German literature

840    French literature

850    Italian literature

87    Classical, Latin and Greek Literature.

88    Slavonic literature. Baltic literature

89    Oriental, African and other literature.

**9    Geography. Biography. History.**

91    Geography. Exploration and travel.

92    Biography. Famous lives.

929    Generalogy. Heraldry.

93/99    History.

930    Historical sciences. Collateral and auxiliary sciences.

931/999  Ancient history.

940    History of Europe.

950　History of Asia
960　History of Africa.
970　History of North America.
980　History of South America.
990　History of Oceania. of Australasia, of the Polar regions.


## H. Cutter


Cutter[15](1837-1903)는 Dewey보다 14歲나 年長者였다. Dewey가 Amherst大學을 卒業했을 때는 Cutter는 이미 Boston의 博物館長이었으며 1875年에는 辭書體目規則을, 1891-3年에는 Expansive classification(略稱 E.C.)의 第一部「最初의 六分類表」를 發表한 斯界의 大先輩였다. 1891年 D.C.는 이미 第4版이 刊行되었으나 批判을 많이 받았다. Cutter도 역시 D.C.의 順序와 區分의 缺點을 認定하고 各樣各種의 規模의 圖書館에 適合하지 않다고 하여 E.C.을 發表한 것이다.

Expansive란 知識의 全分野를 包含하는 各各의 表가 第一表로부터 차례로 發展하도록 構成되어 있다는 것을 表示하는 것으로 第一部는 第1表에서부터 第6表로 되어 있고 第二部는 第7表로 되어 있다.

다음에 揭示하는 바와 같이 第一表는 겨우 8區分으로 되어 있으나 Cutter는 설령 小圖書館이라 할지라도 最初의 表를 採用하면 여러 번 變更을 하게 되므로 詳細한 表를 採用하도록 注意를 하고 있다. 그러나 지나치게 詳細하면 區分이 過多하에 圖書의 檢索에 不便하므로 「詳細히 詳細히 하여 지나치게 詳細하지 않도록」"Be minute, be minute, be not too minute" 警戒하고 있다.

이 表는 Cutter 自身, 類의 排列에 대해서 그 理由를 나타내고 있

---

15) 議會圖書館의 分類表에 關해서는 Mann. Introduction to cataloging and the Classification of books. 1930. p. 95-120 參照.

으며 一般的으로 主題의 進化의 順으로 排列되어 四大 分類法中 가장 理論的이라고 한다. 그런데 Bliss는 非論理的이며 非科學的이라고 말하고 있다. 例를 들면 科學은 分子說에서 質量說로, 數에서 空間으로, 力을 거쳐 生命에 이르고 있다. 또한 經濟는 人口($H_d$) 生産($H_E$) 交換($H_E$) 分配($H_s$) 消費($H_z$)의 順으로, 植物學은 隱花植物에서 顯花植物로, 動物學은 原生動物에서 靈長類를 거쳐서 人類學에로, 圖書學은 圖書의 歷史, 生産(著者, 著述, 印刷, 製本)分配(出版, 販賣)에서 利用을 爲主로 하는 圖書館을 거쳐서 書誌學에 이르고 있다.

다음으로 本表의 記號는 一般的으로 文字로 된 純粹 記號이나 그 基本이 되는 類는 26이 아니라 D.C.의 境遇와 같이 다음의 10으로 되어 있다.

A General works.

B Philosophy.

Br Religion.

E Historical sciences.

H Social sciences.

L Sciences and arts.

R Useful arts.

V Recreative arts.(W Fine arts.)

X Language.

Y Literature.

中間의 文字는 重要한 主題에 대해서 주어지고 細分의 方法으로서는 小頭字를 添加하도록 되어 있다. 그러기 때문에 各 主題는 必要에 따라서 차례로 26區分된다. 記號의 길이는 主題의 數에 反比例하므로 E.C.의 記號는 D.C.의 記號보다 짧다고 볼 수 있으나 D.C.의 Arabia數字보다 單純하지는 못하다.

(1) 共通細目: 共通細目은 D.C.의 그것에 類似하며 第1部의, 表에는 文字記號로 되어있으나 類似 記號와의 混亂을 避하기 위하여 第2部, 卽 第7表에는 다음과 같이 數字로 表示하고 있다.

| (Common sub-divisions used in First six Classifications.) | (Common sub-divisions used in the Seventh Classification.) |
|---|---|
| D Dictionaries. | .1 Theory. Philosophy. |
| E Encyclopaedias | .2 Bibligraphy. |
| I Indexes. | .3 Biography. |
| M Museums. | .4 History. |
| P Periodicals. | .5 Dictionaries. Encyclopaedias. |
| Q Quotations. | .6 Year-books. Directories. |
| R Reference books. | .7 Periodicals. |
| S Societies. | .8 Societies. |

(2) 地方表(Local list. 本表 參照): D.C.의 940-999에 該當하며 11 에서 99까지를 主要地方과 國家로 配當하고 나머지는 十進的으로 使用한다. 本表는 모든 主題의 地方區分에 使用되는 同時에 一地方 의 모든 主題를 一括할 必要가 있을 境遇에는 類號에 前置하에 使用 한다.

　例 66 E 中國傳記

　　　66 F 中國歷史

　　　66 G 中國地誌

(3) 本表에 對한 批評

長　點

a. 論理的이다.

b. 學究的이다.

c. 名辭와 排列이 近代的이다.

d. 圖書館의 實際에 立脚하고 있다.

e. 助記性이 豊富하다.

f. 無限히 展開할 수 있다.

g. 一國에 관한 主題를 一個所에 集結할 수 있다.

短 點

a. 未完成이다.

第2部 第7表의 展開中에 著者가 逝去하여 甥姪인 **W.P. Cutter**
가 이것을 繼承하여 專門家의 協力을 얻어 編輯에 從事했으나
現在까지 完成되지 못했다.

b. 區分의 不均等

經濟 8page. 數學 40page, 地質學 17page 動物學 88page로 되
어 있다.

c. 記號는 記錄, 記憶, 排架에 困難하다.

上述한 바와 같이 E.C.는 이미 過去의 分類이나 旣成部分은 各 專
門家의 極히 愼重한 硏究에 의해서 作成된 것이므로 有力한 圖書分
類의 硏究資料라고 볼 수 있다.

## EXPANSIVE CLASSIFICATION.(1891-93)
### I. FIRST CLASSIFICATION.
(For a very samll library)

A     Works of reference and works of a general character, covering
      several classes.

B     Philosophy and Religion.

E     Historical sciences(Includes Biography, History and Geography and
      Travels)

H     Social sciences(includes Statistics, Political economy Commerce,
      poor, Charity, Education, Peace, Temperance, the woman question,
      Politics, Government, Crime, Legislation, Law).

L     Sciences and Arts, both Useful and Fine.

X     Laguage.

Y     Literature(Includes Literay History, Bibliography, and the Arts that
      have to do with books).

YF    Fiction.

## Ⅱ. SECOND CLASSIFICATION.

(For a library that has grown larger).

| | |
|---|---|
| A | Works of reference,(etc.) |
| B | Philosophy and Religion. |
| E | Biography. |
| F | History. |
| F30 | Europe. |
| F39 | France. |
| F45 | England, Great Britain |
| F47 | Germany. |
| F60 | Asia. |
| F57 | Japan. |
| F70 | Africa. |
| F80 | America. |
| F83 | Ueited States. |
| C | Geography and Travels. |
| | (Divided by numbers from the local list as F.) |
| H | Social sciences. |
| L | Physical sciences. |
| M | Natural history. |
| Q | Medicine. |
| R | Useful arts. |
| V | Recreative arts, Sports and games, Theatre, Music. |
| W | Fine arts. |
| X | Language. |
| Y | Literature |
| YF | Fiction. |

## Ⅲ. THIRD TO SIXTH CLASSIFICATIONS.

| | |
|---|---|
| A | General works. |
| B | Philosophy. |
| Br | Religion and religions.(Except the Christian & Jewish). |
| C | Christian & Jewish religions. |

| | |
|---|---|
| D | Ecclesiastical history. |
| E-F-G | (As in the Second.) |
| H | Social sciences. |
| I | Sociolosy |
| J | Government. Politics. |
| K | Legislation. Law. Women. Societies. |
| L | Science in general and Physical sciences. |
| M | Natural history in general. Microscopy. Geology. Biology. |
| N | Botany. |
| O | Zoology. |
| Q | Mcdicine. |
| R | Useful arts. |
| S | Engineering and Building. |
| T | Manufactures and Handicrafts. |
| U | Defensive and Preservative arts. |
| V | Recreative arts. Sports. Theatra Music. |
| W | Fine arts. |
| X | Language. |
| Y | Literature. |
| YF | Fiction. |
| Z | Book arts. |

## Ⅳ. SEVENTH CLASSIFICATION.
## Z BOOK ARTS.

Synopsis

| | |
|---|---|
| Production. | $Z_A$-$Z_K$ |
| Authorship. | $Z_A$-$Z_C$ |
| Writing. | $Z_D$-$Z_G$ |
| Printing. | $Z_H$-$Z_J$ |
| Binding. | $Z_K$ |
| Distritubion. | $Z_L$-$Z_M$ |
| Publishing and bookselling. | $Z_L$ |
| Storage and use. | $Z_M$ |

Libraries.

| | |
|---|---|
| Private. | $Z_N$ |
| Public. | $Z_P$-$Z_S$ |
| Description. | $Z_T$-$Z_z$ |
| General bibliography. | $Z_T$-$Z_v$ |
| Subject bibliography. | $Z_W$ |
| Selection of reading. | $Z_x$ |
| Literary history. | $Z_Y$ |
| National bibliography. | $Z_z$ |

## Zp PUBLIC LIBRARIES.

Synopsis.

| | |
|---|---|
| Generalia. | $Z_P$ |
| History and reports. | $Z_P$11-99 |
| or | $Z_{PA}$-$Z_{PZ}$ |
| Classes of libraries. | $Z_P$12 or $Z_{PA}$ |
| Founding and Supporting. | $Z_{QB}$-$Z_{QB}$ |
| (Defence. Legislation. Methods | |
| Administering | $Z_Q$-$Z_T$ |
| The building. | $Z_Q$ |
| (Location Plans. Material. Construction Sanitation.) | |
| The management. | $Z_{QG}$-$Z_T$ |

## $Z_{RM}$ CLASSIFICATION.

Ⅰ. e., classification of books on the shelves; the classification of entries in the catalog may go in $Z_{RK}$ or here.

classification of Knowledge is $R_{GY}$; of Science is Lak; but it may be convenient to bring all the books together here.

$Z_{RH}$　　　General and miscellaneous works.

$Z_{RTB}$　　Fixed vs. movable looation.

$Z_{RHH}$　　Chronological arrangement on the shelves.

$Z_{RHI}$      Alphabetical arrangement by authors.

$Z_{KHK}$      Alphabetical arrangement by subjects.

$Z_{RHL}$      classed arrangement.

$Z_{RHN}$      Broad vs. close classification.

$Z_{RHO}$      Shelf guide and labels.

$Z_{RHU}$      Color binding by classes.

$Z_{RHY}$      Notation.

$Z_{RI}$      Alphabetical order-table. Author-marks.

$Z_{RIA}$
to      }      Systems of classification.
$Z_{RIZ}$

Arrange alphabetically by authors, as $Z_{RIC}$ Cutter's Expansive. $Z_{RID}$ Dewey's Decimal. $Z_{RI}$ Eletcher's. $Z_{RIH}$ Hartwig's.

$Z_{RIA}$
to      }      Classification of special subjects.
$Z_{RIZ}$

Arrangement by the class-marks, as $Z_{RJC}$ classification of Theology $Z_{RI}$ Classification of History. $Z_{RJVY}$ classification of Music. $Z_{RJW}$ Classification of Art.

## Local List

11      The World.

12      Voyages & Travel(collections.)

13      Voyages round in world,

133      Tropics.

135      Temperate zones.

14      Arctic & Antarctic regions.

15      Oceans and Islands.

16      Pacific Oceans & Islands.

17      Polynesia.

18      Micronesia.

19      Melanesia.

20      Papua.(New Guinea)

| 21 | Australia. |
|----|-----------|
| 22 | Tasmania |
| 23 | New Zealand. |
| 24 | Asia & Africa. |
| 25 | Asia & Europe. Eurasia. |
| 26 | Europe & America. |
| 27 | Europe & Africa. |
| 28 | Europe & Africa & Asia. |
| 29 | Turkish Empire. |
| 30 | Europe. |
| 39 | France. |
| 45 | England. |
| 47 | Germany. |
| 60 | Asia. |
| 66 | Chinese Empire, China. |
| 67 | Japan. |
| 70 | Africa. |
| 80 | America. |
| 81 | North America. |
| 83 | United States. |
| 84-94 | (同上州別) |
| 98 | South America. |
| 99 | Brazil. |

## I. 美議會圖書館의 分類法

　美國議會圖書館이 Washington에 設立된 것은 1800年이었다. 最初에는 圖書 964冊, 地圖9枚等이 그 크기에 따라서 排列되었다. 이 排列은 1812年까지 施行되었으나 이때에는 藏書가 3076冊, 地圖等이 53枚였다. 이 해에 發行된 蒐書目錄은 主題에 의하여 18로 區分되고

다음으로 크기에 의해서 排列되었다. 1815年 이 圖書의 大部分이 火災로 損失된 後 Thomas Jefferson의 文庫가 購入되었으나 그 分類는 Jefferson에 의하여 Bacon의 知識의 分類를 基準으로 44로 區分되였었다. 이 分類는 1899年 Herbert Putnam 이 館長이 되기까지 多少 修正해가며 使用되어 왔던 것이다. 當時 藏書는 이미 總數 50萬을 넘었으나 그는 分類의 變更을 包含하는 圖書館의 再組織을 決意하였다.

當待 D.C.는 第六版(1899)을 내고, E.C.는 第七表를 進行中이였으나 前者에는 理論上 種種의 缺陷이 있고 後者는 未完成이였기 때문에 在來의 分類法의 長點을 따서 이 圖書館에서의 必要性을 發見하고 또한 實際의 內容에 適用시킬 수 있는 獨自의 體系를 세울 것을 決定하였다.(略稱 L.C).

1904年版 「*The Library and its contents*」에 「이 表는 現存 分類表와의 比較와 此館의 特殊事情, 즉 現在와 將來의 蒐書 및 利用의 性質을 基礎로 하여 講究된 것이다. 歷史科學, 政治 및 社會科學의 部分 및 其他 모든 部分은 大端히 厖大해질 것이 豫想된다……」고 말하고 있다, 例를 들면 N Fine arts의 序에는 「이 表를 作成하는데는 特殊 圖書館의 分類表와 目錄을 參考로 했다. 特히 Dewey의 十進法과 Cutter의 展開法 및 特殊 部分에 대해서는 Berlin의 美術工藝目錄을 參考했다. 또한 Chicago의 美術協會 圖書館分類에서도 많은 暗示를 얻었다. 이러한 體系는 分類部의 作業中에 作成된 것이다. 그리므로 本表는 議會圖書館의 美術에 관한 圖書集의 實際的 分類에 의해서 現在의 形式에로 發展한 것이다」라고 말하고 있다.

이리하여 大綱을 다음과 같이 定하고 各 類는 多數의 專門家에 의해서 細分되고 分冊으로 하에 廉價로 販賣했다.

A General works. Polygraphy.

B Philosophy. Religion.

C History. Auxilliary sciences.

D History and Topography
(excluding America).

E-F America.

G Georgraphy. Anthropology.

H Social sciences. Economics.
Sociology.

J Political sciences.

K Law.

L Education.

M Music.

N Fine Arts.

P Language and Literature.

Q Science.

R Medicine.

S Agriculture. Plant and Animal
Industry.

T Technology.

U Military Science.

V Naval science.

Z Bibliography and Library
Science.

이 大綱의 排列은 一見 E.C.에 의한 것 같으나 全 表를 詳細히 比較해 보면 全然 任意的이다. 1907年版의 「The Library of Congress and its work」에 의하면 「考察된 分類表는 種種의 目錄群으로서가 아니라 圖書群으로 생각하고 種種의 群으로 都合하기 쉬운 系列을 얻으려고 努力했다」고 말하고 있다. L.O.W.X.Y.는 次後 發展의 類를 위하여 남겨둔 데 注意해야 한다.

前述한 바와 같이 各 類는 방대한 장서에 根據하여 各各의 專門家에 의하여 細分되었기 때문에 다른 分類表의 境遇와 같이 簡單히 說明하기는 困難하다. 따라서 B-BJ 哲學表에 의해서 그 細分法의 一般을 엿보기로 한다.16)

表는 우선 序文(prefactory note)을 비롯하여 槪要表(Synopsis), 總表(Full table), 索引으로 되어 있다.

(1) 序文에는 그 表의 分類擔當者, 參考한 分類表 및 目錄改訂者의 이름을 列擧하고 있다.

---

16) Phillips. A Primer of book classification　p. 88

(2) 槪要表에는 2部의 大網을 揭示하고 있다. **B-BJ** 哲學의 槪要表
는 12page에 걸쳐있다.


B Collections. History. Systems.
Collections

| | |
|---|---|
| 1-8 | Periodicals. |
| 11-18 | Societies. |
| 19-20 | Congress. |
| 21-28 | Collections. |
| 31 | Yearbooks. |
| 41-48 | Dictionaryes. |
| 49-50 | Terminology. Nomenclature. America. |
| 51 | Encyclopaedic works. |
| 52 | Study and teaching. |
| 53-67 | Theory. Method. Scope. Relations. |
| 68 | Curiosa. Miscellany. Satire. treatises. Metaphysics etc. |
| 69-785 | History and system. |
| 108-118 | Anciet. |
| 121-161 | Orient. |
| 165-491 | Greece. |
| 505-626 | Greco-Roman philosophy |

| | |
|---|---|
| 630-708 | Alexandorian and Early Christian philosophy. |
| 720-765 | Medieval philosophy. |
| 775-785 | Renaissance philosophy. |
| 790-4651 | Modern philosophy. |
| 851-945 | United States. |
| 981-995 | Canada and British America. |
| | (中　略) |
| 4625-4651 | Switzeriand. |
| BC 1-708 | Logic. |
| BD 1-708 | General philosophical etc. |
| BF 1-935 | Psychology. |
| 100-1389 | Metapsychology. etc. |
| 1405-1881 | Occult Sciences. |
| BH 1-208 | Estheties. |
| BJ 1-695 | Ethies. |
| 1801-2198 | Manners, Social customs. Etiquetts. |


이로써 L.C.도 직접 雜誌, 協會, 會議, 叢書, 年鑑, 辭書, 用語集,
百科事典, 硏究法等 總記的인 것에서 一般的 理論, 方法, 範圍, 諸科
學과의 관계, 다음으로 哲學史와 哲學體系에 이르고 있다는 것을 알
수 있다.

(3) 總表는 앞에 揭示한 槪要表에 基礎하여 細分을 한 것이다.

| | |
|---|---|
| B Philosophy. | 4 Italian. |
| Periodicals | 5 Spanish. |
| 1 English and America. | 6 Other. A-Z. |
| 2 French and America. | Societies. |
| 3 Germen. | 11-18 1-6과 같이 細分한다. |

細分에는 좀 거친 데가 있으나 이것을 막기 위해서 表中 또는 그
部門의 終末에 補助表를 둔 것도 있다. 예를 들면

| | |
|---|---|
| B 211-161 Orient. | 130-134 India. |
| 121 General. By Country. | 140-144 Egypt. |
| 125-129 China and Japan. | |

라고 되어 있고 다음과 같은 補助表가 있다.

| | |
|---|---|
| Under each. | Under each. |
| 05 Collections. | (a) Complete works. |
| 16 History, etc. | (b) Separate works. |
| 27 Special topics, by Subject. A-Z | (c) Biography, criticism, etc, by |
| 38 Individual philosophers. | author. A-Z. |

이것은 China and Japan과 같이 5-9로 끝나는 番號의 것은 補助
表 0-3으로 細分한다는 것을 表示한 것이다.

그러므로 有名한 哲學者에 있어서는 個個의 哲學書까지 番號化되
고 있다.

例를 들면 Kant는

| B | Philosophy. |
| | History and systems. |
| 190-4651 | Modern philosophy. |
| | Germeny. |
| 2521-2525 | Comprehensive works. |
| 2528 | Special topics. by subject, A-Z. |
| 2535- | By periods. |

(中　略)

| 2741- | Later 18th and early 19th century. |
| 2741 | General work. |
| | Special topics. |
| 2745 | German trancendental idealism. |
| 2748 | Other, A-Z. |
| | Individual philosophers. |
| 2750-2799 | Kant.(1) |
| | Separate works. |
| 2770-74 | Kritik der Praktschen vernunft. |
| 2775-79 | Kritik der reinen vernunft. |
| 2780-84 | Kritik der urtheilskraft. |
| 2794 | Other, A-Z. |

Kant(1)이라고 한 것은 本表 卷末의 哲學者의 著作을 排列한 表가운데 第1表의 50番號에 의해서 細分하는 것을 表示한다.

(4) 地方區分은 D.C와 같이 歷史區分을 (E.C.와 같이 地方表를 使用하는 것은 다르지만) 部門別로 다음과 같이 各種의 方法이 取해지고 있다.

(a) 總表中에 地方區分을 表示하는 것.

| HJ Public finance, by Country. | 1421 | Before 1871. |
| 1410  China. | 1423 | 1871. 1900. |
|     Japan. | 1424 | 1900 |
| 1420    General. | 1430 | Korea. |

(b) 美國과 主要國家만을 整數番號로 하고 其他의 國家와 地方은 補助表에 의하여 細分하는 것.

| HD Labor. Employers' and | .N2-.N25 Netherlands. |
| Workingmen's Associations. | 6460-62 England. |
| Trade Unions. History. | 6464-66 France. |
|   By Country | 6470-72 Italy. |
| 9473 Other countries, A-X * | .N3-.N35 Belgium. |
| *이 事項은 다음 補助表에 의하여 | .N4-.N6 Holland. |
| 細分된다. | |

(c) abc 順으로 細分하는 것.

G. Geography, H. Social Science, T Technology. U-V military and Naval Science에는 abc 順의 地方表가 準備되어 있다.

其他 一國의 地誌와 歷史와의 融合的 分類, 各 國語學과 各 國文學과의 分類表等에는 배울 바가 많다.

(5) 索引은 相關索引이며 各 冊마다 붙어 있다. 全體의 索引의 代用的 役割을 하는 것은 同 圖書館에 의해서 出版되어 있는 Subject headings used in the dictionary Catalogues of the Library of Congress. 3d ed.이다. 이것에 의해서 各 主題의 L.C.表上의 位置를 알 수 있으므로 分類上 좋은 參考書이다.

(6) 本法의 特色

a. 必要에 따라서 끊임없이 專門家에 의해서 增訂되고 있다.

b. 따라서 表는 最新式이다.

c. 各 類는 分冊으로 發行되고 있어 廉價로 購入할 수 있다.

要는 本 分類表가 現存 分類表中 가장 詳細한 것이며 實際的인 分類表다.

따라서 分類硏究의 가장 좋은 參考資料라고 볼 수 있다. 本表는 勿論 議會 圖書館이라고 하는 特殊한 圖書館을 위한 分類表이나 上述한 特色이 있고 同 圖書館에 의해서 頒布되고 있는 印刷 card에 이 分類記號가 印刷되어 있기 때문에 多數의 圖書館에 使用되고 있다고 한다.

LIBRARY OF CONGRESS CLASSIFICATION(1904)

A GENERAL WORKS. POLYGRAPHY.

AC   Collections. Series. Collected works.

AE   Encyclopaedias.

AG   General reference works (other than cyclopaedias).

AI   Indexes.

AM   Museums.

AN   Newspapars.

AP   Periodicals.

AS   Societies, Academies.

AY   Year-books. Almances. Directories (general and obsolete special).

AZ   General history of knowledge and learning.

B PHILOSOPHY. RELIGION.

B-J   Philosophy.

B   Collections. History. Systems.

BC   Logic.

BD   Metaphysics.

10-41   Introduction to philosophy.

100-131   General works.

150-241   Epistemology. Theory of knowledge.

300-444   Ontology.

493-708   Cosmology. Teleology.

BF   Psychology.

BH   Esthetics.

BL   Religion Theology.

BL   Religions. Mythology.

BM   Judaism.

BP   Mohammedanism. Bahaism. Theosophy, etc.

BR   Christanity

BS   Bible.

BT   Doctorinal theology.

BV   Practical theology.

BX   Special denominations, sects. etc.

C HISTORY AUXILIARY
　SCIENCES.

CA　Phylosophy of history.

CB　History of civilisation(general
　　and general special special only)

CC　Antiquities, General.

CD　Archives. Diplomatics.

CE　Chronology.

CJ　Numismatics.

CN　Epigraphy, Inscriptions.

CR　Heraldry.

CS　Generalogy.

CT　Biography.

D HISTORY AND TOPOGRAPHY
　(except America)

D　General history.

DA　British history.

　20-690　England.

　700-749　Wales.

　750-890　Scotland.

　900-990　Ireland.

DB　Austria-Hungrary.

DC　France.

DD　Germany.

DE　Classical antiquity.

DF　Greece

DG　Italy.

DH-DJ　Netherland.

DH 1-399　Belgium and Holland.

DH 40-811　Belgium.

DH 901-925　Luxemburg.

DJ　　　Holland.

DL　Russia

　100-400　Russia. General.

　401-438　Poland.

　451-470　Finland.

　751-999　Russia in Asia.

DK　Scandinavia.

　1-18　Scandinavia. General.

　101-296　Denmark.

　301-398　Iceland.

　401-596　Norway.

　601-996　Sweden.

DP　Spain and Portugal.

　1-462　Spain.

　500-902　Portugal.

DQ　Switzerland.

DR　Turkey and Balken states.

DS　Asia.

DT　Africa.

DU　Australia and Oceana.

E-F　AMERICA.

E　America(general) and United
　states(general)

E　United States(Local) and
　America outside of U.S.

G GEOGRAPHY
　ANTHROPOLOGY.

G　Geography, voyages, travel
　(general).

GA　Mathematical and astrononical
　geogrophy.

GB　Physical geoprahy.

GC　Oceanology and oceanography.

GD  Biogeography.

GF  Anthropography.

GN  Anthropology. Somatology-
Ethnology. Ethnography
(general) Prehistoric
archaeology.

GR  Folk-lore.

GT  Culture and civilisation.
Manner and customs.

GV  Sports and amusements.
Games

H SOCIAL SCIENCES.

H  Social sciences. General.

HA  Statistic.
Economics.

HB  Economics, theory.

HC  Economic history. National
production, economic
situation(by countries.)

HD  Economic history.
Organisation and situation
of agriculture and industries.
Land. Agriculture.
Corporations.
Labour.
Industries.

HE  Transportation and
communication.

HF  Commerce, including tariff.

HG  Finance.
Money
Banking.

Insurance.

HJ  Public finance.
Sociology.

HM  Sociology, general and
theoretical.

HN  Social groups.

HQ  Family, marriage, woman.

HS  Associations, Secret societies,
clubs, etc.

HT  Communities. Urban. Rural.
classes. Aristocracy, third
estate, bourgeoisie, peasantry,
labouring classes, Proletariate
Serfs.
Nations, Races.

HV  Social pathology, Philanth
rophy. Charities and corrections.

HX  Socialism. Communism.
Anarchism.

J POLITICAL SCIENCES.

J  Documents.

1-9  Official gazettes.

11-99  United States.

100-999  Other countries.

JA  General works.

JC  Theory of the state.
Constitutional history and
administration,

JF  General.

JK  United states.

JL  Other American states.

JN  Europe.

JQ　Asia, Africa, Australia and
　　Pacific Islands.

JS　Local government.

JY　Colonies and colonization.
　　Emigration and immigration.

JX　International law.
　　5001-Private international law.

K LAW(未完)

L EDUCATION.

L　General works.

LA　History of education.

LB　Theory and Practice. Educat-
　　ional psychology. Teaching.

LC　Special forms relations and
　　applications.

LD　Universities and colleges U. S

LE　Other American.

LF　Europe.

LG　Asia, Africa, Oceana.

LH　University, College and schoo.
　　magazines, etc.

LJ　College fraternities and their
　　publications.

LT　Tex-books(general only; special
　　textbooks go with their subjects.
　　B-Z)

M MUSIC.

M　Music.

ML　Music literature

MT　Theory.

N FINE ARTS

N　General.

NA　Architecture.

NB　Sculpture and related arts.

NG　Graphic arts in general.
　　Drawing and design.

ND　Painting

NE　Engraving

MF　Photography(in art) See TR

NK　Art applied to industry.
　　Decoration and ornament.

P LANGE AND LITERATURE.

P　philosophy. Linguistics.

PA　Classical philology.

1-999　　　　General.

201-891　　　Greek languages.

1001-1151　Mediaeval and
　　　　　　modern.

2001-2899　Latin Languages.
　　Modern European languages.

PB　General works.

PC　Romance languages.
　　Teutonic languages.

PD　General.
　　Gothic.
　　Scandinavian.

PE　English.

PF　Friesian.
　　Dutch.
　　German.

PG　Slavic languages.
　　Lithuanian.

PH　Finnish.
　　Hungarian.

Albanian.

Basque.

Oriental languages.

PJ    General works.

Hamitic.

Semitic.

PK    Indo-Iranian.

Armenian.

Caucasian.

PL    Languages of Eastern Asia, Oceania, Africa.

PM    Hyperborean languages, American languages.

PN-PY    Literary History, Literature.

PZ    Fiction.

Q    Science.

Q    Science, general.

Q    A Mathematics.

801-999 Analytic mechanics

QB    Astronomy.

251-349 Geodesy.

QC    Physics.

81-119 Weights and measures.

801-999Terrestrial magnetism and meteorology.

QD    Chemistry.

901-999 Crystallography.

QE    Geology. cf. GB, GC.

351-499 Mineralogy and petrology.

701-999 Paleontology.

QH    Natural history.

201-209 Microscophy.

301-999 General biology.

QK    Botany.

QL    Zoology.

801-999 General anatomy and embryology.

QM    Human anatomy.

QP    Physiology.

QR    Bacteriology.

R MEDICINE.

R    Medicine, general.

RA    State medicine. Documents. Public health. Medical climatology. Hospitals. Jurisprudence.

RB    Pathology.

RC    Practice of medicine.

RD    Surgery.

RE    Ophthalmology.

RF    Otology. Rhinology. Larygology.

RG    Gynecology and obstetrics.

RI    Pediatrics.

RK    Dentistry.

RL    Dermatology.

RM    Therapeutics.

RS    Pharmacy and materia medica

RT    Nursing.

RV    Botanic, Thomsonian and electic medicine.

RX    Homepathy.

RZ    Miscellaneous schools and arts.

S AGRICULTURE, PLANT AND

ANIMAL INDUSTRY.

S General agriculture, soils, fertilisers, farm implements, etc.

SB General plant culture, including field crops. Horticulture. Landscape Gardening and parks, pests, and diseases.

SD Forestry.

SE Animal husbandry, Veterinary medicine.

SH Fish culture and fisheries Angling.

SK Hunting. Game protection.

T TECHNOLOGY.

T Technology. Building and Engineering Group.

TA Engineering, general. Civil engineering.

TC Hydraulic engineering(harbours. rivers, canals)

TD Sanitary and municipal engineering.

TE Roads and pavements.

TF Railroads.

TG Bridges and roofs.

TH Building construction. 91100-9600 fire Prevention fire extinction. Mechanical Group.

TJ Mechanical engineering.

TK Electric engineering and industries.

TL Motor vehicles. Aeronautics, Chemical group.

TN Mineral industries.

TP Chemical technology.

TR Photography. *Composite Group.*

TS Manufactures.

TT Mechanic Trades.

TX Domestic science.

U MILITARY SCIENCE. Military science, general.

UA Armies, Organization and distribution.

UB Administration.

UC Maintenance and transportation.

UD Infantry.

UE Cavaly.

UF Artillery.

UG Military engineering.

UH Minor services.

V NAVAL SCIENCE

V Naval science, general.

VA Navies Organization and distribution.

VB Administration.

VC Maintenance.

VD Seamen.

VE Marines.

VF Ordnance.

VG Minor services.

VK   Navigation.

VM   Ship-building and marine
engineering.

Z BIBLIOGRAPHY AND LIBRARY
SCIENCE.

例: Japan.

DS 801   Periodicals. Societies.

803   Sources and documents.
Collections, Collected works.

804   Several authors.

.5   Individual authors,
*Topography.*

805   Gazetters, dictionaries, etc.
Guidebooks.

806   Comprehensive Works,
including monumental and
picturesque.

DESCRIPTION AND TRAVELS.

807   Earliest to 15000.

808      1501-1800

809      1801-1900

810      1910-

815   Antiquities(see also Local
history and description.)

SOCIAL LIFEAND CUSTOMS.
CIVILIZATION.

821   General works.

822   Early.

825   Women, children, etc.

827   Other special, A-Z.

ETHNOGRAPHY RACES.

830   General works.

831   Special, A-Z.

832   Ainos(cf, GN 630. A2)

HISTORY.
General.

833   Dictionaries, Chronological
tables, outlines, ect.

834   Biography, Collective.
(Individual classed with special
period, reign, of place.)
Historiography.

.7 General works.
Biography of historians.

.8   Collective.

.9   Individual. A-Z.

GENERAL WORKS. COMPENDS.

836   Minor. Pamphlets, etc.
General special.

838   Military history.
(Individual campaigns and
engagements are classed
with special period.)

839   Naval history.(see above.)

POLITICAL AND DIPLOMATIC
HISTORY.

(See also special periods,
reigns, etc.)

840   Sources and documents.

841   General works.

842   Early.

843   General special.

844   Minor. Pamphlets, etc.

Diplomatic history.

| | | | |
|---|---|---|---|
| 845 | General works. | .8 | Perry expedition to Japan. |
| 847 | Minor, Pamphlets, etc. | | (cf. DS809) |

845　General works.
847　Minor, Pamphlets, etc.
849　Individual countries, A-Z.
eg.　B4　Belgium.
　　.C6　China.
　　.4　　Germany.
　　.7　　Great Britain.
　　.7　　Russia.
　　.6　　United States, cf. E183. 8
　　　　BY PERIOD
　　　　Earliest to 1186
851　Ganeral works.
　.A2　　Oriental authors.(Oriental
　　　　texts are classed in P.)
　.A3-Z　European and other.
854　General special.
　　e.g. Tales of the ware of the
　　Gempei.
　　1136-1603. Early modern.
857　General works.
859　Minamoto dynasty. 1186-1219
861　Shadow Shoguns, 1220-1338
864　Ashikaga dynasty, 1334-1573
868　Usurpation, 1573-1603
871　Tokugawa dynasty, 1603-1868
　　19th century.
881　General works.

.8　　Perry expedition to Japan.
　　　(cf. DS809)
MUTSUHITO 1869-1912
882　General works on reign.
　.5　　General special.
　　　War with China see DS765-768
　　　Russo-Japanese war.
　　　DC318-517
　　　　　Biography.
　.7　　Mutsuhito.
　　　other.
883　Collective.
884　Individual A-Z.
　　20th century.
885　General works.
　　Yoshihito, 1912-
886　General works on reign.
887　Periods of European war,
　　1914 Local history and
　　descrption
895　Provinces islands regions, etc.
　　　　　A-Z
.F7　Formasa.
.N7　Noto.
897　Cities. Towns etc., A-Z.
　　e.g. .08　　Osaka.
　　.T6　　　　Tokyo.

## J. Bliss의 分類法

本分類表는 New York 市立 大學圖書館長 Bliss에 의해서 創案되어 1902年 以來 同館에 使用되고 있는 것으로서 그 槪要表는 1912年 美國의 *Library Journal* 誌上에 發表되었다. 그 後 Bliss는 1929年 *The organization of knowledge and the system of science.* 1933年 *The organization of knowledge in libraries and subject -approach to books.* 의 두 著書에 의하여 分類의 理論的硏究를 發表하고 從來의 圖書分類表에 대해서 徹底한 批判을 加했으며 1936年 *A System of bibliographic classification.* 을 發表했다.

本 分類表는 前述한 바와 같이 元來 한 大學圖書館을 위하에 考案된 一館的 分類表였으나 著者의 多年間의 硏究와 實驗을 基礎로 가장 理論的이고 實際的인 分類表로서 모든 圖書館에 標準이 될만한 것이다. 그 普及은 아직 많이 되어 있지 않으나 圖書分類硏究上 빼놓을 수 없는 것이다. 그 大綱은 다음과 같다(2d ed.에 의함)

### ANTERIOR CLASSES.

1. Reading-room collections, chiefly for reference.
2. Bibliography, and Library Science and Economy.
3. Select, or Special, collection or Segregate books, etc.
4. Departmental or Special, collections.
5. Documents, Archives, of Governments, Institutions, etc.
6. Periodicals, including Serial publications of Academies, commissions (etc.)
7. Miscellanea, Miscellanies, Miscellaneous collections, sets or series,(etc.)
8. Collection of Historic, Local, or Institutional Interest.
9. Antiquated books, or historic collection.

## MAIN CLASSES.

A. Philosophy and, General Science, including Logic, and Mathematics. Metrology, and Statistics.

B. Physics, including applied Physics and special physical technology.

C. Chemistry, including Chemical Technology, Industries. Mineralogy.

D. Astronomy, Geology, and, Natural History, including Microscopy. Geography here includes only the general and the physical.

E. Biology, including Paleontology, and Biogeography.

F. Botany, including Bacteriology.

G. Botany, including Zoogeography and Economic Zoology.

H. Anthropology, General, and Physical, including the Medical Sciences, Hygiene, Eugenics, Physical Training Recreation, etc.

I. Psychology, including Comparative Psychology, and Racial, and Psychiatry.

J. Education, including Psychology of Education.

K. Socialogy, Ethnology, and Anthropogeography.
*Alternative is P, if Religion, and Ethics be placed here.*

L. History, social, political, and economic, including Geography, historical, national(political,) and Ethnographic;(etc.)

M. Europe.

N. America.

O. Australia, East Indias, Asia, Africa, and Islands Geography, ethnography, and history.

P. Religion, Theology and Ethics *Alternative is AJ, K, or Z.*

Q. Applied Social Science, and Ethics.

R. Political Science, Philosophy, and Ethics, and Practical Politics.

S. Jurisprudence and Law.

T. Economics.

U. Arts: Useful, Industrial Arts, and less scientific technology.

V. Fine Arts and Arts of Expression, Recreation, and Pastime.

W. Philology: Lingustics, and Languages other than Indo-European.

X. Indo-European Philology, Languages and Literatures.

Y.　English, or other, Language and literature in general, Rhetoric.
　　Oratory. Dramatics, etc.

Z.　*Alternative for Religion and Theology. preferred in P, on K, or AJ,*

Anterior classes(先行類)는 다른 分類에 있어서의 總記에 相當하는 것이다. 大綱의 排列에 대해서는 이 表의 前文에 詳細한 說明이 있으므로 여기서는 槪要만을 略述한다. 우선 哲學, 一般科學에서 비롯하여 自然科學은 物理學, 化學, 天文學, 生物學, 動物學, 人類學, 心理學에 이르고 있으며, 다음으로 社會學一般에서 歷史, 地理, 社會諸科學을 거쳐 技術(有用技術 및 美術), 語學, 文學의 順으로 되어 있다.

이 大綱에 있어서 特히 注意할 것은 哲學과 自然科學과의 接近, 物理學과 그 應用, 化學과 그 應用과의 接近, 敎育學을 心理學과 社會學의 中間에 둔 것, 經濟와 産業과의 連絡을 가장 自然的으로 解決한 것, 語學과 文學의 三分(Indo-European 以外의 語學과 文學, 英語를 除外한 Indo-European語와 英語學)과 I.K.P.Z.는 圖書館의 必要에 應해서 交換의 可能性을 表示한 것이다.

本表에는 「體系表」(Systematic schedules)라고 하는 다음의 十表가 있으며 特殊主題의 細分에 使用된다.

(1) 一般細目表(數字애 의한): 他分類表의 共通細目에 相當하는 것이나 一部分은 各 主題에 共通하며 一部分은 類에 의하여 區別된다.

(2) 地方區分表(小文字로): 科學, 社會科學, 人類, 産業, 技術의 地方區分에 使用된다. 歷史, 人文地理學, 人種學, 語學, 文學에는 使用되지 않는다.

(3) 國家, 州, 都市細目表(數字와 文字로): 여기에는 (a) 州, 區, 國家, 都市, 其他의 地方區分表 (b) 歷史의 時代區分表(abc 順)가 있다. 이 表에 의해서 一國, 地方의 地誌的, 考古學的, 特殊文化史的 細目, 時代區分, 地方區分을 할 수 있다.

(4) 國語區分表(數字와 文字로)W類에 속하는 國語의 語學과 文學

區分으로 使用된다.

(5), 主要國語區分表 : 三種으로 되어, 獨, 佛, 伊等의 國語는 XV German Language, XW History of German Literature, XX German Literature authors와 같이 三群으로 區分되어 各各 다음의 (a)(b)(c)의 表에 의하여 細分된다.

　　　　(a) 語學區分表(數字와 文字)

　　　　(b) 文學史 및 文學評論表(數字와 文字)

　　　　(c) 主로 總集을 위한 文學形式表(文字와 數字)

(6) 一著者의 作品排列表(數字와 文字 및 小文字)

(7) 國語에 의한 細目表(文字): 文學의 細分에 適用된다. 特히 形式, 總記等에 使用한다. 이 表는 第2表 代身에 技術, 現代哲學과 科學史에 適用된다.

(8) 特殊化學(CI-CR)의 細目表(數字와 文字)

(9) 宗敎, 敎會, 宗派等의 細目表(文字와 小文字)


# 第3節 韓國, 日本, 印度


## A. 韓國의 分類法


　우리나라의 圖書分類法을 歷史的으로 본다면 李朝時代에 奎章閣 以前부터 살펴보아야 할 것이다. 그러나 日帝時代에 이르기까지 우리나라의 分類는 中國의 四部分類에 依存하고 있었으며(現在까지도 國立圖書館을 비롯하여 몇몇 圖書館에서는 古書와 漢籍에 限하에 四部分類에 의함) 日帝時에 이르러서는 國立圖書館을 비롯하여 當時 京城帝大와 數個 公共圖書館에서 N.D.C.(日本十進分類 參照)에 의하여 分類되었다. 其他 一館을 위한 分類表로서 韓銀分類法이 있다.

　K.D.C.: 그러나 解放卽後 當時의 國立圖書館 副館長이었던 朴奉石 氏의 努苦로서 "朝鮮十進分類表"(K.D.C.)를 編하여 朝鮮圖書館協會 의 認定을 받고 1947年에 發行하였다.

　本表는 發行 以前부터 現職 司書를 위한 圖書館學校의 敎材로 使 用했고 發行後에도 數年 同敎材로 使用되어 왔기 때문에 많이 普及 되어 國立圖書館을 위시하여 國內 여러 圖書館에서 使用되어 왔던 것이다.

　本表의 詳細한 說明은 그 卷頭에 詳述하고 있으나 類의 排列은 知 識의 全域을 第1類부터 第9類까지 9個의 基本部門(土類)으로 나누고 綜合的이고 또 他部門에 屬할 수 없는 것은 0類로 하여 十類로 大 區分되었다.

| | |
|---|---|
| 0類 總　類 | 5類 社會, 敎育 |
| 1類 哲學, 宗敎 | 6類 政法, 經濟 |
| 2類 歷史, 地誌 | 7類 理學, 醫學 |
| 3類 語學, 文學 | 8類 工學, 工業 |
| 4類 美術, 演藝 | 9類 産業, 交通 |

　이러한 10類는 各各 主要한 主題에 따라서 다시 9綱으로 區分하 여 各綱은 1-9의 番號를 주었다. 例를 들어 7理學·醫學은 다음과 같다.

| | |
|---|---|
| 70 理學(自然科學) | 75 動物, 植物 |
| 71 數學, 珠算 | 76 醫學, 漢方醫學 |
| 72 物理, 化學 | 77 基礎醫學, 藥學 |
| 73 天文, 地文, 地質學 | 78 臨床醫學 |
| 74 博物, 鑛物, 生物 | 79 治療學, 衛生學, 保健法 |

　다음에 各綱은 마찬가지로 9目으로 區分하에 各目은 1-9의 番號를 준다.

　例로 72物理, 化學은 다음과 같이 區分한다.

| | |
|---|---|
| 720 物理, 化學 | 725 分析化學 |
| 721 物理學 | 726 合成化學 |
| 722 物理學各論 | 727 電機化學 |
| 723 化　學 | 728 有機化學 |
| 724 實驗化學 | 729 其他化學各論 |

　以上의 類綱目은 分表에서 第二表에 該當되며 第三表는 여기에서 必要에 따라 以上과 같이 다시 展開하여 이루어 졌다. 例로 722 物理學 各論의 細目은 다음과 같다.

| | |
|---|---|
| 7220 物理學各論 | 7225 電氣學 |
| 7221 力學(解析, 流體氣體力學) | 7226 磁氣學 |
| 7222 音響學 | 7227 原子物理學 |
| 7223 光　學 | 7228 分子, 原子, 電子, 量子論 |
| 7224 熱　學 | 7229 其他各論 |

　其他 本表에는 形式區分을 하고 助記法을 考慮했으나 形式區分은 主類排列의 番號와의 助記性이 없으며 助記法도 극히 制限된 部分에서만 볼 수 있다.

　本表에 있어서의 큰 缺點은 (1) 類綱目의 排列이 一定한 體系가 없으며, 無秩序하고 均衡을 이루지 못했다. (2) 十進分類法이 通例로 具備하는 助記表 卽 一般形式區分, 地理區分, 語學區分, 國語共通區分, 文學形式區分等이 具備되지 못했다. 이로서 實用上 극히 非效能的이다.

# K.D.C. 第一表(綱目表)

**0 總　類**

00 總類(鄕土資料)

01 圖書館, 讀書法

02 圖書, 書誌, 出版

03 百科事彙, 類書, 索引

04 叢書, 全集

05 一般講論集

06 一般學會團體

07 統計, 年鑑

08 新聞, 雜誌

09 隨筆, 雜書

**1 哲學, 宗敎**

10 哲學, 總類

11 形而上學, 諸哲論

12 東洋哲學, 經書

13 西洋哲學, 論理學

14 心理學, 運命學, 占術

15 倫理學, 修養, 敎訓

16 宗敎 總類

17 佛敎

18 基督敎

19 世界諸宗敎

**2 歷史, 地誌**

20 歷史 總類

21 朝鮮歷史

22 東洋歷史(中國史)

23 日本歷史

24 西洋歷史

25 傳記

26 地誌, 世界地誌

27 朝鮮地誌

28 亞州地誌

29 歐美其他地誌

**3 語學, 文學**

30 語學 總類

31 朝鮮語

32 中國語, 東洋諸語

33 日本語, 아이누語

34 西洋諸語

35 文學 總類

36 朝鮮文學

37 中國文學, 東洋諸國文學

38 日本文學

39 西洋文學

**4 美術, 演藝**

40 美術(藝術)

41 美術史傳, 圖錄

42 建築美術, 造園(風景園藝)

43 彫刻, 錢貨學

44 書畫, 書道

45 繪畫

46 工藝, 美術(骨董)

47 印刷, 製本, 寫眞

48 音樂

49 演藝, 演劇

**5 社會, 敎育**

50 社會(社會科學)

51 社會改革, 社會思想, 問題

52 民俗學, 風俗, 習慣

53 家事, 育兒法

54 教育, 教育學

55 敎授法, 學科課程

56 普通敎育, 家庭敎育

57 專門敎育, 特殊敎育

58 社會敎育, 成人敎育

59 運動, 娛樂

6 政法, 經濟

60 政法 總類

61 政治, 國家學

62 立法, 議會

63 行政, 警察

64 植民, 移民

65 外交, 國際關係

66 法律, 法律學

67 經濟, 經濟學

68 財政, 會計法

69 國防, 軍事

7 理學, 醫學

70 理學(自然科學)

71 數學, 珠算

72 物理, 化學

73 天文, 地文, 地質學

74 博物, 鑛物, 生物

75 動物, 植物

76 醫學, 漢方醫學

77 基礎醫學, 藥學

78 臨床醫學

79 治療學

8 工學, 工業

80 工學, 工業, 總類

81 工業基礎學, 發明

82 土木工學, 衛生工學

83 建築工學

84 機戒工學, 自動車工學

85 電氣工學, 通信工學

86 造船, 兵器, 航空工學

87 鑛山學, 鑛業, 金屬工學

88 化學工業, 飮食料工業

89 製造工業, 手工業

9 産業, 交通

90 産業 總類

91 農　業

92 園藝, 庭木

93 林業, 竹林

94 畜産業, 獸醫學

95 蠶業, 製絲業

96 水産業, 鹽業

97 商業, 貿易

98 交通, 運輸

99 通信, 放送

　　H. D. C: 現在 圖書館協會에서는 韓國十進分類法(H.D.C.)를 編輯
中에 있으므로 이에 對해서는 다음 機會로 미루기로 한다.

## B. 日本의 分類法

日本國見在書目錄: 日本에 있어서의 最古의 圖書目錄은 貞觀 17年 (A.D 875年)藤原佐世가 撰述한 「日本國見在書目錄」이다. 이것은 漢書目錄으로 日本의 冷泉院에 火災가 있었던 後 當時에 現存하는 漢籍을 收錄한 것으로 中國의 隋書經籍志를 踏襲한 것이며 獨創的인 것이 아니다.

本朝書籍目錄: 日本國書의 目錄으로서 1287-1288年間에 이루어진 것으로 推定되는 것인데 이것은 中國의 四部分類와는 달리 日本固有의 體裁로 했다고 하나 역시 中國의 類書의 體裁를 參考로 하에 속한 것으로 推測된다.

郡書類從의 分類: 日本 古今의 圖書를 集成한 一大 叢書로 1779-1819年間 塙保已一이 編한 것으로 이 分類는 藏書目錄의 分類도 아니며 또한 書誌分類도 아니며 四庫全書의 分類와 同一한 範疇에 屬한다.

其他 「國朝書目과 群書一覽의 分類」, 「御文庫目錄의 分類」等이 있으나 이것도 역시 뚜렷한 特徵과 分類上 參考할만한 것이 別로 없으며 近代에 와사 特記할만한 것은 「帝國圖書館의 分類」와 「山口圖書館의 分類」그리고 N.D.C.이다.

「帝國圖書館 分類」: 이것은 東京書籍館書目, 和漢書之部와 內國新刊漢書 之部를 말하는데 初期의 東京書籍館目錄은 四部分類에 의햿으나 1876年 以後에는 Harris의 分類(34page 參照)에 의햿으며 類를 六門으로 하고 特히 和, 漢, 洋書로 나누어 그 分類는 大略 同一한 區分排列로 되어 있다. 그런데 다음 新刊和漢書之部에는 和漢書를 合하여 다음과 같이 六門으로 하였다.

第一門 性理, 修身, 致知, 神學, 敬神, 五經, 四書, 孝經, 儒家, 諸子, 釋敎, 西敎.

第二門 政書, 職官, 禮度, 詔令, 交際, 敎育, 通商.

**第三門** 天文學, 數學, 博物學, 醫學, 兵學, 航海學, 工學, 農學, 術數

**第四門** 歌集, 俳諧, 別集, 總集, 書學, 畫學, 作詩, 作文, 尺牘, 音樂, 小說, 小技.

**第五門** 編年, 傳記, 雜史, 紀行, 年表, 考證, 地理.

**第六門** 叢書, 類書, 字書, 雜著, 新聞雜報.

　그리고 1886年에 發行 된 東京圖書館 洋書分類目錄은 類를 18門으로 나누었고 다음에 1887年에 發行된 東京圖書館 季報(漢和書)에는 第一門과 第二門 位置를 轉倒하에 이것이 8門으로 整理 되어 있다. 이것은 在來의 漢籍과는 달리 새로운 西歐文明의 流入으로 인한 學問의 進展과 그에 따르는 圖書 및 西歐의 分類法의 影響으로 이루어진 過渡期的인 現象이라고 볼 수 있을 것이다. 東京圖書館 洋書分類目錄과 東京圖書館 季報는 다음과 같다.

東京圖書館洋書分類目錄

1. Philosophy & Education.
2. Theology.

3. Literature.

4. Philology.

5. History, Biography, Geography, Travels.

東京圖書館季報

1. Thoology.
2. Philosophy and Eudcation.
   Ⅰ Philosophy.
   Ⅱ Education.
3. Literature and Philology.
   Ⅰ Literature.
   Ⅱ Philology.
4. History, Biography & Geograyhp & Travels.
   Ⅰ History and Biography.
   Ⅱ Geography and Travel & c.
5. Law and Political, social, Economical Statistical Science.
   Ⅰ Law and Political Science.

6. Political & Social Science.

7. Jurisprudence.

8. Mathematics.

9. Physical Science.

10. Natural History.

11. Medical science.

12. Engineering.

13. Military and Naval science.

14. Industrial Arts.

15. Fine Arts & Amusements. Works.

17. Miscellaneous & Collected

16. Dictionaries & Encyclopaedias.

18. Periodicals.

II Social, Economical and
   Statistical science.

6. Mathematics, Physical and Medical
   science.
   I Mathematics.
   II Physical Science.
   III Medical Science.

7. Military and Naval science,
   Engineering and Industrial Arts.
   I Military and Naval Science.
   II Engineering.
   III Industrial Arts.

8. Encyclopaedias and Miscellaneous
   Works.

山口圖書館分類: 山口圖書館分類表는 最初에 帝國圖書館 및 東京帝大의 分類表를 參考로한 8門分類였으나 1909年에 類를 分合하여 10門으로 하고 여기에 000-999의 記號를 주었다. 兩者의 相違는 다음과 같다.

(1) 000은 帝國圖書館 分類 表의 8門

(2) 100은 第一門과 第二門中의 哲學을 合한 것.

(3) 200은 第二門의 敎育을 獨立 시킨 것.

(4) 700, 800, 900은 第七門을 工學兵事, 美術諸藝, 産業으로 三分한 것.

|帝國圖書館|山口圖書館|
|---|---|
|**第一門** 神書, 宗敎|000 總 記|
|**第二門** 哲學, 敎育|100 哲學, 宗敎|
|**第三門** 文學, 語學|200 敎 育|
|**第四門** 歷史, 傳記, 地誌, 紀行|300 文學, 語學|
|**第五門** 政治, 法律, 經濟, 財政,|400 歷史, 傳記, 地誌, 紀行|
|　　　　社會, 統計|500 法制, 經濟, 財政, 社會, 統計|
|**第六門** 數學, 理學, 醫學|600 數學, 理學, 醫學|
|**第七門** 工學, 兵事, 美術, 諸藝, 産業|700 工學, 兵學|
|**第八門** 事業, 類書, 叢書等|800 美術, 諸藝|
|　|900 産業, 家政|

日本은 大正 8年 府縣立圖書館協議會에서 山口圖書管所定의 十進
分類法의 第二分類까지를 採用하기로 決定되어 이것이 公共圖書館의
標準分類表로 登場하게 되었다. 그러나 이 分類表에는 다음과 같은
缺點이 있다.

　(1) 區分의 不當: 敎育을 獨立部門으로 하는 可否, 100 哲學總記
의 다음에 110-140 宗敎를 揷入하고 哲學의 細目인 倫理學, 160 心
理學等을 配當한 點, 數學은 610-620, 醫學은 680-690으로 各各 二
綱을 配定하면서 物理學, 植物學은 630, 星學, 地文學은 640, 動物
學, 植物學은 660의 一綱으로 되어 있으며 工學과 工業이 分離되어
있다는 것 等이다.

　(2) 排列의 理論的 根據를 밝히지 않았다. 前述한 바와 같이 帝國
圖書館 8門分類의 順序를 忠實히 踏襲한데 不過하다.

　(3) 分類의 粗略: 三口分類表도 詳細하지 못하지만 協定表는 겨우
百區分만 되어 있을 뿐이다.

　(4) 一館的 分類表: 本來 山口圖書館 一館을 위한 分類表이며 그
後에 增訂을 하지 않았다.

**日本十進分類表(N.D.C):** 日本은 昭和時代(1952-)에 이르러 圖書分類에 관한 飜譯, 論策 및 標準分類表의 問題에 관해서 活發한 움직임을 보이고 一時 圖書館界의 中心課題가 되었다. 當時 1928年 森淸이 日本十進分類法(N.D.C.)이라고 하여 和洋書分類表案으로서 發表해서 數個 圖書館에 採用되고, 圖書館講習所의 text로 使用되자 實際 分類表로서 館界에서 注視하게 되었다. 이로써 다음해 1929年 初版을 發行하고, 1930年 再版, 1935年 3版, 1939年에는 4版, 1942年에는 第5版을 發行했다. 다시 1950年 7月에 日本圖書館協會 分類委員會에 의하여 新訂 第6版이 刊行되었고, 本 分類表에 관한 詳細한 것은 그 序說에 詳述되었으나 類의 排列은 가장 理論的이라고 하는 Cutter의 E.C.에 의하고 區分法과 記號法은 Dewey의 D.C.에 準하여 十進的으로 展開되고 있다. 이 分類表의 十類는 다음과 같다.

| | | | |
|---|---|---|---|
| 0 | 總 記 | 5 | 工 學 |
| 1 | 哲 學 | 6 | 産 業 |
| 2 | 歷 史 | 7 | 藝 術 |
| 3 | 社會科學 | 8 | 語 學 |
| 4 | 自然科學 | 9 | 文 學 |

이 十類는 各各 主要한 主題에 의하여 다시 9의 綱으로 區分하고 各綱은 1乃至 9의 番號를 준다. 例를 들면 4 自然科學의 區分은 다음과 같다.

| | | | |
|---|---|---|---|
| 40 | 自然科學總記 | 45 | 地質學, 地理學 |
| 41 | 數 學 | 46 | 生物學, 人類學 |
| 42 | 物理學 | 47 | 植物學 |
| 43 | 化 學 | 48 | 動物學 |
| 44 | 天文學 | 49 | 醫學, 藥學 |

助記表: 이 分類法은 區分, 排列을 簡單히 하고 表의 簡易化를 꾀하고 記憶의 使宜上 D.C.에 準하에 다음과 같은 助記表를 設定하고 있다.

**(1) 一般形式細目**: 類, 綱, 目의 細分에 適用되는 것으로 恒常(0)을 先行한다.

01 理論, 通論, 槪論, 原理, 槪說, 哲理, 哲學, 定義, 法則, 分類, 目的, 効用, 學史, 制度, 法規, 心理, 統計, 美學等. 但 161 宗敎哲學, 191 佛敎哲學과 같이 160.1, 190.1에서 나온 것은 適用하지 않음.

02 歷史, 沿革, 緣起, 史話, 史談, 史料, 事情, 狀況, 傳記等.

03 事彙, 辭書, 字引, 用語, 便覽, 年表, 書目, 索引.

04 講演集, 論文, 論說, 評論, 批評, 隨筆, 雜書等.

05 逐次刊行物, 定期刊行物, 雜誌, 新聞, 紀要, 年鑑, 年報, 統計表等.

06 學會, 協會, 組合, 團體, 會議, 會報, 會議錄等.

07 敎授法, 指導法, 硏究法, 講習會, 硏究及試驗所, 實驗法, 問題, 敎科書 等.

08 叢書, 全集, 全書, 講座 等.

이러한 區分과 番號는 類와 綱의 區分과 相關的으로 定해져 있다.

**(2) 地理區分表**: 이 分類法에 있어서의 地方區分表는 歷史의 地方區分210-279에 1-79를 配定했으며 그 番號는 D.C.와는 全혀 다르다. 主要한 것은 다음과 같다.

| | | | |
|---|---|---|---|
| 1 | 日 本 | 34 | 獨 逸 |
| 2 | Asia(東洋) | 35 | 佛蘭西 |
| 21 | 韓 國 | 36 | Spain |
| 22 | 中 國 | 37 | Italy |
| 3 | Europe | 38 | Rusia |
| 33 | 英 國 | 4 | Africa |

| 5 | 北 America | 6 | 南 America |
|---|---|---|---|
| 53 | U.S.A. | 7 | Oseania |

**(3) 語學區分**: 十進法에 있어서의 語學部門의 獨立은 種種의 論評
이 있다. 그러나 語學區分은 文學區分과 030-090이 適用되며 小國語
에 의한 文學番號는 그 語學番號의 最初의 8을 9로 代入함으로써
이루어지며 主要國語의 番號는 地方區分表와도 助記性이 있다.

| 810 | 日本語 | 1 | 日 本 |
|---|---|---|---|
| 820 | 中國語 | 22 | 中 國 |
| 830 | 英 語 | 33 | 英國(53 美合衆國) |
| 840 | 獨 語 | 34 | 獨 逸 |
| 850 | 佛 語 | 35 | 佛蘭西 |
| 860 | Spain語 | 36 | Spain |
| 870 | Italy語 | 37 | Italy |
| 880 | 노서아語 | 38 | 노서아 |
| 890 | 其他 諸國語 | | |

**(4) 國語共通區分**: 다음의 國語共通區分은 語學部門에 限해서 獨立
的으로 適用된다.

| 1. 音韻, 文字 | 6. 作 文 |
|---|---|
| 2. 語 源 | 7. 讀本, 解釋, 會話 |
| 3. 辭 書 | 8. 方言, 俗語 |
| 4. 語 彙 | 9. 傍系國語 |
| 5. 文 法 | |

例를 들면,

| | |
|---|---|
| 820 中國語 | 825 文　法 |
| 821 音韻, 文字 | 826 作　文 |
| 822 語　源 | 827 讀本, 解釋, 會話 |
| 823 辭　書 | 828 方言, 俗語 |
| 824 硏　究 | 829 |

**(5) 文學形式區分**: 文學의 第一區分은 國語에 의하며 各國文學은 다음과 같은 文學形式區分에 의하여 再區分된다.

| | |
|---|---|
| 1. 詩 | 5. 日記, 紀行 |
| 2. 戲　曲 | 6. 書　簡 |
| 3. 小　說 | 7. 諷刺, 滑稽 |
| 4. 隨筆, 小品, Essay. | 8. 全集, 選集 |

助記性에 대해서는 Dewey는 「Decimals have been used as servants, no as masters」라고 警戒하고 있으나 分類의 本質을 破壞하지 않는 範圍內에 있어서는 이것을 驅使하는 것은 實用上 어느 程度의 效果가 期待된다.

N.D.C.에 대해서는 여러 가지 批評이 있으나 特히 D.C.와 比較硏究함으로서 큰 效果를 가져올 것으로 期待된다.

# N.D.C. 主綱表票(第7版)

| | | | | |
|---|---|---|---|---|
| 000 | **總 記** | 310 | 政 治 |
| 010 | 圖書館 | 320 | 法 律 |
| 020 | 圖書, 書誌學 | 330 | 經濟, 經營 |
| 030 | 百科辭典 | 340 | 財 政 |
| 040 | 論文集, 講演集 | 350 | 統 計 |
| 050 | 逐次刊行書, 雜誌 | 360 | 社會學, 社會問題 |
| 060 | 學會, 博物館 | 370 | 教 育 |
| 070 | 新聞. Jounalism | 380 | 民俗學, 風俗, 習慣 |
| 080 | 叢書, 全集 | 390 | 國防, 軍事 |
| 090 | | 400 | **自然科學** |
| 100 | **哲 學** | 410 | 數 學 |
| 110 | 哲學各論 | 420 | 物理學 |
| 120 | 東洋哲學 | 430 | 化 學 |
| 130 | 西洋哲學 | 440 | 天文學 |
| 140 | 心理學 | 450 | 地 學 |
| 150 | 倫理學 | 460 | 生物學, 博物學 |
| 160 | 宗 教 | 470 | 植物學 |
| 170 | 神 道 | 480 | 動物學 |
| 180 | 佛 教 | 490 | 醫學, 藥學 |
| 190 | Christ | 500 | **工學, 工業** |
| 200 | **歷 史** | 510 | 土木工學 |
| 210 | 日 本 | 520 | 建築學 |
| 220 | 아시아 | 530 | 機戒工學 |
| 230 | Europe | 540 | 電氣工學 |
| 240 | Africa | 550 | 海事工學, 造兵學 |
| 250 | 北 America | 560 | 採鑛冶金學 |
| 260 | 南 America | 570 | 化學工業 |
| 270 | Oseania | 580 | 製造工業 |
| 280 | 傳 記 | 590 | 家 事 |
| 290 | 地 理 | 600 | **產 業** |
| 300 | **社會科學** | 610 | 農業, 農學 |

| | | | |
|---|---|---|---|
| 620 | 園藝, 造園 | 810 | 日本語 |
| 630 | 蠶絲業 | 820 | 中國語, 東洋諸語 |
| 640 | 畜産業, 獸醫學 | 830 | 英　語 |
| 650 | 林　業 | 840 | 獨　語 |
| 660 | 水産業 | 850 | 佛　語 |
| 670 | 商　業 | 860 | Spain語 |
| 680 | 交　通 | 870 | Italy語 |
| 690 | 通　信 | 880 | 러시아語 |
| **700** | **藝　術** | 890 | 其他 諸國語 |
| 710 | 彫　刻 | **900** | **文　學** |
| 720 | 繪畵, 書道 | 910 | 日本文學 |
| 730 | 版　畵 | 920 | 中國文學, 東洋文學 |
| 740 | 寫眞術, 印刷 | 930 | 英米文學 |
| 750 | 工藝美術 | 940 | 獨文學 |
| 760 | 音樂, 舞踊 | 950 | 佛文學 |
| 770 | 演劇, 映畵 | 960 | Spain 文學 |
| 780 | 體育 sports | 970 | Italy 文學 |
| 790 | 遊藝, 娛樂 | 980 | 노서아文學 |
| **800** | **語　學** | 990 | 其他 諸國文學 |

## C. 印度의 Ranganathan 分類法

印度는 오랫동안 英國의 植民地로서 政治, 經濟, 社會, 文化에 걸친 모든 面에 있어서 英國의 支配 밑에 있었으므로 佛敎文化 以外에는 印度 獨自의 文化는 顯著한 것이 없다. 그러므로 人間文化財인 圖書나 圖書의 分類에 있어서도 英國 또는 美國的인 것이었다. 그러나 Ranganthan은 이러한 印度의 時代的인 것을 背景으로 하고 祖國의 獨立을 念願하고 圖書館에 의하여 文化를 振興하고자 1931年 圖書館學의 著書를 出版했으며 1933年에는 圖書分類法을 새로이 樹立

한 것이다. 이것이 所謂 Colon classification이다.

Ranganthan은 1892年 印度에서 出生하였다. 大學의 專攻은 數學이었으나 Madras 大學의 圖書館長에 就任하여 1924-25年 英國에 留學하자 圖書館經營에 異常한 興味를 가지고 歸國 後 圖書館協會를 創設하고 圖書館學의 硏究, 敎授, 著作에 힘을 다하여 「圖書館學의 아버지」라고 우러러 보게 되었다.

1931年 公刊된 The five laws of library science는 圖書館理念을 論述한 것이나 그는 圖書館經營이나 分類, 目錄等도 이 理念에 의해서 展開되고 있다.

Colon classification(CC)은 1933年 初版, 1939年에 再版, 1950年에 3版, 4版은 1952年에 公刊되었다. 在來의 分類表는 所謂 Readymade의 表이나 CC는 各類의 性質에 따라서 作成된 單位表(Unit schedules)의 組合에 의해서 構成된다고 하는 點에 그 큰 特色이 있다. 이 單位의 結合에 主로 使用되는 符號 Colon의 名稱을 따서 C.C.라고 한다.

**主題表**: 第4版의 主類表는 다음과 같다.

| | | | |
|---|---|---|---|
| z | Generalia. | I | Botany. |
| 1 to 9 | Preliminaries. | J | Argiculture. |
| A | Science. | K | Zoology. |
| B | Mathematics. | λ | Animal husbandry. |
| Γ | Physical sciences | L | Medicine. |
| B | Mathematical science | M | Useful Arts. |
| C | Physics. | μ | Humanities and social sciences. |
| D | Engineering. | Δ | Spiritual experience and |
| E | Chemistry. | | mysticism. |
| F | Technology. | Υ | Humanities. |
| G | Biology. | N | Fine arts. |
| H | Geology. | O | Literature. |

| P | Lingustics. | U | Geography. |
|---|---|---|---|
| Q | Religion. | V | History, |
| R | Philosophy. | W | Political sciences. |
| S | Psychology. | X | Economics, |
| Σ | Social sciences. | Y | Sociology. |
| T | Education. | Z | Law. |

이러한 主類表는 다음에 揭示하는 5의 基本的 範疇(Fundamental Category)에 의해서 細分된다.

| 基本的範疇 | 同略號 | 結合記號 |
|---|---|---|
| Time. | T | . (Dot) |
| Space. | S | . (Dot) |
| Energy. | E | : (Colon) |
| Mater. | M | ; (Semicolon) |
| Personality. | P | , (Comma) |

**Personality. Energy**는 類에 의해서 달라지므로 簡單히 說明하기는 困難하며 다음의 例로써 이것을 表示한다.

2 Library science(各細目은 略함)
　2 [P]; [M]; [E]

| Foci in Personality or P Facet | Foci in Matter or M Facet | Foci in Energy or E Facet |
|---|---|---|
| 1 Trans-local. | 1 By mode of production. | 1 Book selection, |
| 2 Local | 2 By script. | 2 Organisation. |
| 3 Academical. | 3 By language. | 3 Function. |
| 4 Business. | 4 By nature of publication. | 4 Co-operation. |
| 5 Subscription. | 5 By agency of pub. | 5 Technical treatment. |

| | | |
|---|---|---|
| 6 Special classes. | 6 By age of publication. | 6 Circulation. |
| 7 Private. | 7 By education. | 7 Reference service. |
| 95 Contact. | 8 By social group of readrs. | 8 Administration. |
| | 95 Translation. | |

卽 2 Library science는 [P], [M], [E]에 의한 3種의 分類表가 揭示되어 있으며 이것을 다음과 같이 組合하여 表示한다.

例 2V. 42 日本 圖書館史(2 圖書館, V 歷史, 42 日本)

2 : 51N3 Colon Classification(2 Library, 51 classification, N3는 C.C.가 發表된 1933의 略記號)

表는 다음의 三部로 되어 있다.

(1) Z類(Generalia)에는 一地域, 一個人에 관한 綜合的인 圖書를 分類한다.

例 Z 41 Sinology, ZG Gandhiana.

(2) 1-9 豫備類(Preliminaries) 他의 分類表에 있어서의 總記에 相當한다. 記號는 1, 2, 3,……7, 8, 9.

(3) A-Z는 主類表.

다음에 主要類의 [P], [E]를 揭示한다. [P], [E]는 主題에 따라서 [P2], [P3], [2P], [2E]와 같은 것이 있다. [P], [E]의 사이에 있는 符號는 結合에 使用된다.

E Chemistry, [P]: [E]
  [P] Substance,
  [E] Process and Problem,
G Biology. [P]: [E]
  [P] Organ and special grouping
  [E] Problem.
I Botany, [P], [P2]: [E]

[P] Country.
[P2] Date.
[P], P2 Styles.
N8 Music. [P], [P2] [P3]; [M]: [E]
[P], [P2] Style.
[P3] Music.
[M] Instrument

[P] Natural group

[P2] Organ.

[E] Problem.

N Fine arts, [P], [P2]

[P3] Author.

[P4] Work,

Q Religion. [P]: [E]

[P] Religion.

[E] Problem.

T Education. [P]: [E], [2P]

[P] Educant.

[E] Problematics

[2P] Subject.

V History. [P], [P2]: [E]: [T]

[P] Community.

[P2] Part.

[E] Problem.

[T] Period.

W Political science [P], [P2]: [E]

[P] Type of state.

[P2] Part.

[E] Technique.

O Literature. [P], [P2] [P3] [P4]

[P] Language.

[P2] Form.

[E] Problem.

X Economics. [P]: [E], [S], [T]

[P] Business,

[E] Problem.

[S] Geographical area.

[T] Period.

Y Sociology. [P]: [E]: [2E]. [S],
   [T]

[P] Group.

[E] Problem.

[2E] Secondary problem.

[S] Geographical area

[T] Period.

Z Law. [P2], [P]: [E]

[P] Community.

[P2] Law

[E] Problem,

區分의 種類: 前述한 바와 같이 主題의 區分은 **Personality.
Matter. Energy** 等에 의하여 表示되고 있으나 이러한 區分을 要約하면 다음의 9種이다.

(1) 主題의 進化順; 植物學, 動物學, 國家의 形體, 語學의 要素等은 이 順으로 排列된다.

(2) 地理區分은 地理區分表에 의한다.

(3) 年代區分은 歷史는 勿論, 學說의 發表年度等을 記號化하에 使用한다.

例 **CM9 Electron theory**

(4) 主題區分은 主分類에 의하여 區分한다.

(5) 近親區分(Favoured Category Device)은 利用度가 높은 主題를 區分의 先頭에 둔다.

(6) 助記區分의 1-8의 數字는 類에 따라서 相異하나 大略 一定한 內容에 따라서 區分한다.

(7) ABC 區分의 多少에 따라서 頭字의 1. 2. 3字를 붙어서 區分한다.

(8) 八回區分(The Octave Device) 各 主題의 區分을 同格으로 하기 위하여 第1의 8區分은 91, 92, 93……998, 第3의 8區分은 991, 992, 993……998을 使用하에 無限으로 展開한다.

(9) 自變區分(Auto-Bias Device)는 두개의 分類番號를 一(hiphon)에 의해서 結合한다.

補助區分表: C.C.에는 各類에 共通으로 使用되는 다음과 같은 補助表가 있다.

(1) 共通區分: 모-든 類의 細分에 適用되는 것으로서 記號는 abc ……xyz.

(2) 地理區分: 詳細한 것은 第2部 第3表에 있다. 記號는 1, 2, 3, ……7, 8, 9. 2는 自國, 3은 親近國.

(3) 國語區分: 地理區分과 相關的으로 作成 되어있다. 詳細한 것은 第2部 第4表에 있다. 記號는 1, 2, 3.……7, 8, 9. 英語는 111

(4) 年代區分: 歷史의 時代區分, 他主題의 發明, 發見 年度에 適用된다.
第2部 第5表에 揭示되 어 있다.

Ranganathan의  年代表

| A | Before | | 9999 | B. C. | | L | 1700 | to | 1799 | A. D. |
|---|---|---|---|---|---|---|---|---|---|---|
| C | 999 | to | 1 | B. C. | | M | 1800 | to | 1899 | A. D. |
| D | 1 | to | 999 | A. D. | | N | 1900 | to | 1999 | A. D. |
| E | 1000 | to | 1099 | A. D. | | Z | 3000 | to | 3099 | A. D |

例 M 76＝1876 N 59＝1959

**其他의 取扱法**: 其他 醫學, 神秘主義, 美術, 文學, 語學, 宗敎, 印度 哲學等의 古典에 관한 圖書를 表示하기 위한 "x", 主題를 構成하는 要素의 關係를 表示하는 "0", "："(Colon)의 使用法이 있다.

分類記號의 排列順位: 以上 各種의 分類記號는 다음의 順으로 排 列한다.

(1) a b c d e……x y z.

(2) ← →

(3) 0 : ; -

(4) 1 2 3 4 5 6 7 8 9(decimal로 使用)

(5) A β B Γ C D E……X Y Z(主題)

**圖書記號**: c.c.에 있어서는 文學과 其他 若干의 類는 著者에 의하 나 大部分의 圖書記號는 主로 出版年度를 使用한다. 이것은 그의 「圖 書館은 發展하는 機關이다」라고 하는 主張에 의한 것이다. 圖書記號 에는 다음의 9種이 있다.

(1) 國語番號: 文學以外의 類에는 自國語의 記號를 略한다.

(2) 形式記號: 分類의 共通細目과는 달리 abc……wx를 使用한다.

(3) 年代記號: 그 圖書의 出版年度를 위에서 揭示한 바와 같이 記 號化한다. 例 c.c.의 1952年版은 qJ2로 表示한다. q는 表의 뜻, J2는 1952年.

(4) 受入番號: 第2著者에서 1을 붙인다.

(5) 卷號: 卷數 番號를 붙인다.

(6) 附錄番號: -(dash)를 하고 1, 2를 붙인다.

(7) 批評番號: " : g"의 다음에 1, 2를 붙인다.

(8) 批評番號의 受入部分: 無著者古典에 붙인다.

(9) 複本番號年代記의 다음에 " ; "(semicolon)을 붙이고 第2複本에 1을 붙인다.

**圖書記號의 排列順位:** 圖書記號는 다음의 順으로 排列한다.

(1) abc……xyz(i, o는 除外하고)

(2) ABC……XYZ(I, O는 除外하고)

(3) -: .

(4)  012345~6789(年代順, 受入順, 卷數. 批評, 複本等 以外는 decimal로 使用)

**請求紀號의 例:**

Rangganthan. *Colon Classification.* 4th ed 1952.

2 : 51N3＝(2 library. 51 classification, N3＝1933)

qJ2＝(q code, J2＝1952)

**本表에 對한 批評**

(a) Sayers. Bliss, Farradane, Mills 等은 c.c.의 內容을 激讚하고 있다.

(b) 在來의 分類表와 달라서 여러 가지 立場에서 區分을 組合함으로 圖書分類뿐만 아니라 모든 資料의 分類에 應할 수 있다. 그러나 그 構造는 너무 複雜하다.

(c) 每版 改訂 되고 있기 때문에 아직 不安定한 感이 있다.

(d) 分類法의 說明에 있어서 著者의 新用語가 많아서 理解하기 곤란하다.

(e) 理論的이기는 하나 c.c.를 理解하기에는 그 第一部에 揭示된 方法論을 비롯하여 他著書에 있어서의 著者의 理論을 充分히 硏究하지 않으면 實際的 利用은 困難하다. Sayers도 c.c.를 理解하는 데는 著作을 年代順으로 檢討할 것을 권유하고 있다.

以上에서 보는 바와 같이 本表의 構成이나 그 說明에 使用된 用語나 理論이 難解하여 그 實用이 困難하다 할지라도 在來의 分類法에 있어서의 矛盾點을 탈피하고 全然 새로운 方法으로 論理整然한 現代的인 體系를 세웠다는 데 큰 意義가 있는 듯하다.

近年에 Mills에 의하면 "Ranganathan(Vickery와 더불어)의……이러한 貢獻……의 結果로서 圖書分類에 관한 整然한 理論은……(主題를 유용하게 關係하게하고 그 主題들을 迅速히 그리고 正確하게 定하는) 두 가지 基本的인 機能에 있어서 우리가 이제까지 使用한 分類表보다 그 效用이 훨씬 더 큰 圖書分類表를 構成하는 것이 이제 可能하다. 더욱이 그것은 構成하기가 더 容易하다"고 하였다.(Mills, J. *A Modern outline of library Classification* Vii 參照)

그러므로 Ranganathan은 在來의 分類表에 있어서의 苦憫을 解決하고 現代 分類의 基本的인 土臺를 構築한 것이다.

그러나 새로이 現代 分類法을 構成하는 問題는 앞으로의 우리의 課題이기는 하나 Rannganahta의 分類法이 좀 더 일찍이 出現했었고 좀 더 일찍이 世上에 알려 졌다면……하는 아쉬움을 느낀다. 왜냐하면 世界의 모—든 旣存 書書館은 在來의 어느 分類法에 依存하고 있으며, 새로이 創設되는 圖書館이 아니고서는 圖書分類는 한번 採用하면 資料의 容積이 多大하고 그에 따르는 모든 目錄과 體系를 改訂해야 함으로 새로운 分類法을 採用할 수 없기 때문이다.

그러나 우리가 視野를 더욱 넓혀서 먼 將來를 볼 때 이러한 새로운 分類表의 登場과 그 實用性을 期待할 수 있을 것이다.

# 第3章 圖書分類表의 具備條件

## 第1節 豫備的 條件

우리는 緒論에서 分類의 槪念과 그 原理를 捕捉하고 第二章의 圖書分類史를 通하여 現今에 이르는 主要 分類法의 槪要를 살펴보았다. 以上에서 본 主要 分類法을 簡單히 要約해서 말해 본다면; D.C.는 1876年의 初版 以來 끊임없이 發生하는 缺點을 改訂 增補해 가며 1958年의 大修正版에 이르기까지 第16版을 刊行했으며, 反面 美國 議會圖書館은 1899年, 自館의 獨自的인 立場에서 새로이 L,C.를 編成했으며, 또한 美國의 Bliss는 1902年 以來 New York 市立大學圖書館을 위하여 編成한 分類表를 基礎로 하여 從來의 모든 圖書分類表를 徹底히 批判하고 1936年 *A system of bibiograiphic classification*을 發表하고, 日本의 N.D.C.도 많은 改訂을 해가며 現今 第七版에 이르렀다. 이러한 分類表의 改訂은 學術文化의 進展에도 크게 起用될 것이나 最初부터 編者의 未備한 條件 밑에서의 近視的인 方法에도 起因될는지도 모른다.

그러나 印度의 Rangganathan은 1937年 여러 가지 立場에서 저술된 모든 圖書館資料를 合理的으로 分類할 수 있는 C.C.를 刊行하였다.

以上에서 말한 從來의 主要 分類法은 各各 많은 圖書館에 採用되고 있으나 Ranganathan의 分類法은 그 普及이 아직 微進하며 本表의 構成이 가장 合理的이라 할지라도 活用上의 難點으로 因하여 이를 基礎로 한 새로운 分類表가 登場할 것이 豫想된다.

이러한 歷史的 現實에 付加해서 우리나라에 있어서도 K.D.C.의
不合理性과 새로운 分類表의 遲延으로 D.C.를 使用하는 圖書館이 많
으며 其他 獨自의 分類表를 使用하는 圖書館도 있을 것이다.

그러나 어떠한 分類表를 使用하던 採用할 때에는 各 分類表의 特
質을 細密히 檢討해야 할 것이다. 어느 分類表나 自國 혹은 自館을
本位로 하여 우리의 實情에 不合理한 點이 많으며 또한 各 圖書館의
特性에 따라서 適, 不適의 要素가 있기 때문이다.

또한 自館을 위해서나 一般的인 것을 위해서 새로운 分類法을 編
成하기로 假定한다면 分類表가 어떠한 것인가를 允分히 硏究해야 할
것이다. 圖書分類의 實際에 대해서 經驗이 없는 者가 作成한 分類表
는 使用에 不便할 것이며, 數없이 改訂해야 할 것이며 生命이 길지
못할 것이다. 그러므로 分類表의 編成에 當해서는 다음과 같은 資質
을 具備해야 할 것이다.

(a) 分類할 主題와 이에 關聯있는 主題나 學問에 관해서 넓고 깊은
    知識을 가질 것.
(b) 分類의 一般原則, 圖書分類에 具備해야 할 條件에 관해서 뚜렷
    한 認識을 가질 것.
(c) 旣成의 主要 分類表에 관해서 올바른 知識을 가질 것.
(d) 圖書의 實際分類에 대해서 豊富한 經驗을 가질 것.
(e) 可能한 限 詳細한 分類表를 準備하여 疑問點과 未備點을 最大
    限으로 把握할 것.

# 第2節 分類表의 具備條件

以上에서 말한 여러 가지 資質과 경험과 지식이 必要하나 더욱이 分類表가 具備해야 할 條件에 能通함은 絶對的으로 必要하다. 이 條件은 새로운 分類表를 編成하기 위한 條件인 同時에 現存 分類表의 새로운 展開에 必要한 條件이며 圖書分類表를 批判할 수 있는 根據가 되는 것이다.

1. 圖書分類表에는 過去와 現在의 主題를 包含하고 將來에 發生되리라고 豫想되는 모든 主題를 包含할 수 있는 것이어야 한다. 이 條件을 具備하지 않으면 社會의 變遷과 科學의 發達과 進展에 따라 발생하는 새로운 主題를 揷入할 수 없기 때문이다.

2. 類의 區分排列은 理論的이어야 한다는 것이 要望된다. 이러한 意味에서 圖書의 分類表는 學藝의 分類에 따르는 것이 妥當하다는 것이다. 그러나 學藝의 分類를 緖論에서 밝힌 바와 같이 分類의 特性(또는 基準)에 따라서 顯著한 相違點이 생긴다. 그러므로 圖書分類表를 編成하는 者가 보다 理論的이라고 認定되고 그 分類表를 利用하는 者에 대해서 가장 便利하다고 생각되는 區分排列을 하는 수밖에 없다.

小圖書館에서는 各 主題의 圖書가 一室 혹은 數個室에 排列되는 것이므로 關係있는 主題를 理論的인 順序로 排列하는 편이 利用者에게 便利하다. 이에 反해서 大圖書館으로서 主類나 主綱에 따라서 部門別로 하고 各 部門은 書庫나 閱覽室을 別途로 하는 곳에서는 類相互間의 順序에 嚴密한 理論的인 關係를 반드시 必要로 하는 것은 아니다. 그러나 分類表上으로는 可能한 한 理論的이어야 한다.

3. 各類, 綱의 區分排列은 論理的이어야 한다.

(a) 論理的인 區分排列이란 大槪念의 語에서 점차로 小槪念의 語로 나누는 것이다. 이것을 論理學에서는 外延이 크고 內包가 각은 名辭

에서 外延이 작고 內包가 큰 名辭의 順으로 排列한다고 말한다. 例를 들면 動物의 分類는 다음과 같은 順으로 한다.

動　物
　　無脊椎動物
　　　節足動物
　　　　昆史類
　　　　　蜻蛉目
　　　　　　잠자리

(b) 區分에 使用되는 特性은 그 分類에 使用되는 目的에 相應하는 것이어야 한다. 特性이란 區分할 때에 使用되는 基準이라고 볼 수 있다. 例를 들면 動物을 分類 할 때에 脊骨의 有無를 特性으로 하여 區分하면 脊椎動物과 無脊椎動物로 分類된다. 人口를 分類 할 때에 性을 特性으로 하면 男子 몇 萬 女子 몇 萬이 되며, 年齡을 特性으로 하면 1歲 몇 萬, 2歲 몇 萬, 100歲 몇 萬 等이 되며 職業을 特性으로 하면 農業, 工業, 商業等等 몇 萬名이 된다. 姓別로 하느냐 年齡別로 하느냐 職業別로 하느냐 하는 것은 各各의 目的에 따라서 하는 것이므로 如何튼 正當한 分類라고 할 수 있다.

(c) 하나의 것을 區分하는 데는 그 區分이 끝날 때까지는 그 하나의 特性으로 一貫되어야 한다. 둘 以上의 特性을 同時에 使用하면 그 區分은 交錯하고 區分된 것은 混雜하다.

例를 들어 目錄을 分類하면

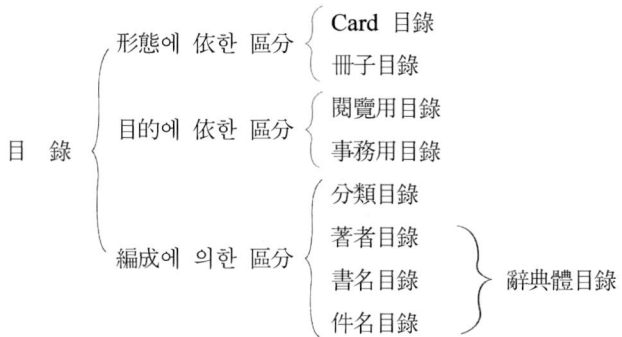

이 된다. 卽, 形態를 特性으로 하여 分類하면 Card 目錄, 冊子目錄等
이 되며, 目的을 特性으로 하여 分類하면 閱覽用目錄, 事務用目錄,
編成을 特性으로 하여 分類하면 分類目錄, 著者目錄, 書名目錄. 件名
目錄, 辭典體目錄이 되는 것이다. 그러므로 目錄을 分類하면 Card
目錄, 閱覽用目錄, 分類目錄이라고 한다는 것은 하나의 nonsense다.

(d) 區分된 部分을 表現하는 말(語)이 交錯되어서는 안된다. 이것은
前項의 規則을 區分된 部分에서 規定한 것이다. 또한 區分할 때에는
그 部分을 남김없이 列擧해야 한다. 그 部分을 合한 것이 最初의 것
이 되기 때문이다. 그러나 이 規則을 지키기 위해서는 그 部分에 관
해서 完全한 知識을 必要로 한다. 여기에서 分明한 것만을 列擧하고
不明한 것은 一括해서 「其他」라고 하면 論理的으로는 差秩이 없다.

(e) 이러한 區分이 繼續되면 區分은 漸進的, 段階的으로 되어 分類는
점차로 細密해지며 完全하게 된다. 動物學과 植物學의 分類表는 그 典
型的인 것이다. 以上에서 말한 것은 普通分類의 論理的 原則이라고 볼
수 있는 것이다. 그러나 圖書分類表는 圖書의 利用을 위한 것이기 때
문에 이에 應하기 위해서 若干의 修正을 加하는 것을 許容한다.

(f) 例를 들면 論理的으로는 一般主題에서 特殊主題로, 넓은 地域
에서 좁은 地域에 이르러야 하나 이것을 逆으로 部分을 先行 시킬
수 있다. 例를 들면 語學은 語族別分類가 보다 科學的이라고 하나

圖書分類에서는 自國語를 先行시키고 自國의 立場에서 實用順으로 한다.

(8) 圖書分類에 있어서는 區分排列을 同一하게 할 수 있는 것은 될 수 있는 限 一致시키는 것이 좋다. 이로써 表를 簡易化하고 記憶하기에 容易하고 利用上 많은 便宜를 얻을 수 있기 때문이다. 이것을 區分의 助記性이라고 한다. D.C., U.D.C, N.D.C, K.D.C. 等에 있어서 主題區分, 一般邪式區分, 地理區分, 言語區分, 言語共通區分, 文學形式區分等은 이 助記의 役割을 하는 것이다.

4. 圖書分類表에는 圖書의 性質에 따르는 類와 區分을 두어 添加해야 한다.

(a) **總記類:** 學術은 여러 가지 特性에 따라서 分類할 수 있으나 한 冊의 圖書는 아무리 많은 主題를 取扱했다 할지라도 이것을 分割할 수는 없다. 이러한 圖書를 分類排定하는 곳을 總記類(General works)라고 한다. 例를 들면 온갖 主題를 取扱한 百科事典, 論文集, 大衆雜誌, 新聞, 叢書等이다.

(b) **一般形式區分:** 各主題의 辭典, 論文集, 雜誌, 叢書等 一般的 記述을 하고 있는 圖書를 分類 할(形式上)곳을 가져야 한다. 이것을 一般形式區分, 或은 共通區分, 或은 一般形式細目이라고 한다.

(c) **文學書:** 文學書에는 文學을 主題로 하는 圖書와 詩歌, 戲曲, 小說等의 文學形式으로써 表現되는 圖書가 있으나 文學形式에 의한 것이 壓倒的으로 많다. 詩歌, 戲曲, 少說等은 그 主題에 의하여 分類하는 것이 아니라 文學形式을 第一의 區分으로 하는 것과 原著에 쓰인 國語를 第一區分으로 하여 다음에 文學形式에 의하여 分類하는 두 가지 方法이 있다. D.C.等의 十進分類에 있어서는 後者에 의하고 있다. 例를 들면 D.C.에서는 英文으로 쓰인 小說은 英文學으로서 820, 文學形式으로서 3을 組合하여 823으로 한다. 英國小說을 主題로 한 圖書도 이 823에 같이 分類한다. 作品만을 別途로 할 때에는 小說이면 F(Fiction)를 붙이거나 分類記號를 略하에 著者記號만을 붙여서

排列할 수 도 있다.

　**5. 分類紀號:** 分類記號는 學術의 分類에 꼭 必要한 것은 아니나 圖書分類表에는 圖書利用上 없어서는 안 되는 것이다, 書架의 分類 排列에 適用할 記號를 가지는 것은 過去의 目錄을 爲한 分類表와의 區別을 하는 重要한 要素이다. 圖書分類表에 記號를 必要로 하는 것은 (a) 分類의 順序를 表示하기 爲하에, (b) 主題를 一定한 場所에 固定하기 위하여, (c) 主題의 位置를 索引에서 參照하기 위하여, (d) 어느 圖書의 書架上의 位置를 指示하기 위하여 圖書와 目錄에 부치는 記號에 의하여 主題를 代表하기 위한 것이다. 要는 記號는 分類表의 略號이며 圖書를 探索하는 열쇠이다. 圖書記號에 의하여 書架上의 圖書를 迅速히 錯誤없이 出納할 수 있으며 圖書의 利用을 圓滑히 할 수 있는 것이다.

　記號에는 여러 가지 條件이 要求된다.

　(a) 記號는 分類의 順序를 나타내기 위해서 數字 或은 A.B.C 中의 어느 一種이 보다 效率的이다. 이것을 記號의 單純化라고 한다. 主要 十進分類表의 記號는 數字이다. 數字는 順序를 나타내는데 가장 單純하고 쓰기 쉽고 記憶하기 容易하다. 그러나 詳細한 區分을 必要로 하는 分類表에는 A.B.C의 文字와 數字와를 組合하여 나타낼 수밖에 없다.

　(b) 記號는 可能한 簡單한 것이 좋다. 그러나 이것은 分類表의 主題의 數에 의하여 決定된다. 主題가 10으로 이루어지는 十進法보다 Alphabet 26 文字를 使用한 分類表가 記號는 짧게 된다.

　(c) 分類表에 새로운 主題를 揷入할 必要가 생길 境遇, 表의 順序를 바꾸지 않고 適當한 곳에 記號를 追加할 수 있는 展開性이 있는 것이어야 한다. 例를 들면 D.C.에서 531.1과 532.2 사이에 새로운 主題를 揷入하자면 531.1의 밑에 다시 十區分하에 532.11에서 531.19로 展開한다, 이것을 記號의 展開性이라 한다.

　(d) 類似한 主題나 形式의 區分을 同一하게 하는 것이 좋다고 생각

될 境遇에는 記號도 이에 따라서 同一하게 한다. 이것을 記號의 助記性이라고 한다. 前編에서 말한 바와 같이 D.C.는 一般形式區分과 總記, 歷史地方區分과 地理地方區分, 語學과 文學의 區分等은 助記性이 있다(D.C. 參照)

**6. 索引**: 索引이란 分類表에 나타나 있는 主題와 形式을 가, 나, 다順 或은 A.R.C順으로 排列한 表이다. 索引에는 普通의 圖書에서 보는 바와 같은 本表에 나와 있는 語句를 다만 音順으로 排列하여 그 page를 表示하는 列擧索引과 分類表에 나와 있는 語句以外에 相互關係있는 어떠한 말에서나 同義異語에서나 檢索될 수 있도록 作成된 相關索引等이 있다.

相關索引이 더욱 便利하다. 索引은 될 수 있는 限 詳細한 것이 좋다. 小圖書館이나 學校圖書館과 같이 D.C.의 主綱表나 要目表를 主로 使用하는 곳에서는 小主題가 들어갈 곳이 區區하게 될 念慮가 있으므로 詳細한 索引을 參考하면서 分類할 必要가 있다.

**7. 各種分類의 研究**: 圖書分類表의 具備條件에 관해서는 이미 論述하였다. 그리하여 이러한 條件은 近代 圖書館 分類表로서 有名한 D.C., U.D.C., Cutter의 E.C., L.C, Brown의 S.C.等에서 歸納한 것이다. 그 後에 發表된 Bliss의 書誌分類法, Ranganathan의 Colon 分類法도 이러한 條件위에 다시 若干의 條件을 添加한 것이다.

그러므로 새로운 分類表를 編成하려고 할 때에는 個個의 主題의 細分에 있어서는 以上에 列擧한 分類法과의 比較研究를 充分히 하지 않으면 안 된다.

이 境遇에 特히 注意해야 할 것은 別項에도 말한바와 같이 各分類表는 作者의 固有한 立場이나 그것을 作成하기 위하여 參考로 한 各各의 分類表와 다른 點이 있을 것이므로 이 點을 充分히 檢討해야 할 것이다.

**8. 可能한 限 詳細한 分類表**: 새로운 分類表를 作成할 境遇에는 專門的인 特殊한 主題로서 더구나 藏書數는 比較的 적기 때문에 簡

略한 分類表로서 滿足하는 傾向이 있다. 그러나 적어도 10年 乃至 20年後의 藏書의 分量을 豫想하여 可能한 限 詳細한 分類表를 準備해 두어야 할 것이다. 簡單한 分類表는 小主題가 들어갈 곳이 不安定하고 統一이 되지 않기 때문이다. 要는 새로운 分類表를 作成하려고 할 때에는 一時的인 생각으로 해서는 안 된다.

# Ⅱ. 圖書分類의 實務

# 第1章 圖書分類過程과 處理 方法

　本編에서는 圖書分類의 實務에 따르는 여러 가지 問題를 實務의 進行過程順으로 하여 說明하고자 第一節에서 分類過程의 槪要를 말했다. 第二節에서는 圖書館資料의 類型과 그 處理方法을 論하고, 第三節에서는 圖書分類過程에 있어서 가장 重要한 決定要素가 되는 圖書內容과 主題把握問題를 各各의 境遇로 나누어 생각하고 그 分類對策까지 說明을 試圖했다. 第四節에서는 分類番號配定法을 各規程과 理論을 適用해서 說明을 試圖했다.

　끝으로 「圖書分類의 限界」에서는 書架分類와 目錄과의 關係를 말했다.

　第四節은 圖書記號法과 書架排列法 및 그 目錄이 分類와 附隨的인 關係가 있으므로 別項을 두어 說明했다.

　현재 우리나라의 圖書分類는 大部分 D.C. 15版 또는 그 要目表, 혹은 이에 대해서 若干의 修訂과 必要에 따라서는 部分的인 展開를 더하여(付錄 參照) 使用하고 있으므로 以上의 問題解說에 있어서의 그 例는 D.C.를 中心으로 하고 韓國的인 修訂이나 展開를 더한 部分은 各各 必要에 따라서 說明했다.

# 第1節 圖書分類過程

圖書分類過程은 受入된 圖書가 書架上에 排列되기까지의 圖書의 整理過程을 말한다.

圖書分類라고 하는 말은 여러 가지로 使用된다. 즉 「어느 圖書館이 分類되어 있다」고 할 때에는 「圖書가 그 主題나 形式에 따라서 一定한 順序로 書架에 排列되어 있다」는 것을 意味한다. 다음으로 「圖書를 分類한다」고 말할 때에는 「一定한 分類表에 따라서 圖書에 分類番號를 配定하에 書架에 排列한다」는 것을 意味한다. 圖書分類의 實務는 後者의 意味에 속하는 것이다.

이 圖書分類의 實務를 遂行하는 데는 다음과 같은 過程을 밟아야 한다.

(1) 分類表를 理解한다.

(2) 圖書館資料를 그 類型에 의하여 區分 혹은 分類하고 그 處理 對策을 講究한다.

(3) 圖書의 內容을 把握한다.

(4) 圖書의 內容에 適正히는 分類番號를 준다.

(5) 圖書記號를 決定한다.

(6) 請求記號에 따라서 書架排列한다.

## A. 分類表를 理解한다

第一編 第二章의 分類史는 圖書分類의 原理와 史的 考察 및 各 分類表의 理解를 도웁고자 論述된 것이다. 分類의 實務에 從事하자면 우선 우리가 主로 使用하고 또한 國際的으로 使用되고 있는 D.C.의

組織에 관한 解說을 注意깊이 把握하고, 類의 構成, 類의 特性을 認識하는데 主力해야 한다. 다음으로 D.C.에 包含된 助記性을 理解하고 相關索引의 性質을 알고, 表에 나와 있지 않은 새로운 主題는 어떻게 取扱해야 할 것인가, D.C.에 대해서는 어떠한 批評이 있는가에 관해서 充分한 認識을 가져야 한다.

小圖書館이나 學校圖書館에서는 簡略한 分類表(主綱表, 要目表)를 主로 採用하고 있기 때문에 分類實務의 擔當者는 分類作業을 極히 簡單하게 또한 安易하게 생각하는 傾向이 많다. 그리하여 D.C.의 組織, 使用法等에 대해서 何等의 마음의 準備도 없이 實務에 當面하는 例도 적지 않을 것이다.

그리하여 030 百科事典에 갖가지 主題別 事典을 쓸어 넣거나 050 雜誌에 갖가지의 雜誌를 分類하거나 080 叢書, 全集에 一般的인 叢書, 全集, 文庫나 世界文學全集, 韓國文學全集等을 分類한다고 하는 過誤를 犯하는 것이다.

또한 이미 司書講習을 받고 分類知識을 갖추었다고 하는 者가 「經濟學辭典」이나 「敎育學辭典」을 303에 分類하거나 「英文學辭典」을 803에 分類한다고 하는 過誤를 犯하는 것이다.

그러므로 分類實務에 從事하고자 하는 者는 적어도 D.C.의 主綱表와 一般形式區分, 國語共通區分, 文學形式區分, 歷史, 地理區分을 속히 暗記하도록 하는 것이 事務能率을 向上시키는 데에도 必要한 것이다. 또한 이것들을 組合한 番號는 分類表를 보지 않고 그 意味를 알 수 있도록 해야 하며, 또한 簡單한 主題는 分類表를 보지 않고 分類番號를 組立할 수 있도록 努力해야 할 것이다. 한편 이러한 것을 test하는 方法으로서 다음과 같은 問題를 들 수 있다.

1. 다음의 D.C. 番號를 文字로 表示하라.

| | |
|---|---|
| (1) 010.3 | (11) 336.02 |
| (2) 032 | (12) 340.05 |
| (3) 082 | (13) 362 |
| (4) 150.5 | (14) 371 |
| (5) 220.3 | (15) 373 |
| (6) 225 | (16) 423 |
| (7) 320.3 | (17) 513.03 |
| (8) 310.5 | (18) 541 |
| (9) 329 | (19) 711 |
| (10) 330.3 | (20) 940 |

2. 다음의 事項에 D.C. 番號를 주라.

| | |
|---|---|
| (1) 英文學史 | (11) 中國紀行 |
| (2) 獨語文法 | (12) 英國史 |
| (3) 世界美術史 | (13) 韓國圖書館史 |
| (4) 農業年鑑 | (14) 醫學辭典 |
| (5) 機戒學 | (15) 化學工業辭典 |
| (6) 天文學槪論 | (16) 韓國統計年鑑 |
| (7) 한국교육사 | (17) 韓國政治史 |
| (8) 西洋哲學史 | (18) 英文法 |
| (9) 地理學 | (19) 韓國小說史 |
| (10) 博物館 | (20) 韓國商業史 |

이로써 이제까지 學術과 知識 또는 모든 圖書를 全般的으로 把握하지 못한 사람에게 分類意識을 强化하고 D.C에 能通하도록 할 必要가 있다.

表를 理解하는 第二의 方法은 D.C.의 索引에 의하여 小主題의 位置를 檢討하는 것이다. 그러나 여기에는 또 하나의 難點이 있다. D.C.의 索引은 역시 英語로 되어있기 때문에 英語에 能해야 하며 英語로서 小主題를 찾는데도 各 word의 適正한 意味와 그 主題를 表現하는 여러 가지 同意語 혹은 同意의 다른 表現等을 잘 考慮하여 索引上에 나타난 同意語를 相互關連하여 索出해야 하며, 東洋語나 혹은 英語以外의 圖書의 小主題를 索引에서 찾을 때에는 그 小主題를 適正하게 表現하는 word를 잘 認識해야 할 것이다. 例로 油畫하면 oil-painting이나 Painting in oil로 檢索할 수 있으며, 家族制度하면 family system이냐 household system이냐를 檢討해야 할 것이다.

表를 理解하는 第三의 方法은 類似한 主題가 取扱되어 있는 立場의 相違나 利用의 面에서 分類番號를 달리하는 것을 알아보는 것이다.

| 150 | 心理學 | 301.1 | 社會心理學 | 370.15 | 教育心理學 |
|---|---|---|---|---|---|
| 338.9 | 經濟政策 | 658 | 工業政策 | 660 | 化學工業 |
| 371.7 | 學校保健 | 614 | 衛生學 | 648 | 家庭衛生 |
| 540 | 化學 | 660 | 化學工業 | 630.24 | 農藝化學 |
| 022.3 | 圖書館建物 | 690 | 建築學 | 72.71 | 學校建築 |
| 590 | 動物學 | 636.4 | 養豚 | | |
| 580 | 植物學 | 634 | 果樹栽培 | 632.7 | 벼의 害虫 |

이와 같이 하여 各種의 主題가 分類上 어떠한 位置를 차지하는가를 正確히 또한 迅速히 알 수 있는 것이 理想的이다. 그러므로 分類表를 理解한다고 하는 것은 學問과 知識의 全貌, 天地間의 모든 現象, 社會的인 問題를 看破하고 그 關係를 把握하는 것이다. 이것은 短時日內에 能熟할 수는 없는 것이다. 10餘年을 이에 從事한 者도 難題에 直面하는 境遇도 許多한 것이다.

分類表의 全般은 理解했다 할지라도 그 表에 모든 主題나 主題相互間의 關係가 網羅되어 있는 것도 아니며 그 하나하나가 妥當하다고는 볼 수 없다.

또한 새로운 主題의 位置를 定하는 것도 分類者의 責務이다. 이
境遇는 別項「圖書分類表의 具備條件」을 充分히 理解하고 錯誤없기
를 期待하는 바이다.

### 十進分類階位稱呼

아래에 表示한 것은 十進分類階位稱呼이다. 이것은 1929年 日本의
靑年圖書館員聯盟이 分類表나 分類에 관한 論議와 硏究論文等에서
分類表上의 數階列의 呼稱이 統一되지 못하여 相互理解하기 어려우
며 硏究의 能率이 오르지 않는다는 理由로 아래와 같이 그 呼稱을
定한 것이다. 그 後 中華民國圖書館協會에서도 이 稱呼가 圖書館界
에 紹介되었고 우리나라에서도 그대로 通用될 것으로 본다.

| | | | | |
|---|---|---|---|---|
| 1段(例: 300 | 基本) | 類 | | |
| 2段(例: 330 | 2位) | 綱 | | |
| 3段(例: 331 | 3位) | 目 | | |
| 4段(例: 331.7 | 點以下 1位) | 分目 | | |
| 5段(例: 331.76 | 點以下 2位) | 匣目 | 細 | |
| 6段(例: 331.762 | 點以下 3位) | 毛目 | | |
| 7段(例: 331.7621 | 點以下 4位) | 絲目 | | 目 |
| 8段(例: 331.76213 | 點以下 5位) | 忽目 | | |

分目以下를 總稱하여 細目이라 한다.

## B. 圖書館資料를 그 類型에 의하여 그 處理對策을 講究한다

이 問題는 學校圖書館이나 小規模의 地方圖書館, 中高等學校圖書館까지도 重要한 問題는 안될 것이다. 이러한 圖書館은 圖書購入時에 이미 各各 그 圖書館에 必要한 圖書만을 受入할 것이므로 그 類型이 單純하기 때문이다. 例를 들어 學校圖書館의 境遇는 兒童圖書와 敎師用圖書로 區分하여 各各 適當한 記號—卽 兒童圖書에는 「아」 敎師用圖書에는 「교」字等의 記號를 주고 主題에 의하여 分類하여 「교」와 「아」字의 圖書를 別置하고 各各 分類 番號에 의하여 排列하면 될 것이며, 또한 形態에 있어서 大型의 圖書로써 一般圖書와 같은 書架에 排列하기가 困難한 것은 「大」字等의 適當한 記號를 주어 別置하면 된다. 그러나 圖書館의 規模가 커짐에 따라 中高等學校圖書館만 하여도 學習參考圖書나 叢書, 全集等의 類型을 가진 圖書가 있게 되며 綜合大學圖書館이나 大規模의 公共圖書館에서는 圖書의 利用面에서나 形態面에서나 編集面에 있어서 여러 가지 類型을 發見할 수 있을 뿐만 아니라 利用의 便宜上 또는 經營의 合理化를 위하여 그 類型에 따라서 各各 그 자리를 따로 하여 그 類型內에서 主題에 따라서 書架排列을 할 必要가 생기게 된다. 또한 各各의 類型은 다른 類型의 圖書와 區別하기 위해서 一定한 記號를 주게 된다. 筆者는 이 記號를 「類型記號」라고 命名한다. 現代圖書館에 있어서 參考圖書에는 分類番號 앞에 「R」字를 記入하고 兒童圖書에는 「아」, 敎師用圖書에는 「교」, 盲人用圖書에는 「맹」, 貸出文庫에는 「대」, 大形圖書에는 「大」, 地圖에는 「M」等의 記號를 주는 것은 一種의 「類型記號」라고 볼 수 있다. 그러나 모든 類型圖書에 全部 類型記號가 꼭 必要한 것은 아니다. 勿論 이 類型記號는 아직 統一이 되지 안했으므로 各圖書館에서 方針을 定하여 任意로 類型記號를 決定할 수 있으며, 또한 一般圖書와 參考圖書를 區別하고 別置하느냐 안느냐 定期刊行物이나 特殊敎材用圖書等을 別置할 必要가 있느냐 없느냐하는 等의 別置問題와 記號問題는 圖書館의 特質과 事情에 따

라서 各 圖書館自體內에서 決定할 問題이다. 이리한 問題가 決定되면
이것을 하나의 方針이나 原則을 두어 主題에 의한 分類를 하기 以前
에 各各의 圖書館資料가 어느 類型에 의하여 處理되여야 할 것이다.
이에 대해서는 「第二節 圖書館資料와 그 類型」에서 詳述했다.


## C. 圖書의 內容把握

圖書에 分類番號를 配定하자면 分類하고자 하는 圖書의 內容을 把
握해야 한다는 것은 말할 必要도 없다. 그러나 古今 東西의 圖書는 참
으로 無限한 것이다. 이 無限하고 變化無窮한 圖書의 內容을 한사람
의 分類係에 의하여 過誤없이 把握한다는 것은 거의 不可能하다. 無
限에 대한 有限의 努力, 이것이 分類係의 運命이기도 하다. 그러나 分
類係는 거의 不미能한 이 어려운 作業에 對處하지 않으면 안 된다.
個個의 圖書內容을 把握하는 것은 困難하나, (1) 書名, (2) 目次, (3)
序文, 跋文, 解說을 읽고, (4) 參考書를 調査하고, 이로써 解決이 안
될 境遇에는 (5) 通讀하고 討論한다. 그래도 不明할 境遇에는 (6) 專
門家에게 알아본다고 하는 順序로써 어느 程度 可能해진다. 內容의
把握方法에 대해서는 後節 圖書의 主題發見에서 詳說하고자 한다.


## D. 圖書內容에 適正한 番號의 配定

分類表를 充分히 理解하고 圖書內容을 把握할 수 있다면 內容이
單純한 圖書에 있어서는 內容을 把握한 瞬間에 分類番號가 머리에
떠오를 것이다.
例로; 倫理學　150~160
　　　社會學　301

　　敎育社會學　　370.19

等은 이미 分類表를 參照하기도 前에 主題와 分類番號가 瞬間的으로 結付되어 分類作業은 끝나는 것이다. 그러나 좀 더 複雜한 內容이 되면 分類番號와 圖書內容과는 좀처럼 簡單히 結付되지 않는다. 그러면 다음과 같이 分類作業을 分析的으로 생각해 본다.

　(1) 圖書의 特殊한 主題를 定한다.

　(2) 特殊主題를 다시 그 構成部分으로 分析한다.

　(3) 그 特殊主題 或은 構成部分中 가장 重要한 要素를 選擇하여 이를 包含하는 類綱을 決定한다. 즉 著者가 取扱한 立場을 決定한다.

　(4) 特殊主題 또는 가장 重要한 要素의 分類番號를 D.C.에서 求하고, 一般形式區分 其他 共通區分等을 必要로 하는 것은 그 番號를 組合한다.

　(5) 分類番號化되지 않은 主題 또는 要素는 目錄에 의하여 檢索될 수 있도록 副出 或은 分出을 하거나 說明을 加한다.

　(1) 分類作業의 目的은 圖書의 特殊主題 또는 形式을 分類番號로 나타내는(分類番號化) 것이다. 「特殊主題」라고 하는 데에 充分히 注意하지 않으면 보다 넓은 槪念을 表示하는 綱의 아래에 分類하기 쉽다. 但 主綱表나 要目表를 主로 使用하는 小圖書館이나 學校圖書館에서는 바로 D.C.의 細目表에 의해서 그 圖書에 가장 特殊한 分類番號를 求하여 圖書의 適當한 場所(例를 들면 標題紙의 裏面 上部)에 記入해 두면 分類를 細分할 必要가 있을 境遇에 다시 分類하는 手苦를 節略할 수 있다. 이 事項은 後節 「4. 著者의 目的」, 「5. 主題 圖書와 文學作品」, 「6. 圖書의 主題發見」에서 詳述하기로 한다.

　(2) 다음으로 特殊主題는 많은 要素가 複合되어 있는 境遇가 많으므로 適正한 分類番號를 주기 前에 그 內容을 分析하지 않으면 안 된다. 例를 들면 「經濟學史」는 「經濟學」을 歷史的으로 取扱한 것, 「文學辭典」은 「文學」을 「辭典」의 形式으로 나타낸 것이다.

　　이에 대해서 「東洋思想의 西進과 英文學」, 「李朝文化와 佛敎」等은

各各 「東洋思想」과 「英文學」, 「李朝文化」와 「佛敎」의 두개의 主題關係를 이루고 있다. 分類作業에 있어서는 이러한 要素와 主題를 分類番號로 나타내지 않으면 안 된다.

(3) 特殊主題를 決定하고 그 要素로 分析하면 다음은 그 特殊主題에 속하는 類는 두 가지中 어느 것인가를 決定해야 한다.

「經濟學史」의 主題는 「經濟學」이며 「歷史」는 아니다. 「歷史」는 다만 記述의 立場이다. 「文學辭典」의 主題는 「文學」이지 「辭典」이 아니다. 「辭典」은 一種의 表現形式이다.

그러나 「東洋思想의 西進과 英文學」이나 「李朝文化와 佛敎」는 어느 主題가 이 圖書에 있어서의 特殊主題인가는 쉽사리 決定되지 안는다. 著者의 目的이나 그 內容을 읽고 前者의 主題는 「英文學」이라고 決定하고 「東洋思想」은 影響을 끼친 主題임으로 第二主題라고 假定한다. 마찬가지로 「李朝文化와 佛敎」의 主題는 「李朝文化」로서 「佛敎」는 影響을 끼친 主題라고 假定한다.(7. 主題의 關係를 取扱한 圖書 參照)

(4) 다음으로 이러한 主題를 D.C.에서 求한다.

前項에서 決定한 「經濟學」, 「文學」을 D.C.에서 求하면 「經濟學」은 331, 「文學」은 800이다. 다음으로 「歷史」는 一般形式區分에서는 09, 「辭典」은 03임으로 이것을 組合하면 「經濟學史」는 331.09. 「文學辭典」은 800.3(03의 앞에 0이 있을 때에 0을 略함)이 된다.

이것을 分類의 一般規定에서 「圖書는 主題에 의하여 分類하고, 다음에 形式에 의하여 分類하라」는 것이다.

主綱表를 主로 使用하는 곳에서는 前者는 330, 後者는 800으로서 足하며 綱目表를 主로 使用하는 곳에서는 前者는 331, 後者는 800으로 足하다.

(5) 두개 以上의 主題나 要素로 된 것은 그 가운데 重要한 것으로 分類番號를 決定함으로 他의 主題는 分類番號化되지 않는 셈이다. 그리하여 이 除外된 主題는 分類目錄, 件名目錄의 分出에 의하여 檢

索되도록 하지 않으면 안 된다. 例로「東洋思想의 西進과 英文學」에서는「英文學 820」에 分類함으로「東洋思想」은 分類番號化되지 않는다. 그러므로 分類目錄에서는 181 東洋哲學, 件名目錄에서는「동양사상」에 card를 作成하여 排列한다. 마찬가지로「李朝文化와 佛敎」는「韓國文化史 951.1」에 分類함으로「佛敎」는 分類目錄에서는「294 佛敎」, 件名目錄에서는「불교」라고 하는 곳에 card를 作成하여 排列한다.

### E. 圖書記號의 決定

前項의 (1)에서 (5)의 過程에 의하여 分類番號가 決定되면, 다음은 同一分類番號內의 圖書의 順位를 決定해야 한다. 이 役割을 하는 것이 所謂 圖書記號이다. 가장 많이 使用되는 圖書記號는 著者記號, 外에 受入順番號, 年代記號이다. 이에 관해서는「圖書記號」에서 詳述하기로 한다.

### F. 請求記號에 의한 書架排列

請求記號는 分類番號와 圖書記號로써 構成된다. 이것을 label에 써서 圖書의 spine(책등)의 下部에서 l-2cm 되는 곳에 붙이거나 直接 黑, 白等의 ink로 쓰고 lacquer(lacker)로 칠한다. 請求番號를 써 붙이면 이것을 記號順으로 書架에 排列한다. 이에 대한 詳細한 것은「書架排列과 書架目錄」에 詳述한다. 圖書의 請求記號가 決定되면 이에 대한 基本 card나 書名 card, 分類目錄 card 等을 編目하고 圖書原簿等에 記入한다.

分類係의 職責:

分類의 最後의 決定은 結局 分類係의 主觀에 따르는 것이므로 分類係의 責任은 重大하다. 더욱 重要한 것은 分類가 學問的으로 낡은 것이라 할지라도 그 圖書館의 適用方法이 始終一貫되어 있으면 利用者에게는 助役이 되는 것이다. 極端的으로 말해서 어느 圖書館의 分類係가 어느 主題에 대해서 圖書를 適正한 곳에 分類했다 할지라도 이미 그와 同一한 主題의 다른 圖書가 錯誤로 딴 곳에 分類 되었다면 無意味한 것이다. 이것은 어느 한편으로 集結하지 않으면 안 된다. 事務的으로 忠實을 期하기 위해서는 分類係는 우선 同種의 圖書의 有無를 調査하고 同一內容이면 새로 受入된 圖書는 이미 整理된 分類와 同一한 곳에 分類해야 한다. 萬若 먼저의 分類가 틀렸다는 것이 明白하면, 새로운 圖書는 適正한 곳에 分類하는 것은 勿論이려니와 먼저 分類된 圖書의 分類를 訂正함과 同時에 이에 關係가 있는 모―든 目錄과 帳簿을 訂正하지 않으면 안 된다. 同一主題의 圖書가 各處에 分散되어 있는 것 보다는 잘못 되었다 할지라도 一個所에 分類된 편이 利用者에게는 便利하다. 그것은 一個所에서 同一主題의 圖書를 볼 수 있기 때문이다.


# 第2節  圖書館資料와 그 類型


우리는 圖書의 主題와 內容을 直接 把握하기 以前에 圖書館資料를 그 類型에 따라서 區分 또는 그 配置方針을 決定하고 事實上 類型에 의한 分類를 할 必要가 있다.

現代 圖書館資料는 圖書뿐만이 아니며 知識文化財 全般에 걸친 것임으로 圖書以外의 資料도 包含되며 圖書의 形態를 完全히 가춘 것이라 할지라도 各 圖書의 特殊한 利用面으로 보나 圖書의 形態上으로

보나 또한 圖書의 編集形式과 構成面으로 보아 各各의 類型으로 區分할 수 있으며 그 類型에 따라서 一定한 配置方針 또는 處理方針을 세워야 할 것이다. 現代의 各 圖書館은 그러한 原則이나 方針을 구태여 規定하지 않는다 할지라도 그러한 類型에 의하여 그 資料의 分類番號와는 別途로 그 利用의 便宜上 또는 圖書館經營의 合理化를 위하여 그 類型에 따른 配置區分을 事實上 하고 있는 것이다. 現代의 大圖書館들이 參考圖書閱覽室이나 定期刊行物閱覽室 Reserve-Room 等을 設置하고 이에 必要한 圖書를 配置하고 있는 것이 그 하나의 例이다.

　圖書館資料의 類型은 여러 가지로 區分할 수 있을 것이나 여기서는 大略 다음과 같이 區分하여 說明하고자 한다. 즉 一般圖書, 參考圖書, 定期刊行物, 殊殊圖書(利用面), 特殊圖書(形態上), 特殊圖書(編集上), 飜譯圖書, 圖書以外의 資料.

## A. 一般圖書

　主題圖書와 文學作品을 一般圖書라고 하기로 한다.

　D.C.의 100類 哲學, 200類 宗敎, 300類 社會科學, 400類 語學, 500類 純粹科學, 600類 應用科學, 700類 藝術, 娛樂, 800類 文學(文學作品은 除外), 900類 歷史(傳記는 除外)는 主題圖書이다. 800類 文學圖書中에 詩, 戲曲, 小說等의 文學形式으로 된 圖書는 文學圖書라고 할 것이다. 文學圖書에 대해서는 「主題圖書와 文學作品」에 詳述했다.

　여기에서는 一般圖書 가운데 特異한 飜譯書, 注譯書, 飜案書의 問題를 簡單히 說明하기로 한다.

　飜譯圖書도 一般圖書와 同一하게 取扱됨으로 勿論 類型記號도 줄 必要가 없으며 主題에 따라서 分類된다. 그러나 그 分類에 있어서 言語와 著者問題로 因한 색다른 것을 생각할 수 있다.

翻譯圖書. 注釋書는 原則的으로 原著가 分類되는 곳에 分類한다.

小說의 翻譯도 原則的으로 原著의 國語에 따라서 分類한다. 特히 學究的인 圖書館에 있어서 原著와 譯書가 一個所에 分類 되어야 한다. 그러나 小圖書館이나 學校圖書館에서는 F(Fiction)를 翻譯小說의 記號로 使用할 수 있다. 特히 小中學校學生을 위해서 抄譯된 小說, 이야기책은 原著의 國語가 不明한 것도 있고 學生들에게는 반드시 原著의 國語에 의하여 分類할 必要는 없을 것이다.

改作(또는 翻案)의 分類: 翻譯에 類似한 것으로 改作(翻案) 또한 兒童用으로 平易하게 꾸민 再易說書가 있다. 改作 또는 翻案書는 그 原作이 있으며 原作의 줄거리를 살려서 改作者, 翻案者가 自由로 作成한 것이다.

兒童을 위하여 描寫한 外國文學은 거의 全部가 抄譯 또는 再易說書이다. 그러나 原著에 分類하느냐 平易化한 作者의 作品으로서 分類하느냐는 몇 가지 問題가 있다. 이 分類를 決定하는 規準은 두 가지로 생각할 수 있다.

(1) 原作의 面貌가 드러나지 않는 것은 改作者의 作品으로서 分類한다.

(2) 作品中의 人名等을 改名했다 할지라도 原著의 줄거리에 따른 것은 原作에 分類한다.


## B. 參考圖書

現代의 圖書館에서는 讀者의 利用의 便宜와 圖書館經營의 合理化를 위하여 大槪 利用의 頻度가 많은 參考圖書, 즉 書誌, 目錄, 索引, 抄錄, 百科事典, 年鑑, 統計書, 辭典, 事典, 人名辭典, 便覽, 地圖, 圖譜, 年鑑, 法令集, 司法 立法 行政機關의 刊行物, 특히 白書, 報告書, 年報, 公報, 地方行政資料, 鄕土資料, 切莘資料(Scrap), 重要 **pha-**

mphlet 等을 別途로 配置 또는 別室(Reference. Room)을 두고 冊의 Spine이나 記錄事項에 「R」字를 記入하고 다음에 一般圖書와 마찬가지로 或은 形式에 依하여 分類하고 이 分類番號와 「圖書記號」(後說)에 의하여 利用에 便利하도록 排列한다. 參考圖書中 辭典과 事典, 地圖, 敎科書의 分類에 있어서 問題되는 것이 있으므로 便宜上 다음은 그 分類方法을 解說한다.

## (a) 辭典, 事典의 分類:

事典은 事件에 대해서 解說한 圖書를 意味하며, 一般的으로 事件을 나타내는 標目語의 語順(가, 나, 다, 順 또는A, B, C, 順)으로 排列하여 解說하고 있으나, 主題別로 혹은 分類順으로 解說한 것도 있다. 辭典은 文學上으로는 낱말을 解說하는 것이나 相當히 廣範한 主題에 걸쳐 解說하는 것도 있다. 그러므로 特定의 主題에 관한 事典과 辭典과는 書名으로서는 區別할 수 없다. D.C.에서는 이리한 辭典과 事典은 形式區分으로서 03을 適用한다. 또한 其他의 參考書와 共히 分類番號 앞에 R(Reference)字를 붙인다.

辭典과 事典은 百科事典, 主題辭典, 事典, 語學辭典, 事典으로 나누어서 생각하는 것이 좋다.

### 1. 百科事典

D.C.에서는 030이 百科事典의 適用番號로서, 여기에 奇書, quizzes, 多角的인 問題集 等도 包含하게 되었으며, 031-039에는 그 쓰인 國語에 의하여 區分되고 있다. 그리하여 우리나라 民衆書館의 「大百科事典」은 031.1 英文으로 된 「*Encyclopedia Britanica*」는 032, 佛語의 「*Rarouce*」는 034이다. 그러나 小圖書館에서는 語學區分을 하지 않고 030으로 해도 無妨할 것이다.

### 2. 主題別辭典 또는 主題別百科事典

主題別辭典 또는 主題別百科事典은 主題에 의한 分類番號에 形式番號 03을 結附하여 나타낸다.

例를 들면:

| | | | |
|---|---|---|---|
| 哲學辭典 | 103 | 敎育學辭典 | 370.3 |
| 宗敎辭典 | 203 | 國語辭典 | 411.3 |
| 經濟學辭典 | 330.3 | 科學辭典 | 503 |
| 電氣工學辭典 | 621.303 | 國史大事典 | 951.03 |
| 農業辭典 | 630.3 | 社會百科事典 | 303 |
| 政治學事典 | 320.3 | (歷史地理를 包含함으로 030 또는 031로 분류할 수도 있다) | |
| 英文學辭典 | 820.3 | 地心辭典 | 910.3 |

3. 語學辭典

語學의 辭典에는 語學에 관한 辭典, 國語辭典(韓國語對 韓國語辭典), 韓國語對 外國語辭典, 外國語對 韓國語辭典等이 있음으로 注意해야 한다.

(1)國語에 대한 辭典, 事典

國語學辭典은 411.3(國語辭典)이다. 마찬가지로 英語學辭典은 420.3이며 423이 아니다. 다른 語學辭典, 事典도 마찬가지로 생각해 語源學辭典, 發音辭典等도 이에 속한다, 要는 말辭典과 語學辭典은 區別하지 않는다.

(2) 國語對 國語辭典

「큰 사전」(한글학회), 「국어대사전」(이희승)「國語辭典(東亞)」等, 우리말을 우리말로 解釋한 辭典은 韓國語 番號(411)에 言語共通區分番號 3을 組合하여 411.3에 分類한다. 여기에 例示한 國語辭典外에 漢字를 國語로 解說한 「漢韓辭典」,「漢文玉篇」等도 411.3에 分類한다.

其他 古語辭典, 外來語辭典等도 411.3에 分類한다.

(3) 韓國語對 外國語辭典

韓國語對 外國語辭典은 그 辭典의 利用目的이 外國語를 調査하기 위한 辭典이다. 例를 들면 英韓辭典이나 韓英辭典이나 英語를 찾기 위한 辭典임으로 兩者 共히 423에 分類한다.

이와 마찬가지로 獨韓辭典, 韓獨辭典은 共히 433, 佛韓辭典, 韓佛辭典은 共히 443에 分類한다.

逆으로 같은 D.C.를 쓰는 英美圖書館에서는 그들의 本位에 따라서 英韓, 韓英辭典의 辭典類番號는 그들이 使用하는 韓國語辭典의 分類番號와 같이 할 수 있을 것이다.

(4) 外國語對 外國語辭典

外國語對 外國語의 境遇에는 解說當한 國語에 分類하는 方法이 있고, 또한 解說當한 國語에 分類하고 解說한 國語의 國語番號를 加하는 方法, 그 辭典이 刊行된 나라가 아닌 國語에 分類하는 方法, 우리나라의 本位로서 利用度가 적다고 생각되는 國語에 分類하는 方法이 있다.

a) 解說當한 國語에 分類하는 方法.

이 方法에 의하면 獨英, 獨佛, 獨露는 모다 433에 分類되고, 英獨, 英佛, 英露는 모두 423에 分類된다.

b) 解說當한 國語에 分類하고 解說한 國語의 國語番號를 加하는 方法.

이 方法에 의하면 英獨辭典은 423.3, 獨英은 433.2가 되며, 英佛은 423.4, 佛英은 443.2가 된다.

c) 辭典이 刊行된 나라가 아닌 國語에 分類하는 方法.

英獨辭典이라 할지라도 London에서 刊行된 것은 433, Berlin에서 刊行된 것은 423에 分類된다.

d) 利用度가 적은 國語에 分類하는 方法.

利用度가 적다고 하는 것은 客觀的인 基準은 되지 못함으로 機械的이기는 하나 D.C.에 國語番號가 늦은 便에 分類하는 것이 좋을 것이다.

　이 方法에 의하면 英獨辭典은 433, 英佛辭典은 443, 英露辭典은 491.73에 分類된다.

　그러나 以上에서 말한 外國語對 外國語辭典의 分類는 네 가지 方法中 (b)의 方法을 推撰하고 싶다.

### (b) 地圖, 敎科書

　地圖, 敎科書, 樂譜 等은 特殊한 資材로 取扱된다. 그 分類에 있어서도 特別한 方法을 생각할 必要가 있다.

　地圖: 여기에서 區別할 것은 地理와 地圖이다. 地理는 一般圖書에 屬하며 地誌, 地理學, 航海, 地理의 發見等은 地理에 관한 解說書로서 D.C.의 910-911에 各各 分類된다.

　地圖는 世界地圖(地球儀包含)는 912. 東半球地圖는 912.1, 西半球地圖는 912.2로 分類하며, 913은 古代地圖, 914-919는 各地方別區分에 의하여 分類한다.

　地圖는 一枚로 된 것이 있고, 圖書의 形態로 된 것이 있으며, 이에 類似한 것으로서 地形圖, 海圖 等이 있다. 一枚의 地圖는 圖書의 크기로 접는(析) 方法도 있으나 접은 곳이 損傷되므로 여러 가지 保管方法을 생각하여 地圖를 말아서(捲) 두거나 一面으로 펴서 둔다. 如何間 地圖는 一般圖書와, 一個所에 두기는 困難하므로 特別記號 (M)(map의 頭字)를 붙여서 地理區分한다. 여기에는 두 가지 方法이 있다.－즉 M을 붙이고 地理區分하는 方法과 地理를 表示하는 910을 記入하지 않고 M만을 붙여서 地理區分하는 方法이 있다.

| 例. | | | |
|---|---|---|---|
| | 世界地圖 | M | M910 |
| | 韓國地圖 | M51 | M915.1 |
| | 아세아地圖 | M5 | M915 |
| | 美國地圖 | M73 | M917.3 |
| | Europe 地圖 | M4 | M914 |

敎科書: 敎科書는 各主題下에 分類하며 國民學校, 中高等學校, 大學 等에 있어서는 그 量이 많음으로 利用의 便宜上 別置하고 別置記號(例로 V, 또는 K)를 주는 것이 좋을 것이다.

大學 等의 圖書館에서는 Reserve Books라고 하여 이를 위한 Reserve Room을 設置하고 各敎授들이 敎材로 選定하는 圖書를 備置하고 學生들의 利用에 便利하도록 하는 例가 많다.

이것을 國民, 中, 高等學校와 大學圖書館 二種으로 區分하여 例示하면 다음과 같다.

| | 國民, 中, 高等學校 | | 大 學 |
|---|---|---|---|
| K411 | 국어 교과서 | V420 | 英 語 |
| K300 | 사회생활 | V510 | 數 學 |
| K510 | 수학 | V336 | 財政學 |
| | | V341 | 國際法 |
| | | V621 | 機械工學 |

樂譜: 樂譜는 音樂을 演奏하기 위한 text로서 780(音樂)에서 細分되나, 樂譜는 一枚로 된 것과 圖書形態를 가춘 것이 있으나 如何間音樂에 관한 圖書와는 別置하는 것이 좋다. 이 境遇에는 地圖에 있어서와 같이 M 혹은 S(地圖와 混同되므로)를 使用하고 演奏되는 樂器番號를 주는 方法과 音樂番號와 樂器番號를 모다 記入하는 方法이 있다.

| 例. | M62(S62) | 혹은 | M786.2 | piano用 樂譜 |
|---|---|---|---|---|
| | M66(S66) | " | M786.6 | organ用 樂譜 |
| | M71(S71) | " | M787.1 | violin用 樂譜 |

## C. 定期刊行物

일정한 間隔을 두고 繼續的으로 刊行되며 無期限으로 連續을 企圖하는 것을 原則으로 하는 出版物을 總稱하여 逐次 刊行物이라고 말한다. 逐次 刊行物은 新聞, 雜誌等 定期刊行物을 위시하여 年報, 年鑑, 學會나 各種 協會의 紀要(memoirs) 議事錄, 會報, 官公廳 其他의 公共團體의 年次報告, 月報, 統計報告書 等도 包含한다. 逐次刊行物은 periodical이라 하여 期刊物 또는 通稱 定期刊行物이라 한다.

이러한 定期刊行物은 大略 原則的으로 一年동안을 定期刊行物로서의 閱覽期間으로 하고 그 동안은 分類하지 않으며 小圖書館에 있어서는 利用에 便利한 場所에 配列하거나 大圖書館에서는 別室(Perio-dical-Room, 定期刊行物室)을 두어 閱覽하게 하며 이 期間이 지나면 No. 卷, 號 等을 體系化하여 그 부피 또는 그 刊行物의 性質에 따라서 製本하고 비로서 一般圖書로서 登錄하여 그 主題 또는 形式에 따라서 分類한다.


## D. 特殊圖書(利用面)

이에 의하는 圖書는 貴重圖書, 鄕土資料, 技術者用圖書, 盲人用圖書, 貸出文庫, 記念文庫, 學校圖書館에 있어서는 學校資料, 敎師用圖書, 兒童圖書, 學習參考書 等이 있다.

貴重圖書: 小圖書館이나 學校圖書館에는 이러한 種類의 貴重圖書는 적을 것이다. 貴重圖書는 寫本中에 書寫年代가 오랜 것 즉 古寫本, 古鈔本 等이나, 稿本의 手寫本, Incunabura(搖籃期本＝1450-1500年 印刷의 搖籃期에 印刷된 珍稀本) 等의 稀書를 말하며 이것은 主題나 文學形式에 따라서 分類하는 것이 아니라, 그 圖書의 製作年代, 著者 또는 特殊한 形體에 따라서 貴重圖書取扱을 하여 別置한다.

D.C.에서는 090稀書에 分類하고 必要에 따라서 細分한다.

鄕土資料: 鄕土資料는 分類番號앞에 「R」字를 붙여 參考圖書閱覽室에 備置하거나 別置한다. D.C.에서는 098에 分類하는 것이 좋으며 地域的인 것을 나타내기 위해서는 特殊地域의 地誌에 分類해도 無妨할 것이다.

技術者用 專門圖書: 技術者를 위해서 쓰인 圖書로서 그 技術과 職業에 관한 實例 혹은 主題를 많이 取扱한 圖書는 그 技術에 分類한다. 例를 들면 「Spain語貿易通信文」은 經營學아래의 商業通信 651.7에 分類한다. 「商業英語 通信文도 마찬가지로 651.7에 分類한다. 「藥學獨逸語」는 「藥學 615.4」에 分類한다.

兒童圖書: 公共圖書館에서는 一般的으로 兒童室이 있음으로 成人의 圖書와는 別途로 備置하게 되어 있다. 이 境遇는 分類番號의 앞에 「아」(아동) 或은 「C」(child)를 붙여서 成人圖書와 區別한다. 學校圖書館에서는 別項에서 說明하는 바와 같이 兒童圖書와 敎師用 圖書를 一括하여 分類하는 것이 좋다.

幼兒圖書: 下級學年의 繪畫本, 이야기책, 漫畫는 普通 分類하지 않고 「유」(유아) 또는 E(Easy books) 等의 記號를 붙여서 兒童圖書의 다음에 一括해서 排列한다.

敎師用圖書: 學校圖書館에 있어서의 敎師用圖書는 「T」(＝Teacher) 或은 「교」(＝교사) 等 適當한 記號를 붙여 兒童圖書와 別置한다.

學校資料: 學校資料로서 永久히 保存해야 할 것은 製本하여 主題에 따라서 370-379에 分類하고 適當한 記號(學校名의 頭字)를 붙인다.

記念文庫: 特志家 等의 記念文庫는 寄贈書를 一括하여 그 主題와 價値에 따라서 一般圖書와 別置하고 寄贈者의 記號를 加하여 分類한다.

盲人用圖書: 盲人用의 點字圖書等은 「B」(Blind)字나 혹은 適當한 記號를 붙이고 主題에 의해서 分類하여 別置한다.

貸出文庫圖書: 우리나라에 있어서는 아직 드문 것이나, 貸出文庫 또는 自動車文庫의 圖書는 圖書의 消耗가 甚하므로 本館用圖書와 別

途로 한다. 分類는 本館用圖書와 一致하는 것이 좋으나 相互區別되
는 記號를 쓰거나 簡略表 等을 使用하는 것이 좋다.


### E. 特殊圖書(形態上)

形態上으로 特殊한 圖書는 大型本, 小型本, 東裝本과 掛圖까지 包
含한다.

大型本: 圖書는 크기에 의하지 않고 主題에 의해서 分類한다는 것
이 現代圖書館의 一致된 方法임으로, 原則的으로 書架分類에 있어서
그 크기는 거의 無視된다. 그러나 特大型圖書까지 同一書架에 排列
하면 書架의 높이에 不適함으로 非經濟的이다. 그리하여 特大本은
別置하는 것이 普通이다. 大型本은 小圖書館에서는 많지 않으므로
그 圖書가 當然히 排列될 곳에 代用板(木板 또는 Book case)에 「書
名, 著者, 請求番號와 大型本의 書架를 보라」라고 쓰고 大型圖書를
書架를 別途로 하여 請求番號順으로 排列한다. 分類番號 앞에 「大」
의 表示를 해도 좋다.

小型本: 小型本은 圖書館用圖書는 아니므로 購入하지 않는 것이
좋으나 不得已 購入했을 境遇, 必要에 따라서 別置하고 「m」(minute)
과 같은 記號를 준다.

東裝本: 東裝本은 古書, 新書를 莫論하고 一般圖書와 別置하는 것
이 좋으며 「D」(동장본)等의 記號를 주고 主題에 따라서 分類한다.
그것이 漢籍古書일 境遇 古書分類法을 別途로 適用할 수도 있다.

掛圖類: 掛圖는 圖書가 아니라도 各種의 掛圖類를 D.C.로 分類하
는 데는 分類番號 앞에 特殊文庫의 境遇와 같이 記號를 붙인다.

## F. 特殊圖書(編集上)

叢書, 全集의 分類: 叢書, 全集이란 말은 一般的으로 亂用되고 있으나 叢書는 多數著者에 의한 著作集, 全集은 一個人의 著作集에 限定되는 것으로서 兩者 共히 終刊이 거의 豫定되는 것이어야 할 것이다. 叢書, 全集은 總括的인 名稱外에 卷數와 個個의 書名과 著者를 가지고 있다. 文庫, 新書, 全書等 終刊의 豫定이 없는 것은 單行書와 同樣으로 取扱해야 할 것이다.

分類를 처음으로 하는 사람은 圖書의 一部에 英美文學叢書, 韓國文學全集 陽文文庫, 李箱選集, 岩波文庫, Tolsloy 全集과 같이 叢書, 全集, 文庫, 選集等 總括的名稱이 있는 것은 全部 D.C. 總記의 080 (叢書, 全集)에 分類하는 傾向이 있다.

이것은 主로 D.C.를 解說한 080의 性質을 알지 못한 탓이다. 080은 100類 乃至 900類의 어느 곳에도 分類할 수 없는 많은 主題를 包含하는 叢書, 全集, 選集을 分類한다는 것을 充分히 알아야 한다.

그러나 叢書, 全書, 文庫는 形式이 갖추어져 있고 무슨 文庫 무슨 選書 무슨 新書 무슨 叢書로 찾는 讀者도 있고, 圖書의 形體가 작고 부피가 얇아서 다른 圖書에 파묻히기 쉽거나, 分類의 決定이 容易하기 때문에 一個所에 모아 두는 것이 좋다고 생각하는 傾向도 있을 것이다.

그리하여 이러한 叢書, 全集, 文庫의 類는 一個所에 모으느냐 個個의 圖書의 主題 혹은 形式에 따라서 分散시켜야 하느냐 하는 原則을 決定할 必要가 있다.

(1) D.C.의 構成面에서 본다면 前述한 바와 같이 D.C.의 080 叢書, 全集은 100類-900類의 어느 主題에도 分類할 수 없는 여러 가지 主題를 包含하는 것에 限한다.

例를 들면:

|  | 主綱表 | 要目表 |
|---|---|---|
| 綜合大學1960-1963年度論文全集 | 080 | 081 |

特殊한 主題와 範圍를 定하여, 各冊의 內容의 排列에도 一定한 體系가 있어서 分離시키지 않는 것이 좋다고 생각되는 것은 이것을 一個所에 모은다. 細目表, 要目表, 主綱表를 각각 使用하는 곳에서는 그 分類番號는 各各 다음과 같다.

|  | 細目表 | 要目表 | 主綱表 |
|---|---|---|---|
| 新法學全集 | 340.8 | 340 | 340 |
| 經濟學全集 | 330.8 | 330 | 330 |
| 醫學全書 | 610.8 | 610 | 610 |
| 現代韓國文學全集 | 811.08 | 811 | 810 |
| 世界文學全集 | 800.8 | 800 | 800 |

여기에서 注意해야 할 것은 811.08은 韓國文學의 各種(詩, 戲曲, 隨筆, 小說等)의 作品을 모은 全集, 選集을 分類하는 곳이다. 韓國小說만의 全集이면 811.308, 韓國詩만의 全集이면 811.108이다.

(2) 利用者의 便宜上으로 보면; 岩波文庫와 같이 古典의 文庫도 있으나 新陽文庫, 陽文文庫, 岩波新書, 岩波寫眞文庫 等 新刊書도 包含하여 文庫가 氾濫하고 있다. 이러한 文庫本은 文庫名으로 찾는 讀者도 있고 혹은 「文庫本은 一個所에 모으는 것이 좋다」고 解說도 있음으로 一個所에 모으는 圖書館도 있다. 文庫本은 小型圖書이며 圖書의 紛失(poket에 넣거나 冊사이에 긴다)等의 念慮가 있으므로 小型圖書는 圖書館本으로서는 不適當하나, 單行書가 없거나, 單行書가 있다 할지라도 高價하여 購入하지 못하는 境遇에는 不得已 文庫本을 購入할 것이다. 그러나 小圖書館이나 學校圖書館에서는 여러 가지 文庫를, 또한 하나의 文庫라도 全帙을 購入할 수는 없을 것이다.

이러한 文庫의 一冊一冊은 書名이나 著者가 單行書와 다름이 없는 것이므로 各各 그 主題에 따라서 分散하는 것이 좋다. 形體로서 整理하는 것 보다는 各各의 主題下에 分類하는 便이 利用者에게는 더욱 便利하다. 文庫名이나 叢書名으로 찾는 讀者를 위해서는 080에 「○○文庫는 個個의 主題下에서 찾으시오」라고 案內書를 써두거나, 目錄을 作成할 때에 所謂 叢書副出記入에 의하여 文庫名과 一冊一冊의 請求記號, 著者, 書名, 發行年을 記入해 두면 어느 文庫의 무엇이 그 圖書館에 있다는 것을 알 것이다.

(3) 叢書, 全集의 編集方法을 생각해 본다. 叢書, 全集을 集中시키느냐 分散시키느냐는 主로 그 編集의 方法에 따른다고 말할 수 있다. 例를 들면 「李朝文化全集」이라는 것이 있어서 이것을 王室篇, 文化篇, 政治篇, 敎育篇等으로 나누어 各種의 資料를 基礎로 하여 編集한 것은 이것을 分割해서 分散할 수는 없으므로 이러한 種類는 一個所에 모아 두지 않으면 안 된다.

이에 反해서 主題가 전혀 各各이고 無限히 續刊되어, 叢書名이나 文庫名은 一連의 刊行物의 總名에 不過한, 新陽文庫, 岩波文庫 等은 分散한 便이 利用에 便利하다. 經濟學全集, 醫學全集, 世界文學全集과 같이 經濟, 醫學, 文學으로 範圍를 限定하고, 卷數에도 刊行이 豫定되어 있는 것은 集中하는 것이 좋다. 個人의 全集等도 卷數와 刊行이 豫定되어 있고 各卷의 內容에는 一定한 順序가 있는 것은 分散하지 않는 것이 좋다.


### G. 規聽覺資料와 其他

現代圖書館에 있어서는 film, mclo-film, record, Slide, cynclo 資料. 地球儀, 模型類, 實物等等 視聽覺資料도 圖書館資料로서 整理해야 한다. 이 資料는 圖書와 같이 film. record 그 自體로 分類排列하

는 것은 不適當하다. 그리하여 實物은 크기에 따라서 固定式으로 排
列하고 目錄上에 分類하는 것이 좋다. 그리하여 「件名」, 「Title」, 「作
曲者」, 「作詞者」 等으로 檢索할 수 있도록 해야 한다. 이것은 「視聽
覺資料處理法」으로서 別途로 詳細히 다루게 될 것이다.


# 第3節 圖書內容과 主題把握의 方法


## A. 著者의 目的


取扱한 立場의 重視: 圖書의 分類에 當面해서는 圖書의 內容을 正
確히 客觀的으로 把握하는 것이 第一要件이다.

圖書의 內容을 正確히 把握한다고 하는 것은 著者 또는 編者가 그
圖書를 通하여 讀者에게 傳하고자 하는 目的을 把握하는 것이다. 그
大要는 前項에서 말한 바와 같다. 다음으로 著者는 어떠한 資料를
어떠한 立場에서 어떠한 對象을 目標로 하여 그것을 著述했는가를
分類係의 偏狹한 主觀的判斷으로서가 아니라 可能한 限 客觀的으로
把握하지 않으면 안 된다.

材料는 同一하다 할지라도 加工의 方法이 다름에 따라서 여러 가
지 料理를 만들 수 있는 것처럼, 素材는 꽃(花)이라 할지라도 植物學
的, 園藝的, 花論的, 商品的, 繪畵的, 裝飾的, 音樂的, 文學的인 取扱
方法이 있다.

例를 들면 煙草를 材料로 하는 圖書라 할지라도 가장 通常的인 것
은 栽培에 관한 것(633.8)과 製造에 관한 것(679.2)이겠으나 그 外에
「煙草의 寡賣」, 「吸煙의 風習」, 「禁煙, 禁酒」, 「煙草의 身體와 精神
에 미치는 影響」에 관한 것이 있으며, 나아가서는 「煙草의 歷史」

(Gorky著)와 같이 煙草의 原産地에서, 그 傳播, 吸煙의 風習, 禁煙의 運動, 專賣, 煙草의 心身에 미치는 影響等 여러 가지 方面을 취급한 것도 있다.

「住宅建築」에 관한 것은 D.C.에서 728에 分類하며, 「住宅, 暖房, 家具管理」는 749에 分類할 것이다. 그러나 「住宅問題」는 社會問題로서 331.83(生活條件)에 分類해야 한다.

「化學」이라 할지라도 化學과 應用化學의 槪要를 說明한 것이면 540(化學)에 分類해야 하며, 「生活化學」으로서 空氣, 燃料, 食料等 生活에 必要한 化學은 640(家庭學)에 分類한다.

또한 「一般會議方法」은 808.53에 分類하나 學校兒童의 自治活動을 위한 會議法은 371.33(學習指導)에 分類해야 한다.

「話術」, 「演說方法」等은 808.5에 分類한다. 또한 「一般的讀書指導」는 028에 「學校에 있어서의 讀書指導」는 371.33(學習指導)에 分類한다.

「化學」, 「會議法」, 「話術」의 境遇, 이것은 記述의 程度, 著述의 對象의 相違에 의한 分類의 相違라고 說明할 수 있다.

著者의 目的을 把握할 境遇에 有效한 것은 著者의 專門分野를 아는 것이다. 어느便으로나 생각될 수 있을 境遇, 또는 그 圖書館에 特殊한 事情이 없을 境遇에는 著者의 專門으로 하는 主題에 따라서 分類하는 것도 하나의 方法이다.

**綜合的立場에서의 圖書:** 앞에서 말한바와 같이 D.C.를 비롯하여 近代圖書分類表는 主題를 中心으로 하여, 主題의 取扱方法의 立場을 尊重하여 編成된 것이다. 이것은 圖書內容이 著者의 立場의 表現이며 利用者도 亦是 各者의 立場에서 利用하는 境遇가 많기 때문이다. 그러나 圖書의 內容은 반드시 單純하고 純粹하지는 않다. 앞에서도 말한 바와 같이 「煙草의 歷史」같은 것은 煙草의 여러 가지 立場에서 取扱하고 있다.

「*The story of water*」(Jalan)는 「Ⅰ. 물의 輪廻(大氣中의 물, 물의 循環, 天然的 또는 人爲的 貯水場) Ⅱ. 물의 性質과 特質(물의 組織

과 構成, 물의 特性, 重水, 過酸化水素) Ⅲ. 물과 生活(生産學에 있어서의 물의 役割, 社會에 있어서의 물의 役割, 工業에 있어서의 물의 役割)」로 되어 있으며, 社會生活上, 化學上, 氣象學上, 生産學上, 工業上, 河川工學上, 衛生工業上等 모든 方面에서 取扱하고 있다.

「顔」(얼굴)(大和勇三)은 1950年度 讀賣 Best-ten賞을 獲得한 名著인데, 「第一章 歷史를 말하는 얼굴, 表情, 化粧, 第二章 原始時代의 얼굴, 第三章 古代의 얼굴, 第四章 封建時代의 얼굴, 第五章 現代의 얼굴, 第六章 Utopia 生活者의 얼굴」로 되어 古今 東西의 文獻을 利用하여 繪畵, 彫刻, 演劇, 文學에 나타난 얼굴, 社會와 時代를 反映하는 얼굴의 歷史를 造成하고 있다. 主題도 著者의 目的도 疑問의 餘地가 없다.

그러나 D.C.에는 이러한 것을 綜合的 立場에서 取扱한 圖書를 分類할 곳이 없다. 이것은 반드시 D.C.만의 缺點이 아니라 거의 모든 分類表에 그 分類處가 없다. 다만 英國의 Brown의 件名分類法(*Subject Classification, S. C*)만이 이에 應하는 方法을 마련하고 있다. 즉 S.C.에서는 分類에 있어서의 主題의 排列을 1. 物質과 勢力, 2. 生命 · 生活, 3. 精神, 4. 記錄으로 하고, 모든 主題는 素材로서 가장 關係가 깊은 主題밑에 分類排列되고 있다.(前述한 바와 같이 D.C.其他의 分類表에는 取扱한 立場의 相違에 따라서 同一主題가 表의 各處에 表示되어 있다.) 그러므로 S.C.에서는 「꽃」은 植物學(E125), 「물」은 地文學 靜水學(D141)의 밑에, 「얼굴(顔)」은 人類科學과 醫學-神經系統, 腦의 밑에 G763, 「表情」은 精神生理學의 밑에 G766에 分類된다. 그러고 取扱한 立場은 範疇表(Categorical table)라고 하는 一連番號에서 찾아서 이것을 主題의 番號에 붙여서 나타내도록 되어있다.(S.C參照)

그러면 D.C.는 이러한 여러 가지 立場에서 取扱한 圖書는 어떻게 處理할 것인가. 主題의 境遇에는 分類規定에서도 말한 바와 같이 三主題까지는 그 가운데 가장 優勢하다고 생각되는 主題下에, 四主題以上은 그것들을 總括한 보다 큰 主題下에 分類한다고 하는 原則이 있다. 이것을 應用하면 3種의 立場에서 取扱한 것은 그 가운데 가장 優勢한 立場을 가진 밑에 四以上의 境遇에는 그것을 總括한 立場의 主題下에 分類하는 것이 된다.

이에 의하면 「煙草」, 「얼굴」의 境遇는 取扱한 立場이 多數이므로 總記 042(영어), 041.3(日語) 一般文集에 分類할 수밖에 없다. 이 境遇에 있어서도 「煙草」는 「吸煙의 風習」, 「煙草의 栽培」, 「煙草의 製造」 等의 立場을 重視해서 各各 392, 633.8, 679.2에 分類하거나, 「얼굴(顔)」은 繪畫, 演劇關係를 重視하여 704.9, 文學關係를 생각해서 804.8에 分類하는 것, 表情으로서 152.8 또는 157에 分類하는 수도 있다. 「물」의 境遇는 여러 가지 立場에서 說明되어 있으나 科學的立場에서의 內容이 가장 많음으로 自然科學總記의 500 혹은 504.8에 分類할 것이다.

그러나 여러 가지 立場에서 取扱한 主題는 어느 곳에 分類할지라도 D.C.系統의 分類에는 主題的 價値는 充分히 發揮될 수 없다. 이와 같이 分類의 效果는 疑心스러우나 分類하지 않을 수는 없다. 이것이 圖書分類의 限界이다. 그런고로 이러한 種類의 圖書는 「연초」(담배), 「얼굴」이라고 하는 件名에 의하여 確實히 檢索되고 完全히 利用될 수 있는 것이다. 이것이 件名 目錄의 獨占舞臺이라고도 볼 수 있다.

**最近의 研究動向**: 「담배」, 「꽃」, 「물」, 「얼굴」과 같은 特殊한 小主題의 綜合的인 取扱은 上述한 方法에 의해서 分類하는 것이나 最近의 圖書의 傾向은 몹시 큰 主題를 여러 가지 分野(立場)에서 綜合的으로 研究하여 이것을 한冊으로 編集하는 境遇가 적지 않다. 이것은 이제까지의 分析的 研究로서는 多樣한 現象을 具體的으로 把握할 수가 없기 때문일 것이다. 그러므로 最近의 圖書分類는 새로운 困難에 直面하고 있다.

「世界危機에 있어서의 人間科學」(Lindon ed.) 은 그 좋은 例이다. 이 冊은 「世界再組織案」으로서 美國의 著名한 22名의 學者가 分擔

執筆한 것이다. 編者는 專門分野로 나누어진 硏究를 文化人類學의 立場에서 綜合하려고 한 것으로, 生物學, 人類學, 心理學, 社會學, 世界資源, 人口, 植民地等의 廣範한 問題의 論文을 모아 Lindon은「人類學의 範圍와 目的」,「世界現狀의 文化的展望」을 執筆하였다. 여기에 말하는「人類學」은 이제까지 불린「生物學的人類學」도 아니요, 또한 所謂「文化人類學」의 槪念과도 一致하지 않는다.

이러한 境遇에는 著者의 目的을 尊重하여 D.C. 301.3(人類社會學)에 分類하는 것과, 目的을 無視하고 社會科學關係의 論文이 많음으로 304에 分類하는 것과, 一般論文集으로서 042(英語로 된 論文集)로 分類하는 것이 있을 것이다. 301.3에 分類해도「文化人類學」의 硏究에도 거의 無益할 것이다. 社會科學論文集에 限定하는 것보다 차라리 042에 分類하여 分類目錄 또는 件名目錄으로 分出하는 것이 좋을 것이다.

마찬가지로 分擔執筆 또는 論文이라 할지라도 主題가 單純하고 하나의 事象을 解明하는 境遇는 그 具體的인 共通主題下에 分類할 수 있다.


## B. 主題圖書와 文學作品

D.C.를 비롯하여 現代圖書館의 分類表가 主題類 文學類(D.C.800 詩, 戲曲, 小說等의 文學形을 主로 하여 여기에 文學을 主題로 取扱한 圖書도 包含한다) 總記類(여러 가지 主題나 文學類에 들어갈 것까지 一冊에 取扱되어 있는 百科事典等)등으로 分類하고 있는 것은「主題」또는「文學形式」으로 利用하는 사람이 많기 때문이다.

그러므로 實際의 圖書를 分類할 境遇에도 우선 그것이 어떠한 主題를 取扱하고 있는가, 文學形式은 詩냐, 戲曲이냐, 小說이냐를 判斷하는 것이 重要하다.

어느 圖書가 特殊한 主題를 取扱한 것이냐 文學作品이냐는 그 著者 또는 書名에 의하여 거의 推定된다. 例를 들면 李光洙의 「꿈」이나 Pearl Buck의 「大地」, 「男性과 女性」을 各各의 書名에 나타난 主題에 관한 圖書라고 생각하는 사람은 거의 없을 것이다. 그러나 Chang의 「쌀」이나 Henry James의 「女相續人」과 같이 알려지지 않은 作品은 「쌀」 또는 「女相續人」과 같은 主題를 取扱한 圖書라고 誤認할 可能性이 많다.

이 外에도 實際로 文學作品인지 主題圖書인지 區別하기 어려운 圖書도 있다. 特히 國民學校나 中學校 學生들을 위한 圖書가운데에는 「動物야기」니 「꿀벌야기」, 「꽃의 生活」 等 各各의 主題를 理解하기 쉽게 對話式 또는 小說式으로 쓴 것도 있다. 이런 境遇는 그 描寫가 文學的인 興味를 준다 해도 各各 그 主題에 分類해야 할 것이다.

그러므로 어느 圖書를 主題圖書로 보느냐 文學圖書로 보느냐는 一見 簡單한 것 같으나 實은 判斷하기에 迷心한 것이 적지 않다. 이 境遇에 最後의 決定은 著者가 그 圖書를 어떠한 目的(意圖)으로 著述했느냐에 따라서 判定할 수밖에 없다.

文學作品의 分類 : 어느 圖書가 文學圖書 特히 文學作品이라고 確定했을 塊遇에는 그 原著는 어느 나라 國語로 쓰여 졌는가를 確認하지 않으면 안 된다. 「文學作品은 原著의 國語에 의하여 分類한다.」는 것은 모든 分類法에 있어서의 共通의 原則이다. 이것은 가장 機械的임으로 分類者와 利用者와 一致할 수 있으며 分類效果가 가장 많이 期待되기 때문이다.

그러나 「Akers洋書目錄法」에서는 「文學書의 境遇에는 第一로 決定해야 할 것은 著者의 國籍, 第二로 文學形式이다.」라고 말하고 있다. 「國籍」의 譯語는 原著(Akers, *S. G. Simple library cataloging.* 1944. 3rd ed 7p)에도 「Nationality」라고 했음으로 誤譯은 아니다.

이 때문에 이 「洋書目錄法」을 본 사람은 「모든 文學作品은 國語에 의하지 않고 우선 國籍에 의해서 分類해야 한다.」고 解釋될 것이다.

그러나 이것은 圖書分類의 通念으로 보아 誤認일 것이다. 原著者의 國籍에 따른다고 하는 것은 極히 困難한 것이다. 傳記의 參考書(人名辭典이나 *who's who*)에는 生歿年과 같이 出生地는 記入되어 있으나 國籍은 없다. 國籍은 變更될 수 있는 것이다. 萬若 國籍에 의한다면 作品은 分類를 變更시키지 않으면 안 될 것이다. 그러나 이것은 不可能하다.

原作의 國語에 의한다고 할 境遇에도 飜譯書等으로 原著가 어느 國語로 發表되었는지 不明한 것이 있으며, 飜譯書나 抄譯書나 再易說書의 兒童圖書等은 各各 不明한 것이 있을 것이다. 그러나 大部分의 境遇, 原著가 어느 國語로 쓰여 졌느냐 하는 것은 著者의 國籍의 境遇보다는 明確한 것이다. 그러므로 文學作品은 「原著의 國語에 의하여 分類한다.」고 하는 原則이 세워질 것이 라고 믿는다.

그러면 Akers의 說明은 어떻게 解明할 것이냐. Akers의 目錄法은 「簡易目錄法」으로서 小圖書館의 것임으로 文學作品도 英語로 된 것이 多數를 占하고 있다. 小圖書館에서는 英語로 飜譯된 小說은 英語로 쓰인 小說과 같이 同一한 A, B, C順으로 排列하는 곳도 있다. 그러나 D.C. 에서는 810 美國文學, 820 英文學으로 되어 있음으로 英美文學에 限해서 國籍에 의하여 分類하는 곳도 있다. 小圖書館에서는 810을 使用하지 않고 英美文學은 820에 分類하는 곳도 있다. 그러므로 Akers는 英美文學作品의 分類를 念頭에 두고 「文學書의 境遇에는 第一로 決定할 것은 著者의 國籍……」이라고 말한 것으로 解釋해야 할 것이다. Akers는 이 說明에 이어서 「따라서 Masefield의 英詩는 他의 英文學과 더불어 821詩에 넣는다.」라고 말하고 있다. Masefield가 英國人인 까닭에 811의 美詩에 分類하지 않고, 821 英詩에 分類해야 한다고 하는 意味일 것이다.

우리나라에서 D.C.를 採用함에 있어 810 美文學을 820 英文學에 合하고 810을 東洋文學 또는 아세아 文學으로 하여 811을 韓國文學, 812를 中國 813을 日本, 814를 印度等으로 展開하고 이에 文學形式

區分을 加하도록 되었으나, 우리나라의 漢文의 文學作品은 時代區分을 하거나 別項을 設定하지 않으면 文字가 다르다 할지라도 같은 分類排列을 하게 된다는 것은 不可避한 일이다.

그러나 D.C.는 820 英文學에 있어서와 같이 時式區分을 할 수 있으며 이에 따라 各時代의 大作家, 多作家는 細目表까지도 넣을 수 있음으로 圖書館의 規模와 그 性質에 따라서 適用할 수 있다.

## C. 主題의 把握方法

主題圖書라는 것이 決定되면 다음은 그 主題가 무엇인가를 把渥하지 않으면 안 된다. 主題를 把握하기 위해서는 읽어야 한다. 그러나 아무리 小規摸의 圖書館이라 할지라도 受入하는 圖書를 全部 읽고 分類한다는 것은 전혀 不可能하다. 그리하여 分類者는 迅速히, 正確히 主題와 著者의 目的(意圖)을 讀取하는 技術을 習得하지 않으면 안 된다.

그 方法으로서는 (1) 書名, (2) 目次, (3) 序文, 跋文, 解說을 읽고, (4) 參考書를 調査하고 그래도 알지 못할 境遇는, (5) 通讀하고, 通讀해도 모를 境遇는 (6) 專門家에게 問議한다고 하는 順序를 밟는 것이 좋다. 여기에서 그 方法을 詳述하고자 한다.

## 1. 書 名

主題圖書는 一般的으로 書名에 의하여 그 內容을 表示하나, 書名에는 內容의 一部밖에는 나타나지 않은 것, 內容을 暗示하는데 不過한 것이 있으며, 때로는 書名에 의해서 誤認되는 것도 있다. 書名의 成立, 讀法, 同名異書, 內容과의 關係, 冠稱等 書名의 研究에는 興味津津한 것이 있다.

書名中에서 內容을 把握하는데 가장 困難을 느끼게 하는 것은 暗

示的인 것이다.

門(安東民), 花環(安東民), 쌀(*The Rice-Sprout Song*, Eileen Chang, 徐廣淳 譯), 聖火(安東民), 꿈(李光洙), 織女星(沈薰), 불꽃(鮮于煇), 園遊會(*The Garden party*, Kathleen Murry, 鄭炳祖 譯) 等은 特히 暗示的인 것들이다. 「胡麻와 百合」(*Sesame and lilies*, Ruskin), 「이 最後의 놈에게도」(*Unto this last*, Ruskin), 「살아 있는 내 나무」(*The living reeds*, Pearl Buck)等도 暗示的이기는 하나 書名만으로서는 內容을 把握할 수가 없다.

Sanshmon의 「新크리스도敎」를 書名만으로 分類하면 D.C.284가 되나 內容은 有名한 크리스도敎的 社會主義의 占典이다(823).

앞에서도 말한바와 같이 書名은 一般的으로 內容을 나타낸 것이며, 良心的인 著者는 端的으로 그 內容을 나타낼 수 있도록 命名하기에 苦心한다. 그러나 마음에 내키는 내로 命名하거나 出版者나 友人에게 命名을 委任하는 수도 있다. 그리하여 著書中의 一部의 論題를 書名으로 한 것, 또는 abstractive한 것으로서 全體를 代表하는 書名으로 하는 것, 심지어는 팔기 위해서 人氣를 끌 수 있는 書名을 命名하는 것도 있다. 이와 같이 書名이 內容을 나타내지 않는 것도 數없이 많다. 그러나 圖書 그 自體는 自己의 正體가 무엇이이라고 말해주지는 않는다. 그러므로 分類係는 內容을 把握하기 위한 過程 즉 書名-目次-序文-跋萃文-解說-參考書-通讀-專門家에게 問議 等의 過程을 通해서 「書名은 眞實한 內容을 나타내고 있느냐 없느냐」를 追究하고 分類係의 立場에서 內容에 適正한 書名을 주고 分類決定을 하는데 基礎로 삼는 것도 하나의 方法일 것이다.

Dewey의 分類規定의 하나로서 「그 圖書가 찾아질 듯한 자리에 分類 하는 것이 아니라 그 圖書의 主題를 나타내는 자리에 分類하라」고 한 것이 있다. 一見 常識에 反하는 規定같으나 「찾아질 듯한」이라고 하는 것은 「이러한 書名이니까」 또는 「書名이 이러하니까 利用者는 이렇게 찾을 것이다」라고 생각하고 分類하는 것은 不當하다는 것이다.

우리가 幾何의 冊을 D.C.513(幾何學)에 分類하는 것은 書名이 「幾何學」
이기 때문이 아니라 內容이 幾何學이기 매문이다. 書名이 「불꽃」이라
도 內容이 小說이기 때문에 811.3에 分類하는 것이다. Chang의 「쌀」
이 「쌀의 栽培關係에 대한 描寫가 있다고 하여 633.1에 分類하거나
李光洙의 「꿈」이 꿈에 關連된 事件이 描寫되었다고 해서 793에 分類
하거나 「園遊會」라고해서 793에 分類하거나 「戰爭과 平和」라고 해서
355에 分類해서는 안 된다. 이러한 分類 番號는 各各 그 圖書의 一部
의 內容도 表示하기 어렵다. 이러한 圖書는 分類表에 나타난 633.1(쌀
의 栽培), 135(꿈), 793(園遊會), 355(戰爭과 平和)와 全然 無關한 것은
아니나 決코 그러한 主題의 研究에는 큰 도움이 되지는 못할 것이다.

그러므로 書名이 「쌀」, 「꿈」, 「園遊會」, 「戰爭과 平和」이기 때문에
利用者가 633.1, 135, 793, 355에서 찾을 것이라고 생각하고 여기에 分
類하는 것은 不當하다는 것을 알 것이다. 反對로 書名은 「쌀」, 「꿈」,
「園遊會」, 「戰爭」이 아니라도 內容이 「쌀」, 「꿈」, 「園遊會」, 「戰爭」이
라면 633.1, 135, 793, 355에 分類해야 한다.

그러나 書名을 전혀 不信해서도 안된다. 때로는 書名이 主題를 適
正하게 나타내는 것도 많이 있는 것이다. 또한 類似한 書名에도 注
意를 要한다.

## 2. 目　次

書名과 著者가 內容을 充分히 나타내고 있는 境遇일지라도 一應
內容目次를 보는 것을 잊어서는 안 된다. 目次는 一般的으로 序文의
다음에서 시작되나 本文의 最後에도 있는 것이 있다. 體係的으로 記
述된 것이 있는가 하면 論文集과 같은 것이 있다.

目次는 書名보다도 一層 具體的으로 그 內容을 나타내는 것이나
반드시 充分하다고는 말할 수 없는 것이 있다. 「胡麻와 百合」의 目
次는 「第一講演 胡麻(王者의 寶庫). 第二講演 百合(女王의 花園), 第
三講演(人生의 神秘와 그 藝術)」로 되었으며, 「이 最後의 놈에게도」

의 目次는 「1. 榮養의 冊, 2. 富의 鑛脈, 3. 地上의 審判者여, 4. 價
値에 따라서」라고 되어 있다. 보다 暗示的이며 어느 것도 主題를 正
確히 나타내는 것이 없다.

文學作品에는 Pearl Buck의 「살아있는 대나무」와 같이 目次가 없는
것이 많으나 主題圖書에도 目次가 없는 것이 있다. 이러한 것은 各 章
의 章名을 收拾하는 수밖에 없다. 그것도 다만 1, 2, 3, 4, ……의 順序
番號만 있는 것이 있다. 이것은 이제 通讀하는 수밖에 없다.

### 3. 序文, 拔文, 解說

暗示的, 象徵的인 書名, 漠然하여 把握하기 어려운 日次에서는 主題
를 把握할 수 없음으로 다음에는 序文, 拔萃文, 解說을 보지 않으면 안
된다. 序文에는 「序言」, 「머리말」, 「卷頭言」(Preface, Foreword), 「自
序」 先輩, 親友等의 것이 있으며 形式的인 것, 그 著書의 來歷이나 章
에 조차서 內容을 紹介한 것 等이 있다. 拔萃文은 「後記」로서 一般的
으로 그 著書의 來歷과 評을 쓴 것 等이다. 解說은 編者, 譯者等이 그
圖書의 成立, 內容, 價値, 特色等에 對해서 本文에의 紹介로서 文庫圖
書에는 반드시 있다. 現代에서는 緒論, 序章等이 있는 이것은 英語의
introduction에서 起因된 것일 것이다. 英文書에서는 大槪 introduction
이 있는데 여기에는 그 圖書에 대한 보다 具體的인 內容, 體系, 構成,
特色, 用法, 硏究書에서는 硏究의 動機, 方法, 目的等을 說明하고 있다.

앞에 例示한 「胡麻와 百合」은 이러한 序文, 解說等에서 다음과 같
은 內容을 讀取할 수 있다.

"Ruskin의 「胡麻와 百合」은 胡麻에 의해서 王者의 寶庫를, 百合에
의하여 女王의 花園을 象徵하고 王의 寶貝를 펴(開)기 위해서 讀書
의 열쇠를 가지고 女王의 花園답게 하기 위해서는 女德을 發揚하고
女王의 權威를 길러야 한다"는 것을 말하고 있다. 그리하여 主題的
으로 보아 이冊을 「讀書法」을 說明하는 것이라고 하여 D.C. 028.3
에 分類하는 예도 있을 것이나 이것은 一般的으로 英文學의 Essay

로서 824에 分類해야 할 것이다.

現在 刊行하고 있는 文庫圖書는 最近의 單行書까지도 收錄하고 解說을 加하고 있으므로 分類係에게는 가장 좋은 參考資料가 될 것이다.

序文, 拔文, 解說을 再讀三讀해도 分類하기 위한 正確한 內容을 把握할 수 없는 것도 적지 않다. 그리하여 旣刊의 圖書에 대해서는 參考書 또는 參考資料를 調査하고, 參考할 資料가 없는 것은 通讀하는 수밖에 없다.

## 4. 參考書

古書, 古典의 內容을 알기 위한 參考書로서는 漢書에 대해서는 「古鮮冊譜」, 「文獻備考」, 「漢籍解題(桂五十郎, 明治 35)」, 「支那書籍解題書目之部」, 「支那文學入門略解」, 「四庫全書簡明目錄」等이 있으며, 洋書에 대해서는 『Guide to reference books』, 「世界名著屛題」, 「世界名著大事典」等이 있다.

百科辭典이나 各科의 辭典 例를 들면 國史大辭典, 世界文藝大辭典, 國文學大辭典, 等에는 古典, 關係主題의 古書 또는 有名한 著作에 관한 解說이 있다. 新刊에 대해서는 新聞, 雜誌의 書評等이 있다.

解題는 아니라도 各圖書館의 目錄도 좋은 參考가 된다. 「藏書目錄(國立圖書館)」 洋書로는 Cumulative book index, Congress Library Catalong, A.L.A. Catalog 等은 目錄에 D.C.의 分類番號가 記入된 것이 있으며 簡單한 解說이 加해진 것도 있다.

그러나 以上에서 말한 參考書나 參考資料도 各者의 立場에서 編輯되어 있음으로 그 解說이나 分類는 반드시 絶對的인 것은 아니라는 데 注意해야 한다. 圖書內容을 把握하기 위해서나 分類番號를 配當하기 위해서나 參考資料는 可能한 限 많이 收集하는 것이 좋다.

## 5. 通讀과 討論

新刊이기 때문에 위에서 말한 參考書나 參考資料도 없는 境遇가 있다. 따라서 分類를 하기 위하여 알기 힘 드는 것을 읽어야 함으로 非常한 忍耐力이 必要하다.

內容을 迅速히 把握하기 위해서는 우선 序論을 읽고, 다음으로 結論을 注意깊이 읽어야 한다. 그래도 主題를 把握하지 못하는 것은 本文을 通讀하는 것이다. 이때에 注意해야 할 것은 어느 一部分에만 熱中해서 안되는 것이다. 一部分에만 觀心을 가지면 그것만이 特히 注目되어 全體를 誤判하는 例가 있다. 말하자면 여러 盲人이 코끼리 (象)를 만져보고 相互 異見을 가지는 것과 같다. 그러므로 冊을 읽을 때에, 特히 分類를 하기 위해서 讀書할 때는 部分과 全體와의 關連에 注意해서 읽어야 한다.

最初부터 輪廓이 드러나지 않는 것은 例外로 하고 文化系統, 社會科學系統의 것이면 어느程度 알게 될 것이다. 「이 著者는 무엇에 관해서 言及하고 있는가, 무엇을 말하고자 하고 있는가 알 수 없다.」고 하는 것은 實은 讀者의 知力이 不足한 까닭이다. 무턱대고 몇 번이고 序論을 읽고, 結論을 읽고, 主眼點이리라고 생각되는 部分을 읽어도 正確한 內容을 把握하지 못하는 境遇도 있다.

이런 때에는 無理로 決定을 서두를 것이 아니라, 다음으로 돌리고 다른 圖書를 分類해야 할 것이다. 時日을 바꾸어 다른 마음가짐으로 다시 그 困難한 圖書를 檢討해 보는 것이다. 이렇게 하는 동안에 그 主題, 그 圖書의 內容에 대해서 興味를 느끼고 自己도 모르는 사이에 全體를 讀破하는 일도 있다. 이리하여 생각지 않은 收穫을 얻는 것은 奇蹟은 아니다. 全혀 豫期하지 않은 世界와 內容을 알게 되는 機會도 없지 않다.

討論: 內容에 疑問이 있는 것은 獨斷的으로 決定하지 않고, 한사람이라도 더 많이 同僚 또는 讀者에게, 讀書를 請하여 內容에 관해서 혹은 讀書한 感賞에 관해서 相談하는 것이 좋다. 他人의 意見을

聽取함으로서 獨斷이나 偏見을 防止할 수 있을 것이다.

## 6. 專門家와의 相議

極히 專門的인 特殊主題에는 輪廓이 서지 않는 것이 있다. 그러나 그것이 數學의 問題냐, 物理學이냐, 文學이냐 하는 것은 書名이나 目次, 本文에 使用되어 있는 術語 等에 의하여 거의 推則될 것이다. 또한 그 方面의 辭典, 通論, 索引 等에 의하여 그 圖書에 取扱되어 있는 主題와의 關係를 追究해 본다. 그러나 專門 外의 主題의 內容, 他의 主題와의 關係는 理解할 수없는 境遇도 적지 않다.

그러므로 分類係는 專門家에게 問議하지 않을 수 없다. 그러나 이 境遇에는 分類할 것을 묻는 것이 아니라, 그 主題를 包含하는 上位의 主題를 알아보는 것이다. 例를 들면 「束論」이라고 하는 한 論文이 있다고 하자. 그것은 高等數學의 一部라고 하는 것은 門外漢이라 할지라도 짐작은 한다. 그러나 그것이 代數學, 解析學, 幾何學中에 어데 속하는지는 專門家가 아니면 不明하다. 專門家는 이러한 質問에 대해서 「束論이란 如此如此한 것이다」라고 說明해 줄 것이나 分類係에게는 馬耳念佛인지도 모른다. 「結局 그것은 代數學의 一部이냐 解析學의 一部이냐 幾何學의 一部이냐」를 다시 물어야한다. 「그것은 位相數學의 一部이다」라고 說明하면 分類係는 비로서 處理 할 수 있는 것이다. 그러나 D.C.等의 索引, L.C.의 「件名標目表」는 어느 程度 이러한 疑問을 풀어 준다. 또한 各各의 專門的 參考書도 必要하다. 그러므로 參考資料를 可能하 限 具備해 둔다면 分類는 어느 程度 可能할 것이다.

# 第2章 分類番號 配定法

## 第1節 規定論

前項의 「分類過程」에서 말한 바와 같이 分類表를 充分히 理解하고 圖書의 內容과 主題를 把握하면 分類番號의 配定은 容易한 것 같으나 반드시 그런 것은 아니다. 우리가 圖書의 內容을 알고 分類表를 理解했을 境遇에도 分類番號 配定에 있어서 困難을 느끼는 때가 많다. 이것은 分類表가 一般的으로 分析的 도는 保守的인데 대하여 圖書內容은 複合的 發展的이기 매문일 것이다. 複合的 內容의 圖書도 書架分類에서는 結局을 하나만의 分類番號가 주어지지 않으면 안 된다. 또한 分類表에 豫期되어 있지 않은 內容과 主題가 出現했을 度遇, 누구나 전혀 새로운 分類表를 任意로 編成하는 것은 許容되지 않음으로 이와 가장 가까운 主題下에 그 主題를 위한 자리를 定해야 할 必要가 있다. 그 뿐만 아니라 圖書館에서 一定한 分類表에 의해서 한사람의 司書가 分類를 한다 할지라도, 어느 主題 또는 內容에 대한 分類表에의 適用은 分類者의 主觀이 作用하게 되는 것이며, 그 主觀의 作用은 언제나 一定할 수는 없는 것이다. 또한 分類表에는 모든 分類番號에 있어서 複合的이며 發展的인 圖書內容 또는 主題를 어떻게 適用되어야 한다는 約束은 없으며, 結局은 一定한 系列의 名辭에 不過한 것이다. 그러므로 그 圖書館에 採用되고 있는 分類表와 並行하는 共通原則을 세우지 않으면 分類記號의 統一을 期할 수 없는 것이다. 따라서 利用者에 대해서도 不便을 주며 圓滿한 service를 遂行할 수는 없는 것이다. 그러므로 이러한 規則이 必要한 것이다. 이러한 規則을 分類規則 또는 分類規定이라고 하는 것이다.

分類規程은 分類實務를 遂行하는데 있어서의 一種의 規約 또는 約束이며 나아가서는 圖書館藏書의 理念 統一을 永久化하는 手段이며 法則인 것이다. 分類者가 그 作業의 一貫性을 維持하고 特히 人事移動의 境遇, 前任者와 後任者와의 分類番號配定法에 있어서 前後의 矛盾이 없이 統一을 期하도록 이것을 愼重히 規定하고 그것을 지켜야 하는 것이다.

分類規定은 두 가지 方面으로 規定 되어야 한다. 하나는 分類表에 관한 規定이며 또 하나는 圖書에 관한 規定이 되어야 한다.

分類表에 관한 規定: D.C.의 16版은 勿論이나 15版까지도 相當히 詳細히 細分되어 있다. 그러나 그것은 分類表의 編成者에 의하여 編集된 것이며 結局은 名辭의 어느 一定한 體系의 配列에 不過한 것이다. 主題에 따라서는 一般的으로 一致되어 何等의 疑問이 없는 部分도 있으나 어느 部分에 있어서는 疑問이 많은 境遇도 있다. 一例를 들면 宗敎에 215 宗敎와 科學이 配置된 點이라든가 또는 經濟學(330)과 經營學(658)이 그 主類에서부터 分離된 點과 經營經濟學의 分配 자리가 없는 點 또는 經營學과 經濟學에 속하는 여러 主題들間의 關連性 等이 曖昧하다는 等等이 있다.

또는 特殊한 小主題가 어느 主題에 屬하는지 不明한 境遇도 간혹 있다. 그리하여 分類規定으로서는 分類表中에 疑問이 생겼을 境遇 또한 疑問이 豫想되는 主題에 대해서 그 判斷方法과 그 範圍를 規定하고 이것을 表에 註記해야 한다.

分類表를 規定한 境遇에 重要한 것은 우선 自館의 特質에 따라서 採用할 表의 程度를 決定하는 것이다. D.C는 一館을 위한 分類表가 아니며 各種의 圖書館을 對象으로 作成한 것임으로 大小, 普通, 專門의 各圖書館이 16版은 勿論 15版도 最後의 細目表까지 採用할 必要

는 없는 것이다. 이것은 特히 銘記해야 한다. 이에 따라서 規定을
決定하는 方法은 各自의 圖書館의 性質과 事情에 의하여 달라질 것
이다. 더욱이 우리나라의 境遇에는 15版에 어느 部分은 本表를 廢棄
또는 改訂하여 韓國에 알맞도록 主題를 代置하여 再展開해서 採用하
는 圖書館이 大部分이다. 一例를 들면 410 比較言語學을 401로 再
配定하고 410을 東洋語 또한 亞細亞語族으로 代置하에 展開했고
810 美國文學을 820 英國文學과 合倂하고 東洋文學을 代置하여 展
開한 것 等等에 대하여 그 展開方法과 展開範圍 等을 規定해야 할
것이다.

　圖書에 관한 規定: 圖書의 內容은 千差萬別함으로 그 하나하나에
관해서 規定한다는 것은 全然 不可能하다. 그러나 前節에서 말한바
와 같이 圖書內容에는 이것을 全體로서 類別되는 몇 개의 類型으로
나눌 수가 있음으로 이에 대한 處理方法을 規定하고 이에 따리 作業
의 一貫性을 期할 수 있는 것이다.

　그러므로 다음 第2節에서는 圖書分類의 方針問題를 다루는 原則規
定을 大略 說明하고, 第3節에서는 各類 혹은 各主題에 共通으로 適
用되는 共通 規定을 說明한다. 第四節에서는 各類綱目等의 主題에
適用되는 主題別規定을 說明하고자 한다.


# 第2節　分類의　原則規定


　分類原則規定은 圖書館資料의 分類에 있어서의 基本方針 또는 基
本原則을 規定하는 것이다. 그 規定은 다음과 같이 둘 수 있다.
　① 圖書分類의 定義
　圖書分類란 人類가 探究하는 多樣한 主題(問題)와 多樣한 觀點에
서의 人生에 관한 描寫가 그들의 類似性에 따라서 혹은 相互 關係에

따라서는 類別된 한 分類組織에 의해서 圖書를 그들의 適當한 位置
에 配定하는 技術이라고 規定한다.

② 圖書는 一時的인 要求에 寄與하게 될 자리에 分類하는 것이 아
니라 永久히 有用할 자리에 分類한다.

③ 特別한 要求와 奉仕의 類型에 對備하기 위해서는 必要에 따라
서 圖書分類規定을 變更할 수 있다.

④ "圖書館資料는 그 資料의 類型에 따라서 區分하고 各類型에 따
른 書架上의 配置方針을 決定해야 한다. 必要에 따라서는 類型記號
를 두는 것이 좋다."

現代圖書館資料는 一般圖書에 있어서나 特殊圖書 및 圖書以外의
資料에 있어서나 그 類型이 多種多樣하다. 그 類型을 區分하는 方法
은 여러 가지 있을 수 있으나 大略 다음과 같이 區分하는 것이 좋을
것이다.(圖書館資料와 그 類型圖 參照)

a. 一般圖書―各主題圖書와 文學作品을 意味하며 類型記號는 두지
안 는다.

b. 參考圖書―書誌, 目錄, 索引, 抄錄, 百科事典, 辭典, 事典, 人名
辭典, 便覽, 地圖, 圖譜, 圖鑑, 法令集, 司法 立法 行政機關의 刊行物
(特히 白書, 報告書, 年報, 公報), 年鑑, 純計書, 地方行政資料, 鄕土
資終等을 包含하며 類型記號는 「R」을 適用하고 別置할 수 있다. 但,
地圖는 「M」을 適用한다.

c. 定期刊行物―(圖書館輔資料와 그 類型에서 定期刊行物參照)은
類型記號가 없어도 無妨하다. 定期刊行物은 別置하는 것이 좋다.

d. 利用面에서 본 特殊圖書―大學에서의 敎材用圖書, 貴重圖書, 專
門圖書, 學校圖書館의 兒童圖書, 敎師用圖書, 學校資料, 記念文庫, 盲人
用圖書, 貸出文庫 等은 各各 適當한 類型記號를 두어 別置할 수 있다.

e. 形態上의 特殊圖書―大形本, 小型本, 東裝本 等의 圖書는 適當
한 類型記號를 두어 別置하는 것이 좋다.

f. 編集上의 特殊圖書―叢書, 全集, 文庫 等은 各 圖書의 主題 혹

은 形式上 獨立 시킬 수 있는 것은 個個의 圖書로 認定하며 叢書, 全集으로 取扱될 때에도 類型記號는 주지 않는다. 따라서 別置할 必要가 없다.

g. 飜譯圖書 — 分類方法은 原著書와 같이 한다. 類型記號는 주지 안 는다. 따라서 別置할 必要도 없다.

h. 其他 圖書以外의 資料 — 各形態에 따라서 適當한 類型記號를 줄 수 있고 各各 主題에 의해서 分類하여 別置할 수 있다.

⑤ 圖書는 最初에 主題에 의해서 分類하고 다음은 그 主題를 表現하는 形式에 의해서 分類한다. 但, 大部分의 分類表에서는 圖書館學書誌學을 除外한 總類(000)나 文學作品은 各各 그 形式에 의해서 分類한다.

이 처음의 部分은 分類에 當面해서 最初에 생각해야 할 것은 圖書의 主題라는 것을 말한 것이다. 形式에 의한다고 하는 것은 主題를 나타낸 表現形式이 辭典이냐, 雜誌냐, 叢書냐, 理論的 立場에서냐, 歷史的 立場에서 쓴 것이냐를 생각하고 分類한다는 것을 意味한다. 例를 들면 「科學史」의 主題는 「科學」이며 取扱한 立場은 歷史(09)이므로 그 分類番號는 509이다. 「教育學辭典」의 主題는 「教育學 370」, 그 表現形式은 辭典(03)임으로 그 分類番號는 370.3이다. 「法學雜誌」의 主題는 「法律學 340」, 記述形式은 雜誌(05)임으로 그 分類番號는 340.5이다.

"但" 以下는 總記와 文學作品에서는 主題에 따르지 않는다는 것을 말한 것이다. 總記類에는 여러 가지 主題를 包含하고 特殊한 主題가 없는 圖書를 分類한다. 文學作品에서는 主題를 無視하고 圖書는 그 表現되어 있는 文學形式에 따라서 分類한다. D.C의 節에서도 說明한 바와 같이 文學作品은 最初에 그 使用된 國語에 의하여 分類하고 다음으로 그 表現된 文學形式에 의하여 分類한다.

⑥ 圖書는 한 主題下에서도 著者의 意圖와 目的하는 바에 따라서 分類한다.

圖書의 主題란 著者가 論述의 對象으로 하는 論題(topic)를 意味한
다. 그러므로 一定한 主題에 관해서도 著者의 意圖와 目的에 따라서
그 主題를 取扱한 方法도 달라짐으로 特殊한 問題가 派生하는 것이
다. 例를 들면 著者가 原子라고 하고 主題로 다루는데 있어서 그것
을 農業에 利用하는 面을 다루었는지, 工業에 利用하는 것을 다루었
는지, 原爆製造問題인지, 爆彈의 影響問題인지, 戰術問題를 取扱했는
지, 原爆製造의 禁止問題를 取扱했는지, 各各 그 著者의 立場이나 意
圖와 觀點에 따라서 分類番號의 配定이 달라질 것이다. 이러한 境遇
는 主題는 하나의 素材에 不過한 것이다.(143p. 著者의 目的도 參照)

⑦ 二重의 主題를 取扱한 圖書는 보다 完全히 取扱한 主題(著者의
目的이 明白한 主題 혹은 보다 많은 pape를 차지한 主題)의 편에 分
類한다. 萬若에 兩方에 거의 같은 程度로 取扱되어 있을 境遇에는 最
初의 主題下에 分類하고, 第二主題는 目錄(分類 目錄 또는 件名目錄)
으로 副出記入한다. 例를 들면 「政治와 文學」 D.C. 320(政治)와 810
(文學)에 關係한다. 萬若 이것을 政治에 分類 하면 目錄에서는 「文學」
에 副出記入한다.

⑧ 하나의 主題의 三方面 以下를 取扱한 圖書는 그 가운데 가장
完全히 取扱되어 있는 部門에 分類한다. 例를 들면 「熱學, 光學, 音
響學」이라고 하는 圖書에서 「音響學」이 가장 完全히 論述되어 있으
면 「音響學 534」에 分類하고, 「熱學 536」, 「光學 535」는 目錄에 副
出記入한다.

同一主題의 四以上의 部門을 取扱한 境遇는 이들을 包含하는 主題
下에 分類한다. 例를 들면 前例의 熱學, 光學, 音響學 이외 다시 「電
氣磁氣學」도 같이 論述되어 있는 圖書는 530 物理學(500 科學의 넓
은 標目이 아니라). 標目下에 分類한다.

「3」을 限界로 하는 것은 目錄法에 있어서 「著者 三人까지는 書名
의 다음에 倂記하나 四人 以上의 境遇에는 最初의 著者의 밑에 記述
한다」고 하는 原則에 一致시키고자 하는 것이다. 이 原則은 傳記에

도 適用되어서 美國에서는 三人까지는 Individual biography로서 取
扱하고 四人 以上은 Collective biography로서 取扱하도록 되어있다.

　⑨ 主題의 相互關係를 取扱한 圖書. 한 著書가 單一主題이거나 또
는 二主題 三主題 以上이라 할지라도 그 主題가 同位的으로 혹은 並
立的으로 다루어진 圖書는 이미 前項에서 말했다. 그러나 二主題 以
上의 것으로서 相互間의 關係를 取扱한 圖書는 分類에 困難을 느끼
게 한다.

　主題의 關係를 取扱한 圖書는 그 關係의 事實을 檢討하고 著者의
目的, 專門等을 調査하여 優勢한 主題에 分類한다.

　「各時代의 大爭鬪」(*The Great Controversy, by Ellen white*)는 基督
敎의 起源에서부터 시작하여 過去 二十世紀 동안에 일어난 歷史的 事
實 즉 第一世紀 동안의 宗敎의 彈壓, 그 뒤의 敎會內의 背道와 墮落,
宗敎改革運動의 事情, 佛蘭西革命의 意義, 現實과 未來의 展望 等에
걸쳐 善惡正邪間의 鬪爭과 이에 따른 科學과 宗敎精神의 作用 또한
科學과 基督敎의 近代文明에의 關係를 論한 것이다. 이러한 種類의
圖書가 西洋에 있어서는 많으므로(例 「宗敎와 科學의 鬪爭史」, 「科學
과 宗敎와의 鬪爭等」), D.C에서는 宗敎에 「215 宗敎와 科學」이 設定
되어 있으며 「科學과 基督敎의 對立과 和解에 관한 것을 包含한다」고
注記하고 있다.

　이러한 主題의 關係를 다룬 圖書는 여러 가지 型이 있다.

　(a) 影響을 取扱한 것: 影響關係를 取扱한 것은 書名에 있어서는 「政
治와 文學」과 같이 「와, 과」(接續詞)에 의하여 두개의 主題를 結附시키
는 境遇와 「……의(이, 가)……에 끼친 影響」과 같은 形式으로 表示하
는 것이 있다. 影響關係를 取扱한 圖書는 一般的으로 影響을 받은 主
題下에 分類한다. 影響을 받은 主題는 그 內容에 여러 가지 變化를 주
기 때문이다.

　그러나 「孔子와 韓國文化」란 圖書가 있다면 影響을 받은 韓國文化
史 951.1에도, 哲學的인 面을 重點으로 본다면 韓國哲學 181.109이

나 中國유교 181.22에도 分類할 수 있다.

(b) A에 나타난 B, X에 있어서의: 「文學에 나타난 웃음의 硏究」는 世界 各文學에 나타난 웃음 諷刺 等을 取扱한 것이다. L.C에서는 이러한 種類의 硏究는 各主題의 總記에 一般的 特殊(General special)라고 하는 자리가 있어서 그 主題에 關係있는 特殊한 主題를 分類하도록 되어있다. 이러한 方法으로 한다면 D.C.에서는 804에 分類해야 할 것이다.

다음으로 「文學에 나타난 國民思想의 硏究」는 韓國文學에 나타난 國民思想임으로 811.04에 分類 할 수 있으며, 文學은 다만 材料라고 본다면 181. 1(韓國哲學)에 分類 할 수 있고, 國民性(社會心理)의 硏究로 본다면 301.1에도 分類 할 수 있다. 그러나 「판소리의 文體와 修辭」(金東旭)는 同一主題內의 問題임으로 811.04에 分類해야 할 것이다.

(c) x에서 본: 이것은 어느 主題를 著者 獨自의 立場에서 論한 것이다. 主題에 分類하느냐 著者의 立場에 分類하느냐는 實際의 圖書 內容에 의하여 決定할 수밖에 없다. 一般的으로 主題에 分類하나 專門圖書館에서는 著者의 專門分野의 一例로 分類 될 것이다. 例를 들면 「國際法上에서 본 上海事變」은 一般圖書館에서는 952에 分類 할 것이며 法律關係 圖書館에서는 341.150에 分類 될 것이다.

(d) 主題를 比較, 對照한 것: 主題를 比較的으로 取扱한 것은 比較에 의하여 나타내려고 하는 主題에 分類하고, 對照的인 것은 著者가 主張하는 主題에 分類 한다.

「英語對照獨逸語入門」은 獨逸語(430)에 分類한다. 動物과 人體를 比較해서 人體를 說明하려고 한 것은 人類學(573.6)에 分類해야 할 것이다.

「파시즘이냐 民主主義냐」, 「自然主義냐 理想主義냐」는 著者가 「파시즘」을 强調하면 321.85에 分類하고, 「理想主義」를 强調하면 190 理想主義에 分類한다.

(e) 原因과 結果: 原因과 結果의 關係를 取扱한 主題는 影響의 境遇와 마찬가지로 結果로 된 主題에 分類해야 한다. 「宗敎의 起源으로서의 神話」는 「宗敎史」(209)에 分類하고 「戰爭의 原因으로서의 經濟狀況」은 戰爭에 分類할 수 있으나 이 경우는 經濟狀況이 廣範하고 戰爭이 이러날 수 있었던 經濟的인 意義를 論한 것으로 본다면 經濟에 分類 할 수도 있다.

⑩ 圖書는 各圖書館이 使用하는 分類表가운데 가창 特殊한 細目下에 分類한다.

圖書는 그 圖書館의 事情(大小種別等)에 따라서 使用하고 있는 分類表의 字數가 許容하는 限 內容에 마라서 가장 細密한 分類番號를 配定해야 한다. 例를 들면 「冷凍機」는 621 또는 621.5가 아니라 621.57에 分類해야 하며 「精神病學」은 616 또는 616.8이 아니라 616.89에 分類해야 한다.

그러나 書架分類는 그 圖書館의 性格, 規模에 따라서 採用하는 分類表의 精度가 다르므로 이 分類 原則은 「그 圖書館이 採用하는 分類表中에 가장 特殊한 分類番號에 分類 한다」고 하는 것이 된다. 그리하여 이 例에 의하면 主綱表를 使用하는 곳에서는 620, 要目表를 使用하는 곳에서는 621이 가장 特殊한 分類番號인 셈이다.

⑪ 分類表에 없는 새로운 主題 圖書의 境遇에는 從來의 分類表中 가장 關係가 깊은 主題下에 分類하거나 그 밑에 새로이 展開하여 番號를 造成한다. 例를 들면 「水素爆彈」은 623.4(兵器)에 分類 하거나 623.4 밑에 다시 展開하여 623.42 原子爆彈 623.43 水素爆彈으로 한다.

더욱이 D.C를 採用한 圖書館에서는 特히 東洋關係의 圖書를 分類하는데 있어서 많은 不便을 느낄 것이며 여러 部門에 새로이 展開해야 할 必要性을 느낄 것이다. 例를 들어 韓國의 씨름이나 書道를 分類하자면 그 자리가 없다. 씨름은 「796.8」에 分類하거나 類似한 것으로 레스링「786.81」과 함께 分類하거나 씨름의 자리를 새로이 設定

하든지 해야 한다.

書道는 하나의 藝能이다. D.C를 使用하는 圖書館은 이것을 Pen-manship에 넣을 수는 없을 것이다. 그리하여 「740」(美術, 裝飾美術)을 다음과 같이 展開하여 로 使用하고 있다.(國會圖書館)

| | | | |
|---|---|---|---|
| 741.3 | 書道 | 741.316 | 其他書帖 |
| 741.31 | 韓國書道 | 741.318 | 韓國人書道集 |
| 741.312 | 한글書帖 | 741.32 | 中國書道 |
| 741.313 | 篆隸書帖 | 741.33 | 日本書道 |
| 741.314 | 楷書書帖 | 741.35 | 其他東洋書道 |
| 741.315 | 行書書帖 | | |

# 第3節  共通規定

圖書分類의 原則規定 第5項에서 圖書는 最初에 主題에 따라서 分類하고 다음은 그 主題를 表現하는 形式에 따라서 區分한다고 했다. 現代의 大部分의 十進分類表에는 이 形式을 나타내는 記號(番號)가 있어서 그 記號는 各主題에 共通으로 適用되고 있으므로 그 番號가 適用되는데, 이에 따르는 諸規定을 「共通規定」이라 한 것이다. 이 共通으로 適用되는 番號는 D.C.에서 主로 一般形式區分番號를 意味한다.

一般形式區分番號는 다음과 같다.

| | |
|---|---|
| 01 | 哲學, 理論, 方法論 |
| 02 | 槪要, 便覽, 大要 |

다이제스트, 要目, 안내서를 包含한다.

| | |
|---|---|
| 03 | 辭典, 百科辭典 |

用語索引, 字彙, 用語集을 包含한다.

| | |
|---|---|
| 04 | **Essay**, 演說, 講義 |
| 05 | 定期刊行物 |
| 058 | 年報, 名鑑 |
| 059 | 年鑑, 年考 |
| 06 | 協會, 團體, 會報 |

報告書, 憲章, 規程, 會員名簿

| | |
|---|---|
| 061 | 政府機關 |
| 062 | 非政府機關 |
| 063 | 會議, 臨時組織體 |
| 065 | 商業團體 |
| 069 | 職業, 職業倫理 |
| 07 | 研究 및 指導 |
| 072 | 研究調査 및 實驗 |

研究室, 試驗場을 包含

| | |
|---|---|
| 074 | 博物館, 展覽會 |
| 076 | 問題와 質問-解釋, 解答, 練習問題, 試驗問題 包含 |
| 078 | 機具, 機械 |
| 079 | 報賞, 賞品 |
| 08 | 全集 |
| 081 | 個人全集, 選集 |
| 082 | 여러 著者의 全集, 選集 |
| 083 | 公式, 表, 統計, 樣式 |
| 084 | 그림表示物 |

地圖, 揷圖, 圖表, 圖版을 包含한다.

| | |
|---|---|
| 09 | 歷史와 一般的 地方의 取扱 **930-999**와 같이 區分한다. |
| 092 | 傳記 |

01 **哲學, 理論, 方法論**을 適用하는 圖書는 主題를 體系的으로 取扱한 것으로 社會學理論. 方法論 301.01, 藝術理論, 美術學 071, 經濟學理論 330.1로 한다. 이 用法은 他의 類에도 適用됨으로 理論, 哲學, 方法論의 圖書에 (01)를 使用하며 앞의 分類番號에 (0)이 있을 境遇 (0)을 省略한다.

| 例 | 保險 | 368 | 理論 | 01 | 保驗理論 | 368.01 |
|---|---|---|---|---|---|---|
| | 政治 | 320 | 理論 | 01 | 政治理論 | 320.1 |

02 **槪要, 便覽, 大要**를 適用하는 圖書는 主題를 槪要만을 大略 說明한 것으로 刑法槪論 343.02, 行政學槪要 350.2로 한다. 그 適用方法은 01의 境遇와 같다.

03 **辭典, 百科事典**은 百科事典을 030 또는 言語區分을 加하여 英語로 된 百科事典을 034.2 等으로 하는 外에 모든 主題의 分類番號 다음에 03을 加한다. 哲學辭典은 103, 政治學辭典은 320.3, 敎育學辭典은 370.3으로 한다.(134p. 辭典 事典의 分類 參照)

04 **論說, 論文, 演說, 講義**는 (01)이 體系的 取扱을 한데 대하여 이것은 一人 以上의 各各의 主題의 論文, 講演集이다. 論文의 하나하나가 理論이 있다하더라도 各論文의 內容的인 連關이 없이 論文集으로 된 것은 이 番號를 適用한다. 經濟學論文集은 330.4, 政治學論文集은 320.4이며 文學에 있어서의 論文은 811.4, 文學隨筆은 811.4, 英文隨筆은 824이다. 文學에 있어서의 隨筆은 (0)이 省略되는데 注意해야 한다.

(5) **定期刊行物** 이러한 種類의 出版物의 特色은 卷數, 號數 回數, 年次를 따라서 刊行되는 것이다. 그리하여 이러한 雜誌는 各卷號마다 分類整理하는 것이 아니라 永久的으로 利用價値가 있다고 認定되는 것에 限해서 一年分을 부피와 卷號를 參酌하여 數冊으로 製本한 다음 一般圖書와 같이 分類한다. 例를 들면 佛敎雜誌는 294.05, 史

學雜誌는 905, 國文學雜誌는 811.05, 韓國年鑑은 059.51이 된다.

**06 協會, 會報, 團體**는 各各의 主題의 學會, 協會, 會議에 관한 圖書, 會報(會議狀況, 事業報告書)를 分類한다. 例를 들면 圖書館協會報는 020.6, 心理學協會報는 150.6, 敎育聯合會報는 370.6이 된다. 但, 學會報告라고 하는 書名으로 나오는 것이라 할지라도 各各의 主題의 論文集, 紀要 等으로 連號를 따라 發行되는 것은 逐次刊行物로서 05를 適用한다.

**07 研究와 指導**는 各各의 主題에 관한 研究法, 指導法을 記述한 것으로서 例를 들면 史學研究法은 907, 科學研究法은 507, 數學敎授法은 510.7, 藝術敎育論은 707이 된다. 但, 指導法, 敎授法이라 하더라도 國民學校나 中高等學校 程度의 敎師에 대한 學習指導 參考書는 371.3, 敎授法 375, 等 敎科課程에 分類한다. 또한 「經濟研究」, 「美術史研究」와 같은 것은 論文集의 書名이거나 雜誌의 書名이 될 수도 있으므로 이것을 研究法과 混同해서는 안 된다. 書名에 의해서 分類해서는 안 된다는 原則은 이에 適用되는 것이다.

**08 叢書, 全集**은 各各의 主題에 限한 叢書, 全集에 適用된다. 例를 들면 國史全集은 951.08, 經濟學全集은 330.8, 化學叢書는 540.8, 韓國文學全集(作品集)은 811.082, 李光洙全集은 811.081로 한다. 叢書, 全集의 詳細한 分類法은 總類의 080에서 詳述한다.

**09 歷史와 一般的 地方의 取扱**은 主題를 歷史的으로 取扱한 것, 또는 그 主題의 現況에 대해서 記述한 圖書에 適用한다. 例를 들면 世界宗敎史는 209, 國文學史는 811.09, 英文學史는 820.9로 한다. 또한 主題의 歷史를 國家別로 할 必要가 있는 것은 이것을 940-999에 따라서 地方區分을 한다. 例를 들면 韓國宗敎史는 209.51, 中國經濟史는 330.952, 美國科學史는 509.73으로 한다.

一般形式區分은 이와 같이 各 主題에 適用되어 各 主題의 區分을 共通으로 하기 때문에 이러한 名稱이 주어졌으며, 表의 簡易化에 도움이 되며, 이것을 理解하는 利用者이게 便宜를 주는 것이다.

### 時代區分

特殊한 主題를 一定한 時代에 限하에 取扱한 著作은 먼저 主題로 分類하고 必要에 따라 時代區分을 加한다.

### 두 時代 以上을 包含하는 著作

(a) 分類表上 두 時代에 걸친 著作은 그 時代中의 後期가 優位인 境遇가 아니면 前期에 分類한다.

(b) 分類表上의 세 時代 以上을 包含하는 著作은 그 세 時代의 包括的인 時代下에 分類한다.

### 主題의 地理的 區分

### 한 主題를 取扱한 著作이 그 範圍에 있어서 한 國家나 한 地方에 限한 것

(a) 첫째로 主題에 의해서 分類하고 地理區分한다.

(b) 다만 地方的 事情만을 다룬 著作은 書名如何를 莫論하고 地方事情에 分類한다.

(c) 明白히 한 主題를 一般的인 方法으로 取扱하려고 한 것이면 地方的인 資料를 素材로 했거나 地方事情을 描寫해서 그 主題를 說明했다 할지라도 그 主題에 따라서 分類한다.

**地方的으로 取扱된 한 主題에 관한 理論史**는 그 主題의 歷史에 分類하지 않고 理論에 分類하고 必要하면 地理區分한다.

英國의 經濟思想史는 세 가지 方法 즉 (1) 理論으로 (2) 歷史로 (3) 英國經濟로 볼 수 있다. 理論으로 分類하면 330.1, 經濟思想의 歷史로 分類하면 330.9, 英國經濟로 分類하면 330.942가 된다. 그러한 著作을 經濟理論(330.1)으로 分類하고 必要에 따라 地理區分을 하면 그 著作은 전혀 다른 範圍 즉 經濟事情의 文獻과 分離된다.

마찬가지로 英國의 美學史는 英國藝術史로부터 分離되어야 할 것이다.

John Crerar Library의 分類規定은 特殊國의 政治理論史는 그 나라의 一般的 政治學의 理論에 分類하는 것이 아니라 그 나라의 政治史

에 分類한다. 이것은 역시 다른 主題에도 適用될 것이다. 例를 들면 Hindu의 統計理論史, Hindu의 經濟理論史, Hindu의 會計理論史等. 이에 대한 解決이 問題 거리이다. 圖書館에서는 그러한 資料를 그 主題의 理論에 分類하거나 혹은 그 主題의 歷史에 分類할 수 있다는 것을 알 것이다. 理論에 分類하는 것은 항상 이 原理에 따르고 主題에 따라서 分類하면 地理區分한다. 그 理論은 經濟事情이 아니라 여기에서는 그 主題이다. 例를 들면 *International arbitration amongst the Greek* by M.N Tod, Oxford, 1913은 外國關係에 있어서의 歷史에 分類하는 것이 아니라 國際調整에 分類한다.

# 第4節 主題別規定

主題別 分類規定이란 分類表의 各類의 構成에 關係해서 類 相互間의 關係와 各 綱目에 適用하는 圖書의 主類와 그 範圍 等을 規定하는 것이다. 本項에서는 疑義를 가지기 쉬운 것을 解說하고 規定하기로 한다.

## A. 000 總類

總類에는 이미 밝힌 바와 같이 100類 哲學에서부터 900類 歷史에 이르는 全類 혹은 그中 數類의 主題를 包含하여 어느 特定한 類에 所屬할 수 없는 主題를 가진 圖書를 分類한다.

## 書誌學 (010)

定義: 書誌學이란 Bibliography의 譯語로서 圖書를 對象으로 하는 學問이다. 廣意로는 印刷術, 製本術, 古文書學, 考證學, 文獻學, 圖書學, 分類學, 目錄學, 排列學, 製紙術, 寫眞術, 書道, 筆寫等의 材料 硏究까지 包含한다. 여기에는 두 가지 方法論이 있다. 즉 綜合的 書誌學과 個別的 書誌學이다. 前者는 圖書와 圖書關係事項의 一般的 硏究 또는 그 歷史 즉 系統的 硏究를 말하며 後者는 個別的인 圖書와 文獻에 대한 分散的 硏究를 말한다. 그러므로 圖書의 解題, 書目의 編纂, 書目志, 文獻目錄의 書誌等은 後者에 속하며 圖書學, 文獻學, 資料學, 古文書學等은 前者에 속한다. 書誌와 書誌學은 往往히 同一하게 取扱되나 書誌란 關係事項에 관한 모든 資料(單行本, 論文文書等)를 網羅的으로 蒐集하여 組織的으로 排列하는 것이며, 書目 또는 目錄이란 排列된 資料를 揭載한 것을 말한다. 이 書誌는 그 包含하는 範圍에 따라서 여러 가지 이름으로 불리며 그 資料는 原則的으로 같이 分類된다.

### 書誌 對 目錄

主題에 關係된 集書에 있어서 主題書誌와, 圖書目錄 사이의 區別은 無視하고 論題의 書誌에 分類한다. 例(1) *Books on the great war*. by F.W. Lange & W.T. Berry(London, 1915). (2) *Europe an war collection(in) princetion University Library* (Princeton, 1918)은 戰爭의 書誌(016.355)에 分類한다.

### 歷史的 文獻書目

歷史的 文獻書目은 一定한 主題에 관한 歷史的 文獻書目에 分類하지 않고 그 歷史로 分類한다.

例 *English historical literature in the fifteenth century*. by C.L. Kingsford는 英國歷史(942)에 分類하고 英國史料(942.7)에 副出한다. 어느 主題의 理論(思想)의 한 歷史는 그 文獻의 歷史가 아니라 發展의 歷史이다. 그러므로 主題의 歷史에 分類한다.

### 個人書目(012)

(a) 特定한 著作이 없거나 혹은 特殊한 活動分野가 없는 個人에 관한 書目은 個人書目(012)에 分類한다. 例 *Bibliography of Napoleon* 012.

(b) 各 著者의 書目은 그들의 全集이나 選集 그리고 그들에 관한 著作이 있으면 그 文獻(著作物)에 分類한다. 例 Chancer. *A Bibliographical Manual.* by E.P. Hamond는 *Collected works of Chaucer*(820.81)가 있으면 여기에 分類한다.

(c) 그의 著作物이 主題에 의해서 分類된 著者의 書目은 主題書目에 分類한다. *Bibliography of the works of Father Louis Hennepin.* by Victor H, Paltsits은 Mississippi Valley의 旅行書目(016,9177)에 分類한다.

地方書目(한 地方에 관한 圖書의 書目)(015)

國家的 書目으로서 混合主題書目은 그 書目의 內容이 一般的이고 그 範圍가 地方的이면 그 地方의 書目(015.−)에 分類한다. 例: *Bibliography of Rhode Island⋯⋯publications relating to Rhode Island.* by J.R. Bartlett.(015. 917−)

### 國家書誌 對 主題書誌

한 나라에서 出版된 圖書를 包含하는 書誌에 관한 著作은 어디서 出版했던 그 나라의 書志에 分類한다. 例. 韓國人이 臺灣에서 出版한 圖書에 관한 研究는 中國書誌(015.952)에 分類한다.

### 出版 對 書誌

(a) 出版者나 出版社의 地方的 目錄은 出版된 圖書의 書名이 있건 없건 出版者에 의해서 配列되고 傳記的 資料를 包含했으면 出版(655.5)에 分類한다. 例. *The early Massachusetts Press*, 1638-1711. by G. E. Littlefield. 655. 5917−

(b) 著者나 혹은 主題에 의해서 配列된 한 國家의 出版目錄은 國家書誌(015−)에 分類한다. 例. *A Century of printing*: the issues of the press in pennsylvania, 1685-1784 by C.R. Hildburn.(015. 917−)

### 主題書誌(016)

特定한 主題의 書誌는 016에 分類하고 그 主題의 分類番號를 加한다. 例 *A list of English tales and prose romances printed before 1740. by A. Esdaile, London, 1912*……016.82.

### 特殊集書書目

몇 가지 特殊한 主題를 包含하는 한 集書로서 한 圖書館에 配置된 圖書目錄과 書目은 그 圖書館의 一般目錄과 같이 分類하지 않고 그 論題에 관한 書誌에 分類한다. 例 *Catalog of the Washington Collection in the Boston Athenaeum.* Boston, 1897.(016.32).

### 販賣目錄

販賣와 出版의 目錄이 特定한 主題에 관한 것이면 그들에 의해서 說明된 最適한 主題의 書誌에 分類한다.(Catalog of Manuscripts. 筆寫 參照)

### 藏書目錄(017-019)

(a) 한 圖書館의 모든 圖書에 관한 目錄은 分類表에 따라서 藏書目錄(017-019)에 分類한다.

(b) 圖書館에 있어서의 特殊主題에 관한 圖書目錄은 主題目錄(016.−)에 分類한다. 例 *A list of books on the history of science [in] the John Crerar Library*,(chicago, 1911).(016.5)

(c) 한 圖書館에 있어서의 總 藏書目錄은 總集書中의 部門別로 包含하는 分冊으로 出版된 것이라 할지라도 部門別로 包含된 主題에 分類하지 않고 藏書目錄에 分類한다.

### 圖書館(020)

(a) 公共圖書館은 圖書館의 類型 즉 大學圖書館, 專圖書館, 學校圖書館, 國立圖書館 等에 分類하고 地理區分한다.(Merrill 反)

(b) 個人圖書館은 藏書構成이 特殊하거나 혹은 그 出版物藏書目錄이 그 主題의 書誌에 價値가 認定되지 않으면 그 所有者의 이름 順

으로 區分한다.(020.-)

(c) 個人圖書館의 目錄은 特殊한 主題에 관한 藏書로 構成된 것에 限하여 特殊主題에 分類한다. 例.(1) Colored book Plates and their values sporting books, works on natural history, travels, etc…… collected by William C. Dulles. ed. by F. P. Harper는 稀貴揷畵 (096)의 書目에 分類한다. (2) *The historical library of Dr. George, C. F. Williams relating to the American revolution.* N. Y. 1926은 美國革命에 관한 書誌(016.9733)에 分類한다.

**寫本(手稿本) 091**

(a) 原本(091.5)은 一般的으로 稀貴書로서 別置한다.(資料의 類型參 照)原本은 專門家만이 알 수 있는 東洋語나 其他의 言語로 된 原本 의 경우를 제외하고는 言語로 區分하는 것 보다 主題에 의해서 分類 하는 것이 좋다. 넓이 알려지지 않은 言語로 된 寫本은 主題에 相關 없이 言語에 分類한다. 類型記號는 MS로 한다.

(b) 模寫本은 歷代의 筆體와 略語 等을 나타내도록 하여 古文書(025. 171)에 分類한다. 例. *Famimiles of Greek or Roman Manuscr-ipts.*(025. 171).

(c) 歷史的 根據가 되는 憲章이나 其他 文獻의 寫本은 古文書에 分 類한다. 例 *Facsimiles of Royal and other Charters in the British museum* London, 1903-. 이러한 文獻의 利用者는 極히 制限되어 있기 때문에 구태여 歷史에 分類할 必要가 없다.

(d) 彩(裝)飾된 模寫本은 藝術中의 裝飾美術(740)에 分類한다. 例 *Illuminated Manuscripts in the British Museum. by George F. Warner. Students of the art of illumination make frequents use of this type of book.* 東洋의 書道(740)(國會圖書館의 展開는 741. 3)

(e) 聖經의 模寫本은 聖經에 分類한다. 例 *Facsimiles of Biblical manu-scripts in the British museum.* ed. by F·G. Kenyon, London, 1900.

(f) 自叙(日記等) 寫本은 自叙에 관한 圖書(091. 51)에 分類한다. 例
(1) 李忠武公의 戰中日記.(091. 51) (2) *Facimiles of royal, historical,
literary, and other autographs in the British museum.* ed. by George
F. Warner.(091. 51)

(g) 文學이나 原文研究를 目的으로 하는 寫本으로 된 模寫本全集은
그 主題나 言語로 分類한다. 例 *Facsimiles of Irish manuscripts issued
by* the Royal Irish Academy는 Irish 文學(891. 62)에 分類한다.

(h) 現代에 發見된 古代寫本의 "最初版" 特히 古典著者의 것은 古
文書에 分類하지 않고 이 著書들의 作品과 같이 分類한다. 例
Aristotle on the Constitution of Athens, now for the first time
given to the world from the unique text in the British museum
papyrus CXXXI, London, 1891.(185.)

(i) 唯一한 다른 寫本의 模寫本은 主題에 의해서 分類한다. 例
*Handel's "Messiah" Shelley's "Skylark," the Domesday book.*(526.
909)

### 寫本目錄(091)

寫本目錄은 다음에 列擧한 優位順에 따라서 分類한다.
1. 特殊한 主題나 特殊한 形態에 관한 寫本, 例 彩(裝)飾된 것.
2. 同一한 言語로 된 寫本
3. 어느 나라나, 都市, 圖書館에 있는 寫本.

例 1. *Descriptive list of manuscript Collections of the state
Historical Society of Wisconsin…on American history*는 美國史의
書目(016.973)에 分類한다. 例2. *A list of French manuscripts on
the French revolution contained in the Bibliothe'que Nationale*는
佛蘭西革命에 관한 書目(016.94404)에 分類하고 많은 主題에 관한
佛蘭西語로 된 寫本은 佛語의 書目(016.44)에 分類한다.

### 著者個人寫本書目(012)

(a) 個人著者의 寫本에 관한 書目이나 叙述은 그 著作의 書誌에 分

類한다.

(b) 어느 著者의 寫本의 拔萃文은 主題에 의해서 分類한다.

## Incunabula 093

Incunabula 혹은 1950年 前에 印刷된 書籍. 이것은 初期 基督教 敎 父의 聖經과 著作, Greek와 Latin 等의 著者의 著作物과 中國의 搖籃 期本 그들의 寫本 等을 包含한다. 그 寫本은 印刷標本의 起元으로서 의 興味를 가지는 것이 分明하다. 이 時代의 著作은 情報的 文獻으로 利用되는 例는 드물고 萬一 다소라도 text로 使用한다면 讀者들은 그 後刊本을 利用하는 것이 좋다. Incunabula의 排列은 分類表에서 廣範 하게 다루고 있다. 그러나 이에 관한 많은 集書가 있는 圖書館은 British Museum Library가 採用한 排列法이 有用할 것이다. 그것은 國家, 都市, 出版社, 書名等 그 順序가 年代的으로 되었다.

(a) 原本 Incunabula는 그대로 稀貴印本(094)에 分類한다.

(b) 15世紀에 出版된 唯一한 原著의 模寫本도 主題에 의해서 分類하 지 않고 稀貴印本(094)에 分類한다. 例 (1) *The Fifteen O's and other prayers.* printed. by *W*. Caxton. (2) *Reproduced in photo-lithography.* by Stephen Ayling. London, 1869.

(c) Incunabula의 特殊群으로 取扱하는 著作 例를 들면 Bible은 稀 貴書 書目에 分類하지 않고 主題의 書誌에 分類한다. 例 *Fifteenth Century Bibles*; a study in bibliography. by W. Prime, N. Y. 1888은 Bible 書目(016.22)에 分類한다. 그러나 15世紀 以前에 出版 된 Bible은 稀貴 印本(094)에 分類한다.

(d) Froben이나 Aldine Press와 같은 有名한 古代 出版社의 出版物 은 稀貴印本(094)에 分類한다.

### 稀貴裝幀本(095)

特別히 裝幀의 標本이 될 훌륭한 裝幀本, 혹은 展示用으로서 保存 할 特別한 裝幀本은 主題에 分類하지 않고 稀貴 裝幀本에 分類한다.

## B. 100  哲學類

"哲學은 宇宙一切에 관한 우리의 共同의 知識을 그 窮極的인 實在에 관해서 그것을 强調하는 어느 矛盾性이 없는 解說로 體系化하기 위한 試圖이다. 哲學은 우리의 分類에 있어서도 이와 같이 廣範하고 一般的인 意味로 使用된다. 特殊科學의 哲學은 그 特殊科學의 原理를 强調하려는 한 試圖를 意味한다. 그리고 그 哲學은 그 特殊科學에 속한다. 많은 大衆的인 文學은 大衆的인 意味에서 人生에 관한 哲學이다. 그러나 一般的으로 그러한 非組織的인 論說은 精神과 物質에 관한 實在를 어느 組織的 體系로 公式化한 內容的著作에 대한 哲學과 또한 그러한 試圖로서의 歷史에 대한 哲學類를 떠나서 文學으로 分類되어야 한다."(—Pettee).

### 哲學者의 著作

(a) 哲學者의 選集과 그들에 대한 評論은 哲學의 體系나 혹은 그들이 代表하는 혹은 代表한다고 推測되는 哲學學派에 分類하지 않고 各 哲學者에 該當하는 哲學의 部門에 分類한다. 例를 들면 Hegel의 著作은 理想主義에 分類하지 않고 獨逸哲學 193(15ed,) 142.3(16ed,)에 分類한다.

(b) 有名한 哲學者가 特殊한 論題에 관해서 哲學的으로 著述한 個人著作은 論題로 分類한다. 例를 들면 Kant의 倫理學은 倫理學(170)에 分類한다. 그러나 Hegel의 「論理學」은 實際로는 그의 哲學體系에 基礎를 둔 純粹哲學(形而上學論)이므로 그의 選集(193, 142.3)에 分類하는 것이 妥當하다.

(c) "Philosophers"와 같이 充分히 認識할 수 없는 著者들에 관한 論著는 그 論著가 實際的으로 哲學의 한 體系가 아니면 論題에 따라서 分類한다. 例를 들면 *Knowiedge, life and reality.* by George T. Ladd, N. Y. 1909는 美國哲學(191)에 分類한다. 그러나 Ladd의 *Physiological psychology*는 生理心理學(131)에 分類한다.

(d) 哲學以外의 다른 論題, 例를 들면 敎育에 관한 哲學者의 觀點은 論題에 分類한다. 그러나 그 論題가 疑心스러울 때에는 哲學에 分類하는 것이 좋다. 例 *The Educational theory of Immanuel Kant.* Tr. and ed. E.F. Buchner는 敎育學(370)에 分類한다.

文學에 있어서의 哲學的 思想

文學에 있어서의 哲學的 思想은 文學에 分類한다. 例 Philosophy of the Meistersingers.(820.1).

### 哲學學派

包括的인 論著에 관한 그리고 어느 哲學學派, 例를 들면 唯心論, 唯物論의 歷史에 관한 哲學의 部門은 考慮하지 않는다. 어느 學派의 支持者에 의해서 쓰인 哲學以外에 다른 論題에 관한 著作은 여기에 分類하지 않는다. 例. *Die Geschichtsphilosophie Hegels und der Hegelianer bis auf Marx und Hartmann.* Von Paul Borth, Leipzig, 1890. 이 著書는 著述家 一派의 歷史哲學에 관한 觀點을 提示하고 있으며, 그 一派가 哲學學派이기는 하나 그러나 强調하는 論題는 歷史哲學이다. 이것은 歷史哲學(900.1)에 分類한다.

### 心理學(130)

心理學의 定義와 그 範圍

"精神을 그 어느 觀點에서 다루는 科學이다"―(*Webster's New international dictionary*, 1934). 心理學은 그 모든 觀點, 즉 天性, 淵源, 숙명, 作用, 能力 等에 있어서의 靈魂이나 精神에 관한 科學으로써 前에는 哲學에 分類했다. 心理學을 다룬 어떠한 文獻은 아직도 여기에 속해 있다. 現代의 心理學은 廣範하게 마음의 象態와 行爲, 實驗과 試驗, 혹은 人間行爲으로서의 痼疾的인 原因에 관한 調整的인 觀察에 關係하는 科學的인 研究分野다. "모―든 種類의 現象에 接近하는 뚜렷한 科學的인 方法으로서의 心理學은 하나의 뚜렷한 部類를 構成하는 單一性을 갖는다. 群衆心理學, 廣告心理學, 宗敎心理學, 美, 혹은 審美心理學은 모―든 여러 가지 觀點에 있어서의 마음의 現象에 관한 研究를 內

包한다."(-Pettee). 이 後者의 資料를 研究分野에 의해서 分離시키느 냐 혹은 그것을 같이 保存하느냐 하는 問題는 그것을 이룩하기 위한 効用에 의해서 決定될 것이다. 이와 같이 適用되는 心理學은 하나의 事實의 體系라기 보다는 調査의 方法이다.

理性的인 心理學은 精神 그 自體, 혹은 靈魂의 本性에 관해서 다 루고, 經驗, 혹은 實驗心理學은 그 强調하는 原理에 相關없이 精神的 作用을 研究하며 生理心理學은 神徑系統에 대한 意識의 現象 關係를 다룬다.

### 一般心理學(130)

靈魂이나 精神의 淵源, 本性, 그리고 作用에 관해서 包括的으로 다룬 著作은 哲學下의 心理學(130)에 分類한다. 例. *Psychology*. by Michael Maher, London, 1911.

生理心理學은 131에 分類한다. 例. *Outlines of psychology*. by George T. Ladd.

經驗心理學은 144.2(190)에 分類한다. 例. *Grundziige der physiologischen psychologie*. Von Wilhelm Wundt.

實驗心理學은 150.72에 分類한다. 例. *Experimental psychology*. by Edward B. Titchener.

### 社會心理學(301.15)

(a) 精神의 다른 精神과의 關係에 관한 心理學, 즉 群衆心理學은 社會學下의 心理學(301.15)에 分類한다.

(b) 民俗心理와 社會階級, 言語, 宗敎, 藝術 等을 包含하는 種族, 民衆, 國家 等에 관한 心理學은 哲學下의 民族(人種)心理學(136.4)에 分類한다. 例. *Völkerpsychologie*. Von Wilhelm Wundt.

(c) 古代人의 靈的인 生活은 人類學(572-573)에 分類한다.

敎育心理學은 敎育學下(370.15)에 分類한다. 例. *Educational psychology* by E. L. Thorndike.

心的 原因에 관한 肉感, 혹은 特殊한 現象이나 事件에 있어서의 心

理學은 그 論題나 혹은 그 事件에 分類한다. 例. (1) *The psychology of revolution.* by Gustave Le. Bon. tr. by B. Miall.은 革命(政治)(323.2)에 分類한다. 例. (2) *An introduction to the experimental psychology of beauty.* by C. W. Valentine은 美學(111.85.(101))에 分類한다. 例. (3) *Narrative technique, a practical Course in literary psychology.* by Thomas H. Uzzell은 文章作法(修辭論)(808)에 分類한다. 例. (4) *How to use psychology in business.* by Donald A. Laird는 經營學 (658.01)에 分類한다.

政治. 歷史心理學

國家의 特性 즉 民主國家나 共産國家나 獨裁國家나 君主國家나에 따라서 그 特性에 分類한다. 但, 一般的인 것은 政治, 歷史에 分類한다.

産業心理學 - 勞動, 生産, 分配, 廣告

産業이 關與하는 그 分野의 理論, 즉 勞動組織의 理論(331.8801), 廣告의 理論(659.101)에 分類한다.

**倫理學(170)**

特殊한 職業에 관한 倫理를 다룬 著作은 그 聯業의 理論에 分類한다. 例. (1) *Economics and the ethies of medicine.* by Bureau of Medical Economics, American medical Association.는 醫療管理 (614.2(5))의 理論에 分類한다. 例. (2) Professional ethics. by Charlotte A. Aikens는 職業倫理(174)에 分類한다.

## C. 200 宗敎類

定義와 그 範圍

宗敎에 관한 文獻은 哲學的인 것과 神學的인 것이 있다. 宗敎에 관한 哲學的 觀點은 옛 文獻에서는 所謂 自然神學, 즉 神의 存在와 攝理, 未來의 生活, 道德的 生活에 있어서의 信仰을 위한 合理的인

基礎로서 思慮된다. 그 科學的인 方法은 世界의 다른 宗敎에 관한 研究와 儀式, 禮讚, 그리고 倂存하는 數個宗敎의 實際에 관한 研究에 適用되게 되었다. 自然神敎와 天啓敎 사이의 區分은 著者에 의한 觀點의 問題가 아니라 分類者에게는 哲學, 比較宗敎 그리고 神學을 擇하는데 있어서 適當히 利用되도록 하기 위한 方便上의 問題이다.

### 神學的 觀點

(a) 神學의 敎理는 著者의 觀點에 關係없이 그 論題에 分類한다. 例: 한 예수敎信者가 쓴 道德的神學에 관한 著書; 一神敎信者가 쓴 三位一體神學에 관한 著書; 한 유태人이 쓴 예수에 관한 著書;는 Catholic이나 唯一神敎나 예수敎에 관한 뚜렷한 信仰을 各各 包含하는 敎理上의 著書로 分類하지 않고 그 論題로 分類한다.

(b) 系統的神學은 그 著者의 意圖가 歷史的이고 組織的인 것이 아닌 限 그 敎會의 敎理에 分類하지 않고 그 敎派나 혹은 그 著者가 속하는 敎派에 分類한다. 例 (1) *"The Summa theologica" of St. Thomas Aquinas*; literally translated by Father's of the English Dominican Province는 Catholic에 分類하지 않고 系統的神學에 分類한다. 例 (2). *The positive evolution of religion*; its moral and Social reaction. by Frederic Harrison은 實證主義에 分類하지 않고 基督敎(260)에 分類한다. 왜냐하면 이 著書는 基督敎의 主張에 관한 하나의 試論書이기 때문이다.

神學者에 관한 政治的見解:

主題에 分類한다. 例. *The political theories of Martin Luther*. by L. H Waring. 1910.(320.1)

### 說敎(敎訓)

(a) 한 論題에 관한 모一든 것을 다룬 說敎集은 그 論題에 分類한다. 例. (1) Fore-*father's day sermons*. by Charles E. Jefferson.은 Pilgrim Fathers(美國에 移住한 英國靑敎徒, 巡禮敎徒)(248)에 分類한다. 例. (2) *Love for the battle-torn peoples; sermon-studies*. by Jenkin Lloyd

Jones는 第一次大戰의 聖職과 敎會(940.3152)에 分類한다.

(b) 萬一이 論題가 한 特殊敎會의 啓示이면 敎義神學(252.3)에 分類한다.

(c) 萬一이 論題가 聖經에 관한 冊이면 明白한 說敎的인 特色이 없는 限 聖經(220)에 分類하다. 例 *Sermons on our Lord's parables. by C. H. Spurgeon*은 譬喻說敎(226.8)에 分類한다.

### 敎會史(270)

敎區 對 地理區分

(a) 한 敎區(主敎의 管轄區, 副主敎의 區, 直管區, 敎區)의 敎會建築術에 관한 著作 혹은 俗敎史나 그 敎區의 巡行에 관한 著作은 敎區를 包含하는 共通的 地理區分下에 分類한다. 例. *An architectural survey of the Churches in the archdeaconry of Lindisfarne in the country of Northumberland. by F. R. Wilson.* 이 Lindisfarne의 副主敎區는 Lindisfarne섬(島)과 共通되는 敎區가 아니면 그 敎會建築術에 관한 著作(726.5)은 Northumberland(971.5)에 地理區分해야 한다. 이 境遇 建築을 主로 하는 圖書館은 726.5971이 될 것이며 地理, 歷史를 主로 하는 圖書館은 971.5217265가 될 것이다.

(b) 그러한 敎區에 관한 歷史나 機構는 그 地理的區分에 分類하지 않고, 그에 속하는 敎會管轄區域에 分類한다. 例. *The records of the Northern [i. e. York(province)] Convocation. by Durham*은 York(英國)州의 敎會史에 分類하지 않고 英國敎會史(283)에 分類한다.

### 地方敎會史

(a) 各個敎會의 歷史는 敎派의 歷史에 分類하지 않고 地方敎會史이 分類한다. 例. *One hundred and fiftieth anniversary, First Church of Christ. New Britain, Connecticut, 1908*은 New Britain(南太平洋)의 敎會史(270.9936)에 分類한다.

(b) 同一한 地方, 國家, 州에 있는 같은 敎派의 數個의 敎會史는 그 敎派의 歷史에 分類한다. 例. *List of Congregational ecclesiastical*

*societies established in Connecticut before 1818 with their Change.*
Pub. by the Connecticut Historical Society는 綜合敎會(285.8)에 分類
한다.

### 中世敎會史

各國에 있는 中世의 Catholic敎會史에 관한 著書는 그 나라의
Catholic敎會史에 分類하지 않고 그 나라의 敎會史에 分類한다. 例.
The Medieval Church in Scotland. by John Dowden은 (270.941)에
分類한다.

### 中世의 地方敎會史

(a) 그 나라의 Catholic敎會에 分類하지 않고 敎會史에 分類한다.

(b) 한 主敎가 管轄한 한 都市의 中世의 歷史는 그 著者의 意圖가 단
지 敎會關係만을 다룬 것이 아니면 一般歷史에 分類한다. 例. *Mediae-*
*val Glasgow.* by the Rev. James Primrose는 Glasgow (Scotland) 歷
史(941.435)에 分類한다.

### 宗敎裁判

宗敎裁判으로써 알리어진 制度의 세 가지 形態사이의 區分은, (1)
中世의 宗敎裁判, (2) Spain의 宗敎裁判, (3) Roma의 宗敎裁判이다.

(a) 中世의 宗敎裁判은 Catholic敎會史의 論題에 分類한다, 例 *The*
*story of the inquisition*, (272.2)

(b) Spain의 宗敎裁判은 宗敎裁判(272.2)에 分類한다. 例. *Torquema-*
*da and the Spanish Inquisition.* by Rafael Sabatini.

(c) Roma의 宗敎裁判은 Catholic敎會의 組織에 分類한다.

### 敎派의 定期刊行物

어느 敎會나 宗派의 會員이나 機構, 그 範圍가 明示된 機構에서 發
行되는 刊行物은 그 專門的인 範圍에 分類한다. 例(1) Mid-American
Historical Review(前 Illinois Catholic Historical Review). Chicago는
Illinois의 Catholic敎會에 分類하지 않고 그 歷史(977.05)에 分類한다.
그것은 中西部地方의 Catholic에 관한 一般的 또는 宗敎的 歷史를 다

루고 있다. 例(2) Catholic Historical Revlew(Catholic University of America, Washington, D.C.)는 Catholic 敎會史에 分類하지 않고 一般 歷史의 定期刊行物(973.05)에 分類한다. 例(3) Catholic world(New york). 一般定期刊行物에 分類한다.


## D. 300 社會科學類


### 社會學(301)

定義 및 範圍: 社會學은 社會現象을 人間의 社會的 共同生活이란 觀點에서 考察 研究하는 科學이다. 社會學과 社會科學과의 關係는 뚜렷이 區分할 수 없으나 社會學은 社會科學의 一分野이다. 社會學이란 말은 自然現象을 對象으로 하는 自然科學에 대한 意味로 社會科學의 對象은 社會現象이다. 社會科學은 社會現象을 經濟的, 政治的, 法律的, 敎育的 面에 觀點을 두고 研究하는 經濟學, 政治學, 法律學, 敎育學 等을 包含하며, 社會學도 社會科學의 한 分野로서 共同生活을 營爲하는 人間의 社會的 關係와 그 集團에 中心的인 觀點을 둔다. 그러므로 社會學은 社會科學에 있어서의 他分野, 즉 經濟學, 政治學, 法律學과 같이 그 範圍가 뚜렷하지 못하다.

社會學에는 社會科學 全般에 관한 現象을 對象으로 하는 「綜合社會學」, 社會化形式으로서의 社會關係나 社會集團을 純粹한 社會的인 觀點에서 現實的인 社會의 內容과 分離해서 研究하는 「形式社會學」, 이 形式社會學을 非生産的인 概念遊戲라고 批判하는 「文化社會學」等의 立場이 있다. 現代에는 社會學의 發展에 따라 都市社會學, 農村社會學, 知識社會學, 敎育社會, 法律社會學 等等으로 分科되고 있다.

社會學을 個人과 社會 및 社會의 本質의 問題라고 볼 때 이 基本問題는 Personality, 集團, 文化의 세 側面을 가진다. 社會學의 最初의 出發點인 「Personality理論」의 方法은 具體인 人間의 社會的 行爲

의 分析이며 「集團理論」은 集團 相互間의 綜合的 關聯을 追求하고 諸集團이 人間의 社會生活에 各各 어떠한 規定力을 가지는가 하는 問題, 集團間의 關係, 즉 協力과 紛爭을 論하는 것이며 「文化理論」은 文化 그 自體가 아니라 文化가 社會的 行動과 社會集團이 影響을 주고받는 것을 다루며 그 文化의 普遍性과 特殊性을 다루어 그 文化의 特質을 分析한다. 現代의 社會學의 方法으로서는 統計的 社會調査가 그 主要한 方法의 하나이며 이것은 現代科學이 實證科學的 性格을 强化하고 있다는 證據이다.(李丙洙著 圖書分類導論 參照)

### 經濟, 法律, 政治文書

(a) 經濟, 法律, 政治의 歷史를 主로 說明하기 위해서 혹은 그 資料로써 모은 經濟, 法律, 政治에 관한 文集은 各 主題에 分類한다.

(b) 그러한 文集이 한 나라나 한 時代의 歷史를 說明하기 위해서 혹은 그 資料로서 모은 것은 그 나라나 그 時代의 歷史에 分類한다. 例. *Constitutions and other select documents illustrative of the history of France,* 1789-1907. by F. W. Anderson. 佛蘭西歷史에 分類한다.

### 大衆傳達

(a) Communication이 미치는 社會的 關係를 다룬 著作은 社會學(301.243)에 分類한다.

(b) 여러 가지 Communication의 手段과 方法을 包括的으로 說明한 著作은 그 主題, 즉 通信(384)에 分類한다.

### 統 計

(a) 數字와 圖解로서 나타낸 人口統計의 著作은 統計에 分類한다. D.D.C16 ed. 에서는 國家別 一般統計는 314-319에 分類하게 되었으므로 이에 應한다.

例.(1) Statistics of the United States in 1860(317.3). 例(2) Census of Great Britain. 1851(312.42)

(b) 國勢調査에 記錄된 家族名簿나 個人名簿는 地方史나 家傳(系譜)에 分類한다. 例. *Heads of families in Worcester Country, Maryland at the first census*, 1790.(929.1 or 975.2)

(c) 特殊主題의 統計는 主題에 分類하고 形式區分(00031)을 주고 地方的으로 다루었으면 地理區分한다. 例. Statistics for beginners in education. by F. L. Whitney는 敎育統計(370.31)에 分類하고 地理區分을 加한다.(370.3173).

(d) 統計에 관한 數學的 理論은→數學的 統計理論.

(e) 두 主題에 關聯해서 統計를 다룬 著作은 그 著作에 다루어지고 있는 두 主題의 關係에 의해서 決定한다.(159p. 原則規定7 參照). 敎育心理學의 統計는 370.1531이 될 것이다.

### 政治學(320)

行政, 政體, 制度

分類者에 대해서 말하자면 行政은 政府와 그 官職의 作用을 包含하며 政體는 基本的 組織, 즉 憲法과 그 解釋과 그 歷史를 包含하고 制度는 政治的 宗敎的, 敎育的 그리고 社會的 構造를 包含한다. 政治는 歷史와 區別된다. 歷史는 事件에 관한 記錄으로서 그 事件이 發生한 原因 혹은 事情을 包含하며, 政治는 現下의 政略, 政策 혹은 理論에 관한 討議로서 그러한 現下의 輿論에 基礎를 둔 根據 혹은 資料를 包含한다. 政治는 그 事件들이 發生하는 過程에서 記錄되는 것이며 歷史는 그 事件들이 解說된 後에 記錄되는 것이다. 그 論議에 관한 歷史는 書誌 혹은 政治文獻史인 것이다.

### 國粹主義(Fascism)

Fascism은 國粹主義者(Fascisti)에 의해서 이룩한 政策과 그 政府形態를 表現하기 위해서 考案된 말이며 Fascisti(國粹主義者)는 "Italy의 한 國體로서 Bolshevist 黨員이나 共産黨員 等과 같은 그 나라에 있어서의 모-든 過激的인 要素를 反對하기 위해서 王黨派의 愛國者들에 의해서 비롯한 것이다."(W.N.I.D) Fascism은 國家社會主義 또는 社會民主義와 같이 335.5에 分類한다.

(a) Fascism에 관한 理論的인 著書는 政治理論(320.1)에 分類한다.

例 (1) *The philosophy of fascism.* by Mario Palmieri. Chicago, 1936. 例(2) *Fascism and social revolution.* by R. P. Dutt N. Y. 1934.

(b) 한 나라에 있어서의 Fascism의 成立의 前後에 따르는 事件을 이른 著作은 그 나라의 歷史에 分類한다. 例. (1) *Fascism-make or break? German experience.* by R. Braun, tr. by M. Davidson.(1943). 例. (2) Spain in revolt. by Harry Gennes.(946)

(c) Italy에 있어서의 Fascism에 관한 著書는 그 冊이 그 政府를 全般的으로 다루었는지 혹은 몇 가지 特殊한 問題를 다루었는지 그 範圍에 따라서 分類한다.

(d) 特定의 政府形態로서의 Fascism에 관한 著書는 그 나라의 政府에 關係되는 著書에 같이 分類한다.

(e) Fascism의 經濟的 基礎(組織)에 관한 著書는 Fascism에 分類한다. 例 *The economic foundation of fascism.* by Paul Einzig, London, 1934.

(f) 社會的, 産業的, 工業的 活動에 관한 Fascism의 影響을 다룬 著作은 그 影響을 받은 活動範圍(혹은 主題)에 分類한다.

### 나치즘(獨逸國家社會主義)

나치스는 獨逸에 있어서의 國家社會主義黨員이다. 나치슴(Hitler主義)은 1930年頃부터 Adolf Hitler의 領導下의 國家社會黨의 極端的 國家主義理論이다.(W.N.I.D.)

(a) 獨逸에 있어서의 나치스政體에 관한 著作은 政治理論(320.1)에 分類한다. 例. *Principii politlci del Nazionalsocialismo.* by C. Schmitt.

(b) 나치스政權下의 獨逸에 있어서의 政治的 事件에 관한 著作은 獨逸歷史(946)에 分類한다. 例. *Zur Geschichte des Nationalismus.* von Walter Frank, Hamburg, 1934.

(c) 特定國이나 特定政治學派의 政治的理論史는 그 나라의 政治나 政府에 分類하지 않고 政治學史 320.9에 分類한다. 例. *The political ideas of the Greeks.* by J. L. Myres. London, 1927.

**國民의 政治的 理想**

(a) 國民思想에 관한 著作은 關聯된 國民生活의 特徵에 따라서 分類한다. 例를 들면 Bonapartism은 그것이 佛蘭西國家의 基本的인 組織에 관한 것으로서 佛蘭西憲法과 그 政府에 分類한다. 몬로主義 (Monroe doctrine)는 그것이 美國의 外國에 대한 關係에 관한 것으로서 美國의 國際關係에 分類한다.

(b) 特定國이나 地域社會의 歷史에서 實例로 한 어떠한 思想이나 原理(例를 들면 平和主義, 神政主義)에 관한 著作은 그 나라나 그 地域社會의 歷史에 분류한다. 例. *Peace principles exemplified in the early history of Pennsylvania.* by Samuel M. Janney. Philadelphia, 1888.는 Pennsylvania의 歷史에 分類한다.

**政府文書**

그 範圍가 限定되지 않은 것, 혹은 各部處의 報告書를 合冊한 것, 혹은 그것이 純粹한 行政的인 것이면 行政(350)에 分類하고 地理區分한다. 但, 部類別로 된 것은 該當主題에 分類한다. 例, (1) *U. S. Department of the Interior Report*(353.3) (2) *U. S. Office of Education, Report* (370.73)

**屬國에 대한 政策**

特定國이 그 屬國에 대한 政策의 歷史는 그 屬國의 政治에 分類한다. 例, *Gladstone and Ireland; The Irish policy of parliament from* 1850-1894. by Lord Eversly. Landom은 Ireland의 政治에 分類한다.

**選擧(324)**

(a) 參政權과 選擧의 理論을 다룬 著作은 參政權(324)에 分類한다, 例(1) *Reports respecting the qualifications for the parliamentary franchise in foreign Countries.* by the Foreign Office, London, 1883. 例 (2) The Presidential primaty. by Louis Overacker, N. Y.

1926.

(b) 選擧運動 關係 文獻은 政黨(329)에 分類하고 혹은 當代 歷史를 다루었으면 歷史에 分類한다. 例. (1) *Campaign books.* 例. (2) American ideals versus the New Deal. by Louis Overacker, N. Y. 1936.(政治와 比較)

### 植民과 移民

(a) 한 나라에서 他國으로 가는 移民을 다룬 著作은 그 到着한 나라(受民國)의 移民 325.1에 分類한다.

(b) 한 나라에서 다른 여러 나라로 가는 植民을 다룬 著作은 原住國에서의 植民에 分類한다. 例. *A History of emigration from the United Kingdom to North America* 1763-1912. by S.S. Johnson, London, 1913은 英國에서의 植民(325.2942)에 分類한다.

(c) 한 地域社會에 있어서의 最初의 定着民이나 移民者에 관한 著作은 그 地方史에 分類한다. 例. *The first settlers of Totawa, now Patterson, New jursey.* by park Godwin, N. Y. 1892.(974.9)

### 國際關係(3217)

國際關係 對 國際法

分類에 있어서 國際關係와 國際法을 混沌해서는 안된다. 國際關係는 國際的인 어떤 事態에 있어서 國家와 國家사이의 交涉과 交際에 의해서 行한 行爲, 하려고 提示한 行爲, 또는 그 處理事項 等에 관한 것이며, 國際法은 한 나라가 當面한 國際上의 어떤 事態에서 國際間의 合意에 따라서 主로 國家間의 關係를 規定한 當爲와 不作爲에 관한 法律로서 具體的으로 말하면 戰時나 平和時에 文明國間의 共通의 權利와 義務를 必須의 것으로 認定한 法律이다.(李丙洙著. 圖書分類導論 參照)

(a) 두 나라 사이의 外交關係는 著者의 觀點에서 代表하는 나라에 分類한다. 但, 政府刊行物에 있어서는 그 刊行하는 나라에 分類한다. 例. *American Japanese relations, an inside view of Japan's policies and purposes.* by Kiyoshi K. Kawakami. N.Y. 1914는 日本(327.53)에 分類한다.

(b) 産業이나 地方等 特殊問題에 관한 外交 通信文은 그 關係主題下에 分類한다. 例.(1) *The British case in French congo.* by E.D. Morel, London은 French Congo(967,24)에 分類한다. 例 (2). *The Panama Canal conflict between Great Britain and the United State of America;* a study. by L. Oppenheim, Cambridge, 1913은 Panama運河의 通商(386.444)에 分類한다.

(c) 戰爭에 關係된 外交通信文은 戰爭에 관한 外交史 參照.(173 P.)

(d) 一國의 他國에 대한 賠償 請求에 관한 것은 國際經濟政策(338.91)에 分類하고 地理區分한다. 우리나라의 境遇는 338.9151이 된다. 또한 國際關係(327.51)로 副出한다.

**聯合, 合倂**

한 나라나 한 地方의 他國, 他地方과의 聯合은 吸收된 領土에 分類한다. 例. *The union of England and Scotland.* by. J. Mackinnon, London, 1896. Scotland의 歷史(941)에 分類한다.

**外交書翰과 外交 回顧錄**

(a) 事件에 관한 私的인 記事일 때에는 비록 著者가 他國의 大使라 할지라도 그 記錄된 나라(註在國)의 歷史에 分類한다. 例. *Recollections of a minister[from the U,S,] to France,* 1869-1877 by E.B. Washburne London, 1887. 佛蘭西歷史(944)에 分類한다.

(b) 公的인 것은 그 代表國의 國際關係에 分類한다.

**戰爭에 관한 外交史**

(a) 한 戰爭에 관한 外交史나 文書資料는 그 戰爭史에 分類한다.

(b) 한 戰爭을 前後한 두 나라 사이의 外交關係는 著者의 意圖가 그 戰爭의 因果를 說明하고자 한 것이면 그 戰爭史에 分類한다.

### 外國의 干涉

한 나라가 한 他國의 政事에 干涉하는 것을 다룬 著作은 干涉하는 나라의 國際關係에 分類하지 않고 干涉을 받은 나라의 歷史에 分類한다. 例. *Cuba and the intervention*[by the U.S.]by A.G. Robinson, London, 1905. Cuba의 歷史에 分類한다.

### 國家間의 影響

國家間의 影響을 다룬 著作은 影響을 받은 나라에 分類한다. 例. *Scotland and the French revolution.* by H.W. Meikle, Glasgow, 1912.(a study of the influence of the French Revolution on Scotland.)Scotland의 歷史(941)에 分類한다.

### 政治制度의 起源

한 나라의 政治制度를 한 他國의 政治制度와 比較해서 그 由來를 밝히려고 한 것은 由來를 받은 나라에 分類한다. 例. New England 政治制度의 源泉으로서의 英國慣習法은 New England政府(354.74)에 分類한다.

### 法律(340)

法律과 立法機關

(a) 特別히 行政權과 司法權 또한 立法權과 統治權이 같이 附與된 樞密院과 執行部의 判決은 立法에 分類하지 않고 그 包括的인 理由로 歷史에 分類한다.

(b) 立法府(例 國會, 議會)의 歷史는 그 나라의 一般憲政史로 分類하지 않고 立法府의 歷史에 分類한다.

  <註> 美國議會史는 328.309, 其他國의 議會는 328.4-9로 韓國의 議會史는 328.5109이다.

(c) 立法府의 選擧方式과 選擧史는 그 立法府에 分類한다. 例. *The election of senators.* by G. H. Haynes, N.Y. 1906.(328.3)

(d) 各 法津의 歷史는 그 主題에 分類한다. 例. 敎育法 370

## 政黨(329)

政黨史는 政黨에 分類하고 地理區分한다. 例. 韓國政黨史(329.951). 美國의 境遇는 한 州나 都市에 있어서의 政黨史는 美國一般政黨史가 아니라 地方의 政治에 分類하고 있다.

## 經濟(330)

經濟計劃

(a) 國家經濟計劃에 대한 包括的인 著作은 經濟政策이나 經濟事情에 分類한다. 例. 美國의 經濟政策은 338.9. 韓國經濟政策은 338.951.

(b) 特殊系統 例를 들면 都市計劃, 自然資源의 保護, 野生生物의 保存 等에 따르는 計劃에 관한 著作은 直接 關與한 事項에 分類한다. 例. 都市計劃(建築 綜合計劃)711.4(美國綜合都市計劃), 地方的 取扱은 711.409로 하고 930-999에 따라 地理區分하게 되었음으로 韓國의 서울 都市計劃은 711.4095191이 될 것이다. 例. 野生生物保護는 經濟的인 觀點에서 333.78에 分類한다.

植民地에 대한 經濟政策

한 나라의 그 植民地에 대한 經濟政策은 다만 한 植民地에만 關係된 것이라 할지라도 母國의 經濟政策에 分類한다. 例. Colbert's West India policy. by S.L. Mims는 佛蘭西의 經濟政策(338.944)에 分類한다.

勞動과 筋肉運動에 관한 生理學과 心理學

(a) 勞動一般의 生理學에 관한 著作은 産業能率(658.01)에 分類한다.

(b) 그 研究의 主題가 生理學이나 心理學中의 한 分野에서만 다루어진 것은 各各 그 다루어진 範圍에 따라 分類한다.

共産主義(經濟)(335.43)

(a) 經濟生活의 理論으로서 共産主義에 관한 著書는 經濟學下의 (335.43)에 分類한다.

(b) 政體의 한 形態로서의 共産主義에 관한 著作은 政治에 分類한다.

(c) 共産主義를 經濟와 政治의 兩面에서 主唱한 著作은 經濟學에

分類한다.

(d) 한 나라의 共産主義의 設立에 따르는 事件의 歷史, 또는 特定 國家의 政府形態로서 그것을 記述한 著作은 그 나라의 歷史에 分類 한다.

### 財政(財政經濟學)(332)

(a) 한 나라에 있어서의 財政의 特殊面(例 專賣, 所得稅)을 다룬 著書는 그 主題에 分類한다.

(b) 한 나라나 地方의 租稅를 다룬 著書는 一般財政에 分類하고 地 理區分한다.(地方政府의 財政 351.1 美)

(c) 한 地方의 財政, 또는 그 地方의 課稅만을 다룬 逐次刊行物은 地方財政에 관한 다른 著書와 같이 分類한다.

(d) 特殊한 目的을 위한 豫算增加 方法을 論한 著作은 그 主題에 分 類한다. *Modern wars and war taxes, a manual of military finance. by W. R. Lawson*은 軍事學(335)에 分類하다.

### 法律(340)

(a) 特殊主題에 관한 法律, 例를 들면 保險法, 敎育法 等은 그 主 題에 分類한다.

(b) 訴訟手續法, 즉 犯罪를 規定하는 成文律은 犯罪에 따르는 裁判 을 規定하는 法律과 區別한다.

### 國際法

國際法은 戰爭時나 平和時에 있어서 文明國間에 그들의 通常的인 權利와 義務를 規定하기 위한 그들 間의 一般法으로서의 義務를 認 識하는 法律의 組織이다. 分類者로서 알아야 할 것은 國際法이란 國 家들이 當面한 어떠한 處地에 있어서 當然히 履行해야 할 것과 行해 서는 안 될 것을 規定한다. 그러므로 分類者는 어느 與件에 있어서 어떻게 되어 왔나, 혹은 어떻게 하도록 提議되어 왔나 하는 것을 관 與하는 國際關係를 國際法과 區別해야 한다.

(a) 國家가 當面한 어떠한 處地에 있어서 當爲와 不當爲에 關해서

論한 著作은 國際法에 分類한다. 例. *A treaties on international law.* by W. H. Hall.

(b) 國家間의 어느 與件下에서 行한 혹은 提議되고 있는데 관해서 論한 著作은 國際開係의 關與主題에 分類한다. 例. *A History of American foreign policy.* by J. H. Latane.(327)

(c) 國際法上의 어떠한 原則를 어느 事件이나 國家政策의 引證에 의해서 說明하거나 支持한 著作은 國際法內에 그 包含하는 主題에 分類한다.

### 特殊主題에 관한 國際會議

外交的인 것이나 專門的(技術的인 것 等)인 것이거나 特殊問題에 관한 國際會議는 그 主題에 分類한다. 例. 國際金融會議(332.45) 軍備制限會議(341.67)

### 國際條約(341.2)

(a) 二個國 以上間에 締結된 條約集은 가장 重要한 나라에 分類하고 餘他國은 副出한다.

(b) 特殊主題에 관한 條約은 그 主題에 分類한다.

(c) 條約에 관한 政治的 經濟的인 結果를 取扱한 著作은 關係한 主題에 分類한다.

### 憲法(342)

(a) 國家의 基本法에 관한 包括的인 著作은 憲法(342)에 分類하고 地理分한다. 例. 韓國憲法 342.51.

(b) 憲法內의 特殊主題(內閣, 司法, 行政 等)에 관한 著作은 그 關係한 主題에 分類한다.

(c) 國家의 한 機關의 憲法上의 權限을 다룬 著作은 憲法에 分類하지 않고 機關에 分類한다.

### 行政(350)

公務行政

(a) 公務行政에 관한 著作은 行政(350)에 分類한다.

(b) 公務에 關係되는 工業計劃과 明細書 그리고 그 規定은 工業 (620)에 分類한다.

行政府文書

(a) 特殊主題에 限定되지 않은 文書는 行政에 分類하다.

(b) 特殊主題에 限定된 文書는 그 主題에 分類한다.

行政 대 憲法史

(a) 政府(行政)의 機能, 作用, 業績 等을 다룬 著書는 行政에 分類한다.

(b) 政府의 作用이 憲法의 製定 또는 修正에 起因된 歷史的 事實과 政治的理論을 다룬 著作은 憲政史에 分類한다.

## 軍事科學(335-339)

軍事學은 한 國家的, 혹은 世界의 歷史에 있어서의 한 事件으로서의 戰爭行事와 直接軍事機構로서의 軍事業務 또는 그 技術 行事와는 區別한다. 例를 들면 獨逸의 軍事組織의 歷史는 獨逸 사람의 國家的 生活의 特殊面이다. 그리하여 一般歷史類와는 分離된다. 한편 한 戰爭行爲에 있어서의 事件은 그 나라의 一般 政治史의 一部分이다.

## 軍歷史

한 戰爭中의 軍, 혹은 軍一部의 歷史는 그 戰爭에 分類한다.

## 戰    爭

(a) 戰爭의 歷史는 純軍事的인 것이 아닌 限 一般歷史에 分類한다.(李丙洙著 圖書分類導論 167.가 參照)

(b) 한 나라가 侵略을 받은 戰爭은 侵略을 받은 나라의 歷史에 分類한다.

(c) 두 나라가 같이 侵略되었을 境遇는 더 오랫동안 戰鬪가 있었던 나라에 分類한다.

(d) 한 植民地의 反亂에 관한 것은 母國의 歷史에 分類하지 않고 그 植民地의 歷史에 分類한다.

## 社會福祉(360-362)

主로 人類의 維持, 保全, 向上을 위한 組織的 活動을 包含한다. 그

機構로서는 病院, 療養院, 孤兒院 等이며 이러한 制度는 그 機構나 制度로서 分類하지 않고 主로 社會學 分野內에 分類하며 地理區分을 한다.

### 病院文書

事務的이고 臨床的인 資料를 包含하는 病院文書와 病院에 관한 類似한 資料는 醫學에 分類한다.

### 保險(368)

(a) 保險料와 그와 類似한 料金의 支拂을 保障하는 保險에 관한 著作은 保險에 分類한다.

(b) 直接, 혹은 間接稅를 通해서 國家에서 維持하는 保險에 관한 著作은 社會保險(368.4)에 分類하고 地理區分한다.

(c) 特殊한 保險(火災, 生命)에 관한 것은 (368.1-368.8)에 分類한다.

### 敎育(870)

學習指導

(a) 特殊主題의 硏究와 指導에 관한 것으로서 敎師를 위해서나 혹은 敎科課程의 構成을 위해서 쓰인 著作은 敎育에 分類한다.

(b) 學生을 위한 著作로서 한 主題나 그 主題의 硏究方法을 說明하고자 한 것은 그 主題에 分類한다.

(c) 學校나 大學에 있어서의 宗敎的 指導 혹은 宗敎와 敎育과의 關係를 論한 著作은 敎育에 分類한다.(377)

(d) 成人敎育에 관한 敎育理論은 一般敎育理論(370.1)에 分類한다.

(e) 成人敎育의 方法을 論한 著作은 成人敎育(374)에 分類한다.

(f) 專門學校와 單科大學 綜合大學은 同一하게 取扱한다.

(g) 大學의 學位에 관해서 論한 著作은 敎育下의 學位(378.2)에 分類한다.

(h) 學位論文은 主題에 의해서 分題한다.

## E. 400 語學類

語學은 言語의 形式과 各 國語別로 區分되어 있다. 401-409까지는
一般 言語學 410-419는 比較言語學으로 되어 있으나 우리나라에서
는 比較言語學은 401-409로 하고 410-419는 東洋語로 하여 411 한
국어, 412 中國語, 413 日本語, 414 印度語, 415 티베트어족, 오스
트레일리아 어족, 416 퉁구스, 몽고, 터크어족. 417 세마이트어족으
로 區分하고 있다. 그러므로 410-499까지 各 國語別로 區分하는 셈
이 된다.

(a) 잘 알려지지 않은 國語(例를 들면 印度 Europe 語族, 해마이트
語族等)는 特殊主題에 관한 圖書라 할지라도 主題를 無視하고 그 國
語에 따라서 語學에 分類한다.

(b) 한 外國語의 綜合的 語學을 다룬 著作은 그 外國語에 分類하고
言語形式區分을 하지 않는다.

(c) 飜譯圖書는 共通規定 參照.

(d) 國語辭典은 共通規定 參照.

(e) 漢韓辭典, 玉篇, 字源 等의 韓國語로 된 漢文字에 관한 辭典類
는 國語辭典과 함께 分類하고 中國語辭典에 分類하지 않는다.(李丙
洙著 圖書分類導論 參照)


## F. 500 科學類

500類는 純粹科學, 또는 理論科學에 限하며 이것을 應用한 應用科
學은 600類에 分類한다.

自然科學의 進展은 日進月步하며 그 分化도 顯著함으로 現下의 分
類表에도 展開되지 않은 것이 많이 出現하고 있다. 科學의 進展에

따라 分類表의 改訂이 不可避하게 되나 D.D.C.의 15版과 16版사이
의 差異에서도 顯著한 것은 이 自然科學과 應用科學의 部分이다. 그
러나 이 類에 分類되는 圖書는 書名이 內容에 一致하는 境遇가 많으
므로 分類者는 分類表에 나타난 術語를 理解하면 分類의 實際에는
큰 困難은 적을 것이다.

(a) 한 科學 혹은 한 科學의 方法이 다른 科學에 應用된 著作은
그 應用된 主題에 分類한다.

(b) 地方的으로 다루어진 科學的인 特殊主題(地文學, 植物, 動物)는
그 各 主題下에 分類한다. 例. *Volcanoes in Italy*는 Italy의 地質學
에 分類하지 않고 火山(551.21)에 分類한다.

### 數學(510)

(a) 一般數學은 (510)에 分類한다.

(b) 數學的인 解釋方法이 物理學的인 問題와 關係되었을 境遇에는
數學에 分類한다.

(c) 解釋力學을 다룬 數學的 著書는 物理學에 分類한다.

(d) 機械技士, 電工, 醫士, 測量技士 等 專門家用의 數學的 便覽書
는 利用되는 專門主題에 分類한다. 例. 機械技士를 위한 數學便覽書
는 機械工學에 分類한다.

### 天文學(520)

天文學은 數學物理學과 密接한 關係가 있으므로 數學과 物理學 사
이에 配定되고 있다. 天文學은 521 天體力學, 522 天文臺 및 機具,
523 技術天文學, 天體物理學, 525 地球, 526 縮地學, 527 天體航海
學, 529 時間測定으로 區分되고 있다.

### 物理學(530)

物理學은 原子物理學의 發達에 의하여 原理的으로도 一大 革命을
가져왔다고 한다. 그리하에 名稱은 同一하다 할지라도 그 內容은 過
去의 그것과는 相異點이 있을 것이다. 그러나 새로운 原理나 새로운
分野도 過去의 어느 것에서의 發展이며 옛 原理를 基礎로 한 圖書도

있으므로 가장 關係가 깊은 主題下에 分類해야 할 것이다. 539 原子
物理學과 541 物理化學과의 細目은 密接한 關係가 있으므로 注意를
要한다.

(a) 物理學에서 본 原子와 그 構造에 관한 것은 原子物理學(539)에
分類한다.

(b) 化合物의 單位로서의 原子에 관한 것은 化學에 分類한다.

**化學(540)**

化學은 一般化學만을 540에 分類하며 物理化學은 541, 化學實驗
用裝置와 設備는 542, 分析化學은 543-545, 無機化學은 546으로서
546.1-546.9는 그 元素를 分類하고, 有機化學은 547에 分類하게 되
어 있다.

**植物學(580)**

(a) 環境에 따라서 特殊性을 가지는 植物은 地理區分한다.

(b) 植物의 한 種類를 다룬 著作은 그것이 다루어진 特徵에 相關하
지 않고 그 植物이 속하는 系統에 分類한다.

(c) 植物의 栽培에 관한 農業이나 園藝에 分類한다.

**動物學(590)**

(a) 動物(또는 動物群)의 한 種類에 관한 著作은 다루어진 特徵에
相關없이 그 動物의 系統에 分類한다.

(b) 特定의 動物의 生理, 習性, 解剖, 器管을 說明한 著作은 그 特
定의 動物이 속하는 系統이 分類한다.

(c) 特定動物의 特殊器管, 組織의 比較에 따른 解剖나 生理에 관한
著作은 動物學에 分類한다. 例. 動物과 人間과의 器管構造 또는 機能
의 比較.

(d) 動物心理學은 心理學中의 151.3에 分類한다.

(e) 動物圖鑑은 590.636에 分類한다.

(f) 文學에서 다루어진 動物에 관한 것은 809에 分類한다.

(g) 動物이 美術作品으로 나타난 것은 704.94에 分類한다.

(h) 動物의 訓鍊에 관한 著作은 **791.8636**에 分類한다.


## G. 600  應用科學類(工業技術學)

應用科學은 自然科學이 純粹理論인데 대해서 應用技術이며 實用이 그 特性이다. 그리하여 應用科學書는 基礎理論을 略述하고 다음에 그 應用을 詳說하는 것이 普通이므로 이러한 圖書에 있어서는 著者의 意圖가 어디 있는가를 正確히 把握해야 할 것이다.

應用科學類(600)에는 醫學, 工學, 農業, 家政, **Business**, 化學工業, 製造工業, 手工業, 建築을 包含한다.

### 醫學(610)

醫學은 611 解剖學, 612 人體生理學, 613 個人衛生, 614 公衆衛生과 豫防醫學, 615 治療醫學, 616 內科學과 臨床醫學, 617 外科, 618 婦人科 및 産婆學으로 區分되어 있으며 獸醫科는636.089에 分類하게 되었다.

(a) 病院이나 醫療機關의 病治療에 關係된 事務的 또는 病理的諸資料에 관한 著作은 臨床醫學에 分類한다.

(b) 一般的인 病(例 癌, 結核)으로 身體의 特殊器管에 미치는 病理를 다룬 著作은 影響을 받은 身體의 器管이나 部分의 病理學에 分類한다.

(c) 家庭醫學, 家庭藥 等은 治療學(615)下에 分類한다.(例. 百萬人의 醫學)

(d) **D.D.C.**에는 漢藥에 관한 分類事項이 없으므로 別項을 設定하지 않는 限, 治療學下의 藥學(615.4)이나 藥物療法(615.5)에 分類해야 할 것이다.

(e) 漢方治療法으로서 針術等도 分類事項을 새로 設定하지 않는 限 616 內科와 臨床醫學下의 神經病學, 神經系(616.8)에 分類해야 할

것이다.

### 機械工學(620)

工學은 621 機械工學, 622 採鑛工學, 623 軍事工學, 624 構造工學, 625 運送工學, 627 水力工學, 628 衛生工學, 629 其他工學을 包含하고 있다. 여기에서 留意해야 할 것은 化學工業(660)과 製造工業(670-680)이 農業(630)家庭經濟學(640), 經營學을 사이에 두고 分離되어 있는 點이다.

### 農業(630)

(a) 治水, 土地改良, 水源管理에 관한 著作은 水理工學(627)에 分類한다.

(b) 土壤一般 또는 農業上 自然的 要素(例: 穀作物, 牧畜, 樹木의 栽培, 增收 等)로서의 土壤에 관한 著作은 農業下의 主題에 分類한다.

(c) 農産物의 去來: 農夫 또는 그 協同群에 의한 直接的인 農産物去來에 관한 著作은 農業(631.18)에 分類한다.

(d) 仲媒商, 都賣商, 小賣商人에 의한 農産物去來에 관한 著作은 商業(380)에 分類한다.

### 라디오(621.384)

(a) 라디오 受信機의 構造, 組立, 修理 및 部分品, 附屬品製作에 관한 著作은 라디오(621.384)에 分類한다.

(b) 라디오의 特殊한 利用, 應用에 관한 著作은 그 利用分野에 따라 分類한다. 例를 들면 "라디오의 廣告는 廣告에, 라디오를 通한 敎育은 敎育에, 라디오 演藝는 演藝에 分類한다."

(c) 放送技術에 관한 著作은 通信에 分類한다.

### 食料品製造業 및 加工(664)

(a) 冷凍食品: 食品의 冷凍에 관한 著作은 食品貯藏(664.80285(664(85)))에 分類한다.

(b) 家庭에서의 食品貯藏에 관한 著作은 家庭學中의 食品貯藏(641.4)에 分類한다.

### 建 築

建築은 690 建物(Building)에는 建築材料, 構造, 設計, 施工에 관한 것을 分類하고, 720 建築術(architecture)에는 立體美術로서 建築物의 諸樣式에 관한 說明, 歷史 및 特殊類型(公共建築, 宗教建築, 學校 및 科學的建築, 住宅), 建築意匠 等을 分類하고 있다.

그러나 特殊建物은 다음과 같이 分類한다. (1) 圖書館建物(022), 農業建築(631.2) 官公建物 (647.9), 都市計劃上의 建築(711.6) 等으로 分類한다.

### H. 700 藝術類

藝術類에는 造園과 建築이 包含되어 있다는 데 留意해야 할 것이다. 710 造園術에는 711 都市計劃이 包含되어 있는 데 이것은 都市의 美的인 觀點에서 다룬 것이며 都市計劃에 따르는 工學은 628.4. 財政的인 것은 352에 分類한다. 720 建築術 역시 藝術的인 面을 分類하며, 工學原理의 應用을 要하는 建築은 624에 分類하고, 建築의 材料 等은 690-698에 分類하게 된다.

#### 音樂(789)

(a) 曲이 딸리지 않은 歌詞, 詩, 民謠 等은 文學作品에 分類한다.

(b) 音樂의 分類에서 注意할 것은 音樂 關係文獻과 樂譜와를 區別하여 取扱하느냐 안느냐의 問題이다. 樂譜는 類型記號「M」을 주어 別置하는 것이 좋다.

#### 映畵(792.9)

(a) 映畵에는 Film製作에 관한 것도 같이 分類한다.

(b) 教育上의 映畵는 教育學下의 371,335에 分類한다.

(c) Film 自體는 視聽覺資料로서 別途로 取扱한다.

## I. 800 文學類

　文學은 言學과 마찬가지로 800-809는 文學形式에 依하여 區分하고, 810-899는 原則的으로 國語에 의하여 區分하고, 다음에 文學形式에 의하여 分類한다. 810은 美國文學이나 우리나라에서는 美國文學(810)을 英文學(820)과 같이 分類하고 810은 東洋文學으로 하고 811은 韓國, 812는 中國, 813은 日本, 814는 印度……等으로 區分하여 配定하고 있다.

　(a) 文學은 國語에 의하여 區分하는 것은 「文學의 主된 特徵은 그 表現이 言語」라고 하는 原理에 따른 것이나 그것은 文學作品에 限한 것이다. 어느 文學 또는 어느 文學形式, 作品, 作家에 대한 歷史, 批評을 비롯하여 이러한 것을 主題로 論한 圖書는 他類의 境遇와 마찬가지로 쓰인 國語 如何는 不問하고 그 主題에 의하여 分類한다. 例를 들면 韓國文學에 관한 評論이나 文學史는 韓國語로 쓴 것이나 英語로 쓴 것이 다 韓國文學評論(811.04), 韓國文學史(811.09)가 될 것이다.

　그러나 文學作品은 그와 反對로 原著에 나타난 國語에 의하여 分類한다.

　**文學評論:** 어느 文學을 批評한 것은 當然 批評된 文學에 分類한다. 例. 韓國語로 된 韓國人著者의 「英文學評論」은 英文學評論에 分類한다.

　**文學史:**

　(a) 한 文學이 他文學에의 影響을 取扱한 것은 影響을 받은 文學에 分類한다.

　(b) 數個文學의 一文學에의 影響을 取扱한 것은 影響을 받은 文學에 分類한다. 例. 「西洋文學의 韓國文學에 미친 影響」은 韓國文學에 分類한다.

　(c) 한 文學者의 他文學者에 미친 影響은 影響을 받은 文學者에 分

類한다.

**文學에 나타난 主題의 研究:**

文學書中 分類者를 가장 困難을 느끼게 하는 것은 文學에 나타난 特殊主題의 研究書의 分類이다.

(a) 한 作家 또는 한 作品中의 特殊主題의 研究는 그 作家 또는 作品과 같이 分類한다.

(b) 많은 作家 또는 種種의 作品을 引用해서 어느 主題를 說明하려고 한 것은 各 國文學의 總記에 같이 分類한다. 例.「各 文學에 나타난 웃음의 研究」(811.04)

**文學의 主題로서의 人物과 思想:**

文學作品(詩, 戲曲, 小說)에 나타난 人物의 性格, 思想等에 대하여 取扱한 것은 그 人物이 實在人物이라 할지라도 文學으로 分類한다. (傳記小說, 歷史小說). 作中의 人物의 性格은 作者에 의하여 뚜렷이 理想化된 境遇에는 歪曲되는 것이므로 반드시 人物의 性格을 客觀的으로 描寫된 것은 아니기 때문이다.

(a) 詩人 또는 作家를 讚美하는 詩는 그 詩人 또는 作家의 作品의 批評과 같이 分類한다.

(b) 詩歌에 取扱된 主題에 관한 圖書는 各 詩歌와 같이 分類한다.

翻譯小說－133P. 參照

**隨筆, Essay.**

韓國文學의 隨筆과 外國文學에 있어서의 Essay 사이에는 差異가 있으나 兩者間의 嚴密한 區別은 困難한다. 文學辭典에는 「隨筆이란 日記와 같이 時日에 制約되지 않고 筆具가 돌아가는 대로 自由로 見聞, 體驗, 感想, 小論 等을 모은 것을 말한다.……現代에는 特히 英語의 essay의 意味로 使用하는 境遇가 있다.……따라서 그 內容도 日記的인 것, 紀行的인 것, 感想的인 것, 哲學的인 것, 考證的인 것 等 몹시 多樣하며, 嚴密히 定義를 내리기에는 困難하다」라고 했으며 *Britanica*에는 「Essay란 不規則, 不消化的인 斷片」이라는 말을 引用하여 「主題

的으로는 粗雜한, 適當한 기리의 一文體이다」라고 定義하고 있다. 그
러나 이 區別은 困難함으로 性質上으로 多少의 相異가 있다 하더라도
一括해서 分類할 수밖에는 없다.

(a) 特殊主題를 包含하거나 特殊主題에 관한 것이 많은 部分을 차
지한 것은 그 主題에 分類한다.

(b) 여러 가지 主題에 관한 Essay集은 原作의 文學 Essay에 分類
한다.

(c) 한 文學 또는 作家에 관한 批評的인 Essay는 各各의 文學形式
또는 文學史에 分類한다.

### 日記, 紀行

日記란 月日을 따라서 日常生活을 記錄한 것이다. 그러나 日記를
나타내는 書名 또는 日記의 形式을 따른 小說이 있고 隨筆, Essay가
있다. 이러한 것은 小說 또는 隨筆로 分類한다.

### 文學全集 選集

文學全集은 個人集은 081의 形式記號를 加하고 二人 以上의 各種
文學形式으로 된 作品集은 082의 形式記號를 加한다. 但 以上은 文
學作品의 全集을 나타내며 文學을 主題로 한 研究全集은 018을 加
한다.

(a) 個個의 作品에 관한 批評은 그 作品이 分類되는 곳에 分類한다.

(b) 個個의 作家에 관한 批評은 그 作家의 傳記가 分類되는 곳에
分類한다.

(c) 作家 또는 作品을 위한 辭典 또는 索引은 그 作家 또는 作品
과 같이 分類한다.

(d) 두 作家, 두 作品의 關係를 論한 것은 影響을 받은 作家 作品
에 分類한다.

(e) 한 作家 또는 한 作品과 그 時代 또는 文學과의 關係를 取扱
한 것은 그 作家 또는 作品이 分類되는 곳에 分類한다.

(f) 한 作家 또는 한 作品과 다른 作家 또는 作品과의 比較를 다

룬 것은 比較에 의하여 著者가 强調하는 作家 또는 作品 便에 分類한다.

(g) 한 作家 또는 한 作品을 通하여 그 時代의 社會的, 政治的, 其他의 事情을 論하려고 한 것은 그 作家 또는 作品의 批評과 같이 分類한다.


## J. 900 歷史類

歷史中에는 901 一般文化史, 909는 近代世界史, 910 地理, 920 傳記, 930-939는 古代世界史, 940-999는 各地方歷史로 되어 있다. 各 主題의 歷史는 共通規定 09 參照.

### 地域의 變遷

歷史, 地誌의 區分에 있어서 가장 困難한 問題는 地域과 地名의 變遷이다. 戰爭의 結果 一國의 領土가 變遷되는 例는 近年 東西亞細亞나 Europe에도 發生하고 있는 問題이다. 主權이 變更되고 名稱이 變更되는 것이 普通이다.

(a) 一時代에 限한 것은 그 時代史에 分類한다.

(b) 二時代에 걸친 것은 內容에 의하여 後時代가 特히 重要하지 않은 限 最初의 時代에 分類한다.

(c) 세 時代以上에 걸친 것은 이것을 總括하는 時代에 分類한다. 例.「三國史」는 中古史에 分類한다.

(d) 地方史는 國家의 歷史에 分類하지 않고 地方에 分類한다.

(e) 二國間의 戰爭에 관한 것 例를 들면 普佛戰爭 같은 것은 敗戰國의 歷史에 分類한다. 敗戰國이 影響을 받는 例가 많다는 理由 때문이다.

(f) 一國의 內亂, 또는 革命史는 그 나라의 時代史에 分類하고 革命一般理論은 政治學下의 323.2에 分類한다.

(g) 一國의 歷史에 關係가 있는 地方的 事變은 그 나라의 歷史의 時代區分下에 分類한다.

(h) 一國의 歷史에 關係가 없는 地方的 事變은 그 地方史에 分類한다.

### 傳記(920)

傳記는 920 은 總記 一般이며는 921-929는 各 主題分野로 區分되어 있다. 그러나 一般形式番號에 092가 傳記를 나타내게 되어 있으므로 特殊한 境遇는 主題에 分類하고, 形式記號를 適用할 수 있을 것이다.

個人書目: 著者의 著述書目, 또는 한사람에게 關係하는 關係書目은 그 사람의 傳記와 같이 分類한다

### 傳記와 主題

(a) 一戰爭 또는 事件에 대한 記錄, 秘話 等은 그 戰爭 또는 事件에 分類한다.

(b) 오랫동안 著者가 見聞한 여러 가지 事作, 主題를 包含하는 回顧錄은 그 著者의 傳記에 分類한다.

(c) 傳記와 主題(事業)를 記述한 것으로 著者의 意圖가 疑心스러울 때에는 主題(事業)에 分類한다.

### 傳紀와 著作

(a) 著者의 生涯와 그 著述을 包含하는 것으로 生涯에 관한 것이 爲主일 때는 傳記에 分類하고 著述에 관한 것이 爲主일 때에는 著作에 分類한다.

(b) 作家의 傳記와 그 作品으로 된 것은 傳記가 爲主일 때에는 傳記와 같이 分類하고 作品이 爲主일 때에는 作品과 같이 分類한다.

(c) 中心人物과 그에 따르는 여러 사람의 傳記는 中心人物의 傳記에 分類한다.

### 書　翰

(a) 個人의 書翰集은 그 사람의 傳記에 分類한다.

(b) 두 사람 사이의 往復書翰은 그中 主要한 人物의 傳記로 分類한

다. 不明할 때에는 標題紙의 最初에 쓰인 사람의 傳記로 分類한다.

(c) 特殊 主題에 관한 書翰은 그 主題와 같이 分類한다.

(d) 文學者의 書翰으로 傳記의 資料가 되는 것은 各各의 文學者의 傳記에 分類하고 書翰集은 文學形式區分을 加한다.

## 日 記

(a) 公用 또는 公人의 日記는 各各의 時代의 歷史 또는 主題에 의하여 分類한다.

(b) 戰爭, 事變 또는 一地方에 일어난 事件의 經過를 記述한 것은 內容에 의하여 그 戰爭, 事變, 또는 그 地方史에 分類한다.

(c) 個人의 生涯의 日記는 그 사람의 傳記와 같이 分類한다.

(d) 無名人士의 日記는 그 主題下에 分類한다.

(e) 文學者의 日記는 그 傳記와 같이 分類한다.

## 個人의 影響

(a) 一個人이 他一個人에게 미친 影響은 影響을 받은 사람의 傳記에 分類한다.

(b) 個人이 한 事件, 또는 한 主題에 미친 影響은 그 影響을 받은 事件 또는 그 主題에 分類한다.

(c) 個人이 많은 사람, 여러 事件, 여러 主題에 미친 影響을 다룬 著作은 그 個人의 傳記에 分類한다.

論爭: 두 사람 사이의 論爭에 관한 著作은 그 論爭의 主題에 分類한다.

人名: 姓名의 硏究는 人名辭典에 分類한다.

## 觀 光

(a) (小岳, 河川, 海洋, 湖沼, 溫泉 等)의 地誌的 案內書는 地誌에 分類한다.

(b) 史蹟, 名勝地의 一般的 記述은 그 地方史에 分類한다.

(c) 有名한 人物에 關係가 있는 史蹟에 관한 것은 그 人物의 傳記로 分類한다.

**地方年鑑**

한 地方의 年鑑, 要覽 等은 한 地方에 관한 모든 主題를 記述하고 統計로서 取扱한 것은 그 內容 如何에 따라서 年鑑, 統計, 地誌에 分類한다.

# 第5節 圖書分類의 限界와 目錄

圖書의 分類排列의 目的은 同種의 圖書를 一個所에 모으고 利用者에 대해서 時間을 節約하고 迅速하고 便利하게 利用할 수 있도록 하기 위한 것이라는 것은 이미 말한 바와 같다. 그러나 圖書의 分類排列에 의한 利用은 利用者에게 반드시 萬全을 期한 것은 아니다.

圖書分類에 의한 利用에 있어서는 一定한 限界가 있는 것이다. 그 主要한 原因은 (1) 圖書內容의 多樣性, (2) 圖書分類表의 不備, (3) 分類係의 未熟과 分類規定의 不完全 等이다.

(1) 圖書內容의 多樣性: 이미 말한 바와 같이 圖書分類를 困難하게 하는 것은 圖書內容이 多種多樣하다는 것이다. 더욱이 한 冊의 圖書가 아무리 多樣한 內容을 取扱하고 있다 할지라도 書架에 있어서는 다만 一個所에 分類하지 않으면 안 된다. 그 對策으로서 同一한 圖書를 數冊 購入하여 各 主題를 分析하여 各 關係主題下에 分類했으면 하는 것이 있다. 이것은 一, 二卷의 境遇에는 可能할 것이나 同一한 圖書에 대해서 各各 다른 請求番號를 주어야 하므로 더욱 不適當하다. 그리하여 二卷 以上을 受入하면 複本으로서 同一한 場所에 分類排列하여 利用에 便利하도록 方法을 講求하지 않으면 안 된다.

(2) 圖書分類表의 不備: 古今東西에 걸쳐 數많은 分類表가 編成되어 있다. 分類表의 編者들이 心血을 기울어 硏究해 왔으나 모든 圖書를 完全히 分類할 수 있는 分類表는 期待할 수 없다.

世界的으로 利用되고 있는 D.C.에도 여러 가지 批評이 있으며 우리나라에 直接 適用하기에는 困難하다. 또한 C.C.가 理想的이라 할지라도 完全할 수 없고, 難解問題는 역시 存在하게 마련이다. 적어도 前項에서 例示한 數個의 主題 또는 分類番號 가운데 하나만을 擇하여 한 場所에 配置해야 한다는 問題만은 圖書 그 自體를 分析하여 各各 別個의 冊으로 만들기 前에는 解決할 수 없는 것이다.

(3) 分類者의 未熟과 分類規定의 不完全: 分類者는 多樣한 內容으로 된 圖書에 分類番號를 配定하는 것이므로 無限의 對象에 대한 有限의 鬪爭인 것이다. 或者는 分類에 대하여 何等의 豫備知識도 없이 主綱表나 要目表를 任意로 判斷하여 處理하는 境遇도 있으며, 不過 數時間 또는 數週間의 講習을 받고 大膽하게 分類에 臨하는 例가 많다. 分類表의 構成, 各 主題의 所在 大略 把握하기에는 적어도 10餘日을 必要로 할 것이며, 一般的인 分類番號配當法, 部門別 分類規定에 能通하기에는 적어도 二三年의 實際經驗을 쌓아야만 할 것이다. 數十年을 여기에 從事한 사람도 分類表에 관해서나 分類의 實際에 있어서 때로는 疑問이 續出한다고 하니 스스로 긴 한숨이 나올 뿐이다.

**目錄의 必性:** 가령 分類表를 理解하고 圖書의 內容을 把握하며 適當한 分類番號를 配當했다 할지라도 類分에서 除外된 主題는 書架分類에 있어서는 餘他의 方法이 없다. 또한 分類者가 分類에 困難을 느낀 圖書의 分類의 效果는 疑問이 存在하는 同時에 苦心의 結果로서 이루어진 分類措置가 果然 利用者의 要求, 利用者가 認識하고 있는 分類觀念과 一致하느냐 않느냐는 疑問이다.

더욱이 圖書는 「春園集」, 「自由夫人」, 「人間에의 길」, 「Faust」, 「Hamlet」 等과 같은 書名으로 찾는 사람이 있으며, 「李光洙」, 「鄭飛石」, 「金義貞」, 「Goethe」, 「Shakespeare」 等과 같이 著者名으로 찾는 사람도 있고, 또한 「經濟學」, 「動物學」, 「建築」, 「國史」, 「國文學」, 「英文學」 等과 같이 直接 主題로 찾는 사람도 있다.

現代圖書館에 있어서는 利用者에 대해서나 圖書籠 經營上에 있어서나 가장 便利한 方法으로서 書架分類를 하는 것이나, 書架分類를 하고 開架閱覽方式을 採擇한다 할지라도 以上에서 말한 여러 가지 理由로서 圖書를 完全히 利用할 수는 없는 것이다. 그리하여 圖書館은 書名이나 著者名이나 件名(主題名)이나 그 中에 어느 것으로 찾든 便利하게 利用될 수 있도록 目錄을 作成해야 한다는 것은 不可避한 것이다. 目錄은 必然的으로 圖書檢索上 없어서는 아니 될 有用한 열쇠와 같은 것이다. 圖書館에서 圖書數가 적다고 하여 目錄이 必要없다고 생각하는 것은 큰 錯覺이다. 圖書數가 적을 때에 目錄의 根本方針을 세우지 않으면 後에는 收拾할 수 없게 된다.

讀者用目錄에는 書名, 著者, 件名, 辭典體, 分類 等의 目錄이 있다는 것은 이미 周知의 事實이며, 個個의 目錄의 意味에 대해서도 이미 說明했으므로 여기서는 圖書館에 있어서의 目錄의 理想的 形態에 대해서 말하고자 한다.

目錄의 理想的인 體系는 各館의 閱覽方式을 考慮해서 決定하지 않으면 안 된다. 小圖書館이나 學校圖書館에서는 開架式閱覽을 하고 있으므로 이미 書架分類를 한 셈이다. 그러므로 分類目錄을 반드시 해야 할 必要는 없다. 同一分類內의 圖書의 一覽을 希望하는 者에게는 書架目錄을 代用시키면 된다.

小圖書館이나 學校圖書館에서는 圖書의 數도 적고, 分類도 簡略하므로 「개미」, 「꿀벌」, 「電車」, 「개구리」, 「飛行機」, 「水素爆彈」等 特殊한 小主題를 取扱한 圖書를 찾아내는 것이 예사이므로 各各의 分類番號를 찾는 것은 利用者가 가장 困難을 느끼는 것이다. 그러므로 이러한 圖書館에서는 우선 最初로 件名目錄을 作成해야 한다.

件名目錄을 編成하는 데는 우선 代表件名을 整理한 「件名標目表」를 必要로 한다. 우리나라에서도 이미 李載喆氏가 編成한 件名標目表가 있다. 아직 細目에 있어서는 未備한 곳이 間或 있으나 그 利用이 可能하다.

件名目錄을 作成할 餘裕가 없는 곳에서는 **Curriculum**에서 나타난

主題의 檢索을 容易하게 하기 위해서 다음과 같이 件名에서 分類番號의 索引을 作成하는 것이 좋다.

```
例.      件 名       分類番號
        가 정 위 생  →  648
        포 유 동 물  →  599
        곤 충 류   →  595.7
        공    예   →  745
        독 서 지 도  →  028.
        국사(國史)   →  951
        국 문 학   →  811
        전    기   →  537
```

索引 card는 다음과 같이 表示한다.

```
┌─────────────────────────────────────────────┐
│                  포유동물                     │
│                                               │
│      이 件名에 대해서는 分類番號 599를 보라      │
│           (또는 分類番號 599를 보라)            │
│                                               │
└─────────────────────────────────────────────┘
```

이것은 이 件名에 該當하는 內容의 圖書가 있는 境遇에만 限한다. 書架에 포유동물의 關係圖書가 없을 境遇에 「포유동물→599」라고 하는 索引card를 作成 排列하는 것은 無意味하며 또한 英文學關係의 圖書가 없는 境遇에 「英文學→820」라는 索引card를 作成해서 排列하는 것도 無意味하다.

# 第3章 圖書記號와 書架排列

## 第1節 圖書記號

分類記號는 分類의 順位를 나타내는 것이며, 圖書記號는 同一分類記號內의 圖書의 順位를 決定하기 위한 記號이다. 分類番號와 圖書記號를 合하여 請求番號(Call number)라고 한다. 이것은 또한 書架上에 있어서의 圖書의 排列記號이기도 하다.

圖書記號에는 (1) 受入順番號 (2) 年代記號 (3) 著者記號等이 있다.

(a). **受入順番號**: 受入順番號란 同一分類番號內의 圖書의 排列을 受入順番號에 의하여 決定하는 方法이다.

例를 들면:

811.09-1 國文學史

811.09-2 國文學全史

811.09-3 國文學概說

簡單히 圖書를 個別化할 수 있고 出納에나 排列에도 時間을 節約할 수 있다. 그러나 同一分類內의 同一 著者의 圖書가 一個所에 모아지지 않고 圖書를 廢棄했을 境遇에는 그 廢棄한 番號는 空白이 생긴다.

(b). **年代記號**: 年代記號는 出版年度를 圖書記號로 하여 同一 分類番號內의 圖書를 이 年度順으로 排列하는 記號이다. 이 方法은 Biscoe의 年代表, Ranganathan의 年代表, Brown의 年代 等이 있으

나 그 代表的인 것은 Ranganathan의 것이다.(Ranaganathan 分類法
參照)

(c) **著者記號**: 同一 分類番號內의 圖書를 著者名順에 의하여 排列
하는 것으로 가장 合理的이며 다음과 같은 方法이 있다.

(1) 著者의 姓만을 또는 姓名의 처음 二字, 혹은 三字를 국문으로
記入하여 가, 나, 다 順으로 排列하는 方法.

(2) 姓 一字를 국문으로 記入하고 다음에 이름을 數字化하여 記入
하는 方法.

例:

左右의 子音을 中央의 數로 化한다.

| | | | | |
|---|---|---|---|---|
| ㄱ | 1 | ㅊ | | 活用例 |
| ㄴ | 2 | ㅋ | | 김종수 |
| ㄷ | 3 | ㅌ | | 김 97 |
| ㄹ | 4 | ㅍ | | |
| ㅁ | 5 | ㅎ | | 박철환 |
| ㅂ | 6 | | | 박 15 |
| ㅅ | 7 | | | |
| ㅇ | 8 | | | |
| ㅈ | 9 | | | |

이에 대해서는 아직 뚜렷한 記號表가 나오지 안했으며 以上은 私
案으로서 하나의 例에 不過하다. 우리나라의 理想的인 著者記號表가
期待된다.

(3) Cutter와 Cutter-Sanborn의 著者記號表.

前項의(1), (2)의 方法은 大略 著者順排列이 되나, 正確하지 못하
며 排列에 理想的인 것이 못된다. 이에 대해서 가장 正確하고 가장
有名하여 世界的으로 實用되고 있는 것은 *C.A. Cutter's three figure
alphabetic-order table*과 *Cutter-Sanborn*의 Auther-marks이다. 이 記

號는 著者順排列을 위하여 考案된 것이다. 前者는 子音表(S를 除外한), 母音및 S表, O, X, Y, Z表로 나누어져 있고 後者는 모두 3數字로 되어 있다. 中央에 數字를 두고 左右에 著者의 姓을 綴字로 配置하여 左右 共用으로 활용하게 되었으므로 利用 에 便利하다. 使用法과 그 表의 例는 紙面 關係로 略하고 Cutter-Sanborn에 의하여 表示된 記號를 例示하기로 한다.

例. 
332.64
H598 C김

以上의 例는 한 圖書의 求請番號이다. 332.64(환거래)는 分類番號이며 H598은 Cutter Sanhorn의 著者記號이다. C는 書名의 頭字「김」은 譯者의 姓을 表示한다. 이것으로서 이 圖書는 完全히 個別化된 셈이다. 藏書數가 적은 小圖書館에서는 이러한 記號까지는 必要가 없다.

美國에서도 小圖書館에서는 分類番號만으로서 圖書記號를 使用하지 않는 곳도 있다고 한다. 그러나 同一 分類番號內의 圖書가 많으면 排列에 困難하므로 著者의 頭字 程度를 記入하는 것이 좋을 것이다.

要는 開架式의 圖書館이나 藏書數이 적은 圖書館에서는 著者記號는 簡單히 하여 排列하는 데 時間을 要하지 않도록 하는 것이 좋다.

著者記號를 使用할 境遇, 圖書의 Spine(背)에 그 記號에 該當하는 人名이 記入되지 않은 境遇의 著者의 取扱方法을 Akers는 다음과 같이 指示하고 있다.

(1) 傳記의 境遇는 被傳者名에 下線을 긋고 被傳者名이 Spine에 記入되지 않은 境遇에는 그 이름을 記入한다.

(2) 編者, 著者, 共著者 等이 있는 圖書로서 어느 것을 著者記號로서 採擇했는지 疑問이 생길 境遇에는 그 採擇한 人名에 下線을 긋는다.

(3) 無著者名으로 出版되었는데 後에 著者名을 알고 그 著者名으로 目錄 記入을 했을 境遇에는 그 이름을 Spine에 追記한다.

(4) 變名으로 出版된 圖書를 本名으로 目錄記入을 했을 境遇는 表紙에 本名을 追記한다.

그러나 東洋圖書에서는 文字上 굳이 圖書의 Spine에 記入할 必要는 없으나 著者의 頭字와 著者記號가 다른 것은 特히 注意해서 目錄記入을 하고 標題紙의 裏面 上部等에 記入하도록 定하는 것이 좋을 것이다.

# 第2節　書架排列

**書架排列:** 請求番號를 圖書에 表示함으로서 圖書의 書架排列은 可能하다. 여기에서는 많은 問題는 없으나 排列의 方法에 若干의 混亂이 있으므로 이에 대해서 말하고자 한다.

圖書의 排列은 圖書室(書庫)의 入口에서부터 分類番號順(請求番號)으로 排列하는 것이 理想的이나 場所 關係上 그것이 不可能한 境遇가 있다. 이러한 境遇는 書架 配置를 잘 생각하여 分類番號가 왼쪽에서 시작되도록 해야 한다.

書架排列의 順은 第一書架의 第一段의 왼편에서, 오른편으로, 다음은 第二段의 왼편에서 오른편으로……나아가야 한다. 이렇게 하여 第一書架의 最下段이 끝나면 第二書架의 第一段에서 다시 시작된다. 書架排列에서는 앞으로 受入排架될 圖書를 생각하여 類, 綱 等의 區劃을 두어 餘白을 두는 것이 좋다.

特殊圖書, 大形本, 小冊子, 地圖, 樂譜, 貴重圖書, 特殊集書, 掛圖類, film, record, 兒童圖書, 貸出文庫, 自動車文庫 等은 各各의 記號에 따라서 一般圖書와 別途로 排列한다.

百科辭典, 辭典, 其他 參考書에는 分類番號앞에 「R」을 記入하여 利用에 가장 便利한 곳에 排列하거나 또는 許容만 된다면 參考圖書

室(Reference Room)을 設置하는 것이 좋다. 但, 參考圖書는 館外貸出을 不許하는 것이 普通이다. 排列은 請求番號順으로 하는 것은 勿論이다.

**書架의 表示:** 書架排列을 함과 同時에 重要한 것은 (1) 圖書分類表를 表示할 것. (2) 各書架에 類, 綱, 目의 表示를 明確히 할 것. (3) 書架排列의 混亂을 防止하기 위한 訓練을 시킬 것이다.

(1) 圖書分類表의 表示: 簡略分類의 境遇는 最初의 書架上에 主綱表를 鮮明하게 揭示하면 되나 要目表를 使用하는 곳에서는 部門別의 表示를 할 必要가 있다.

(2) 類, 綱, 目의 表示는 各書架의 위에 「000 總記」, 「100 哲學」等으로 한다. 同一類內의 綱目을 表示하는 데는 縱 3, 4cm, 橫 25cm 程度의 板紙에 橫書로 「020 圖書館」, 「028 圖書와 讀書」라고 記入하에 書架板에 附着하는 것이 좋다.

(3) 書架排列의 混亂과 그 對策: 圖書記號를 受入順으로 하든 著者記號順으로 하든 開架式의 境遇에는 書架排列에 混亂이 생긴다. 이 混亂을 防止하기 위해서는 貸出된 圖書는 讀者로 하여금 各自가 本來의 자리에 꽂도록 할 것이 아니라 出納臺에 返還하게 하여 係員이 再排列하는 것이 좋다.

그러나 學校圖書館에서는 이와는 反對로 讀者로 하여금 正位置에 꽂도록 해야 할 것이다. 自己가 使用한 圖書를 다음의 利用者를 爲하여 바른 位置에 整理한다고 하는 것. 이것은 작은 일 같으나 이 訓練이 徹底하면 크게 생각해서는 社會秩序의 維持에 模範이 될 것이다. 이것이 學校圖書館에 있어서의 圖書利用의 訓練의 第一步가 될 것이다.

美國, 英國의 「圖書와 圖書館의 利用法」의 第一課는 거의 全部 「圖書館에 있어서의 圖書의 排列」이다. 排列法을 가르치고 이것을 習得시키기 위해서 여러 가지로 練習을 시킨다.

**書架目錄:** 請求番號가 決定되고 書架排列(大圖書館에서 事務를 分

掌하면 目錄編成과 書架排列은 分類係의 任務는 아니지만)이 끝나면 圖書分類作業은 一旦 完了된 셈이다. 書架目錄이란 圖書가 書架에 排列된 것과 一切 同一한 順으로 排列된 一種의 分類目錄이다. 이 目錄은 書架排列을 一層 確實하게 하고, 書架의 點檢을 하기 위해서, 圖書記號를 주는 資料로서, 副本調查를 위해서, 分類作業을 一貫시키기 위해서 部門別圖書의 增加를 一覽하기 위해서, 分類目錄의 代用으로서, 增加圖書의 部門別 統計, 分類目錄의 印刷 原稿 等으로서 不可缺의 目錄이다.

書架目錄의 記入方法 等은 編目에서 다루어질 것이므로 여기에서는 省略한다.

附　　錄

D.D.C. 要目表

## 一 般 式 區 分

| | | | |
|---|---|---|---|
| 01 | 理　論 | 06 | 團體. 學會 |
| 02 | 槪要. 便覽 | 07 | 學習. 指導 |
| 03 | 辭典. 百科辭典 | 08 | 全集. 叢書 |
| 04 | 論文集. 講演集 | 09 | 歷史 |
| 05 | 定期刊行物. 年鑑 | | |

## 地 理 區 分

| | | | |
|---|---|---|---|
| 4 | 유 럽 | 5 | 亞細亞 |
| 41 | 스콧트란드 | 51 | 韓　國 |
| 42 | 英　國 | 52 | 中　國 ※ |
| 43 | 獨　逸 | 53 | 日　本 |
| 44 | 佛蘭西 | 54 | 印　度 |
| 45 | 伊太利 | 6 | 아프리카 |
| 46 | 스페인 | 8 | 南아메리카 |
| 47 | 소비엣聯邦共和國 | 9 | 大洋洲. 極地 |
| | | 7 | 北아메리카 |
| | | 73 | 美合衆國 |

## 言 語 區 分

| | | | |
|---|---|---|---|
| 11 | 韓國語 | 4 | 佛蘭西語 |
| 12 | 中國語 ※ | 5 | 伊太語 |
| 13 | 日本語 | 6 | 스페인語 |
| 14 | 印度語 | 7 | 라틴語 |
| 2 | 英　語 | 8 | 希臘語 |
| 3 | 獨逸語 | 9 | 其　他 |

## 言 語 形 式 區 分

| | | | |
|---|---|---|---|
| 1 | 文字. 音韻 | 6 | 韻律 |
| 2 | 語源 | 7 | 方言 |
| 3 | 辭典 | 8 | 敎科書 |
| 4 | 語彙 | 9 | 傍系言語 |
| 5 | 文法 | | |

## 文 學 形 式 區

| | | | |
|---|---|---|---|
| 1 | 詩 | 6 | 書翰. 日紀. 紀行 |
| 2 | 戲 曲 | 7 | 諷刺. 유모어 |
| 3 | 小 說 | 8 | 雜文學(prose도 包含) |
| 4 | 隨 筆 | 9 | 傍系語의 文學 |
| 5 | 演說. 雄辯 | | |

| 主類表 | | FIRST SUMMARY | |
|---|---|---|---|
| 000 | 總 類 | 000 | General works |
| 100 | 哲 學 | 100 | Philosophy |
| 200 | 宗 敎 | 200 | Religion |
| 300 | 社會科學 | 300 | Social Sciences |
| 400 | 語 學 | 400 | Language |
| 500 | 純粹科學 | 500 | Pure Science |
| 600 | 應用科學 | 600 | Technology |
| 700 | 藝術·娛樂 | 700 | Arts |
| 800 | 文 學 | 800 | Literature |
| 900 | 歷 史 | 900 | History |

# 要　目　表

## (1,000區分)

| | | THIRD SUMMARY |
|---|---|---|

**000　總　類**
001　知識. 學問.
002　圖　書
006　情報와 傳達
007　研究一般
**010　書誌學**
011　一般書目

012　個人書目
013　特殊群의 著者書目
014　無名 및 匿名의 書目

015　國別 地域別書目
016　主題別書目
017　分類目錄
018　著者目錄
019　辭典體目錄
**020　圖書館學**

021　圖書館設立과 目的
022　圖書館建物
023　圖書館職員
024　圖書館閱覽規程
025　圖書館行政
026　特殊圖書館. 特殊文庫
027　一般圖書館
028　讀書, 讀書指導, 兒童圖書
029　著述의 方法. 索引抄錄

# THIRD SUMMARY

**000　General Works**
001　Knowledge. Learning.
002　The Book
006　Information & Comnuaication
007　Research in general.
**010　Bibliography**
011　Universal and General
　　　Bibliographies
012　Bibliographies of Individuals
013　Special class of Writers
014　Bibliographies of Anonymous
　　　and Pseudonymous Works
015　National Bibliographies
016　Subject Bibliographies
017　Classified Catalogs
018　Author Catalogs
019　Dictionary Catalogs
**020　Library Science**
021　Libraries. Establishment and
　　　Purpose.
022　Library Buildings
023　Library Personnel
024　Rules for Users of Libraries
025　Administration
026　Special Libraries.
027　General Libraries
028　Reading and Reading Guidance
029　Literary Methods

| 030 | 百科事典 | 030 | **General Encyclopedias** |
|---|---|---|---|
| ※031 | 東洋諸國의 百科辭典 | *031 | Oriental Encyclopedias |
| ※031.1 | 韓國語 | *031.1 | Korean |
| ※031.2 | 中國語 | *031.2 | Chinese |
| ※031.3 | 日本語 | *031.3 | Japanese |
| ※031.4 | 印度語 | *031.4 | Indian |
| ※031.5 | 其 他 | *031.5 | Other Oriental |
| ※032 | 英 語 | *032 | American, English Encyclopedias |
| 033 | 獨逸語 | 033 | German |
| 034 | 佛蘭西語 | 034 | French |
| 035 | 伊太利語 | 035 | Italian |
| 036 | 스페인語 | 036 | Spanish |
| 037 | 러시아語 | 037 | Russian |
| 038 | 스칸디나비아語 | 038 | Scandinavian |
| 039 | 其 他 | 039 | Other |
| ※040 | 一般論文集・講演集 | *040 | **General Collected Essays** |
| | 一個主題에 속하지 않는 一般的인 것은 030과 같이 區分한다. | | May be divided like 030 |
| ※050 | 一般定期刊行物 | *050 | **General Periodicals** |
| | 030과 같이 區分한다. | | May be divided like 030 |
| ※060 | 一般社會團體 | *060 | **General Societies** |
| | 030과 같이 區分한다. | | May be divided like 030 |
| 069 | 博物館 | 069 | Museums |
| ※070 | 新聞. 新聞學 | *070 | **Journalism** |
| | 030과 같이 區分한다. | | May be divided like 030 |
| 080 | 叢書・全集 | 080 | **Collected Works** |
| 081 | 個人全集 | 081 | Collected Works of Individual Authors |
| 082 | 여러 著者의 全集 | 082 | Collected Works of Soveral Authort |

| 090 | 稀書 | 090 | **Rare Book** |
|-----|------|-----|---------------|
| 091 | 古手本 | 091 | Manuscripts |
| 092 | 木版本 | 092 | Block Books |
| 093 | 古版本(1500年 以前의 印行本) | 093 | Incunabula |
| 094 | 稀貴本(1500年 以後의 限定版. 初版本等) | 094 | Rare Printing |
| 095 | 稀貴裝幀本 | 095 | Rare Binding |
| 096 | 稀貴揷畵 또는 資料 | 096 | Rare Illustrations |
| 097 | 藏書票 | 097 | Book Plates. |
| 098 | 內的特徵의 稀書 | 098 | Rarities Based on Extrinsic Characteristics |
| 099 | 外的特徵의 稀書 | 099 | Rarities Based on Characteristics |
| **100** | **哲　學** | **100** | **Philosophy** |
| 101 | 美와 價値 | 101 | Value & use |
| 102 | 槪要·便覽 | 102 | Compends. Handbooks Ooulines |
| 103 | 辭　典 | 103 | Dictionaries. Encyclopedias |
| 104 | 論文集·講演集 | 104 | Essays. Addresses. Lectures |
| 105 | 定期刊行物·年鑑 | 105 | Periodicals |
| 106 | 團體·學會 | 106 | Associations. Societies |
| 107 | 學習·指導 | 107 | Study and Teaching |
| 108 | 全集·叢書 | 108 | Collections |
| 109 | 哲學史 | 109 | History of Philosophy |
| **110** | **形而上學** | **110** | **Metaphysics** |
| 111 | 存在論 | 111 | Ontology |
| 112 | 方法論 | 112 | Methodology |
| 113 | 宇宙論 | 113 | Cosmology |
| 120 | 形而上學的諸論 | 120 | Mataphysical Theories |
| 121 | 認識論 | 121 | Epistemology |
| 122 | 原因과 結果 | 122 | Cause & effect |
| 123 | 自由. 人類自由의 性格 | 123 | Freedom |

| | | | | |
|---|---|---|---|---|
| 124 | 目的論 | | 124 | Teleology |
| **130** | **心理學의 領域** | | **130** | **Brannches of Psychology** |
| | 心理學一般은 150을 보라 | | | For psychology in general, see150 |
| 131 | 心身相關論(生理的心理學) | | 131 | Psychosomatics |
| 132 | 變態心理學 | | 132 | Abnormal Psychology |
| 133 | 神秘學 | | 133 | Occultism |
| 134 | 催眼術 | | 134 | Hyponotism. Mesmerism |
| 135 | 꿈(夢)·睡眠 | | 135 | Dreams |
| 136 | 發達心理學 | | 136 | Genetic Psychology |
| 137 | 個人心理學 | | 137 | Individual Psychology |
| 138 | 人相學 | | 138 | Physiognomy |
| 139 | 骨相學 | | 139 | Phrenology |
| 140 | 哲學系는 180~190에 分類한다. | | 140 | It is recommended that philosophic systems be classified in 180~190 |
| **150** | **心理學** | | **150** | **Generil Psychology** |
| 151 | 智性·智能 | | 151 | Intelligence |
| 152 | 感覺·感受 | | 152 | Sensation. Perception |
| 153 | 知覺·認識 | | 153 | Congnition |
| 154 | 記憶·學習 | | 154 | Memroy. Learning |
| 155 | 想　像 | | 155 | Imagination |
| 156 | 直　覺 | | 156 | Intuition |
| 157 | 感　情 | | 157 | Emotion |
| 158 | 意慾·運動 | | 158 | Conation. Movement |
| 159 | 意志·動機 | | 159 | Motivation |
| **160** | **論理學** | | **160** | **Logic** |
| 161 | 歸納法 및 科學的方法 | | 161 | Induction and Scientific Method |
| 162 | 演繹法 | | 162 | Deduction |
| 164 | 論理學의 體系 | | 164 | Systems of Logic |
| **170** | **倫理學** | | **170** | **Ethics** |

| | | | |
|---|---|---|---|
| 171 | 理論倫理學 | 171 | Theoretical Ethics |
| 172 | 政治倫理 | 172 | Political ethics |
| 173 | 家族倫理 | 173 | family ethics |
| 174 | 職業倫理 商業倫理는 職業商業 部門에 分類한다. 例: 醫學倫理는 610 法律倫理는 340 | 174 | It is recommended that professional or business ethics be classified with professions or buineses, e, g, medical ethics, 610; legal ethics, 340 |
| 175 | 娛樂倫理는 177에 分類한다. | 175 | It is recommended that ethics or recreation be classified inl 177 |
| 176 | 性倫理는 177; 社會問題로서의 賣春은 301.424에 分類한다. | 176 | It is recommended that sexua ethics be classified in 177; prostitution as social problem, 301. 424 |
| 177 | 社會論理 또는 應用倫理 | 177 | Social or Applied Ethics |
| 178 | 禁酒倫理는 177; 알코올中毒 및 麻藥常用은 616.86에 分類 한다. | 178 | It is recommended that ethics of temperance be classified in 177; alcoholism and drug addition in 616.86 |
| 179 | 個人倫理 | 179 | Individual Ethics |
| **180** | **東洋哲學 및 古代哲學** | **180** | **Oriental and Ancient** Philosophy |
| ※181 | 東洋哲學 | 181 | Oriental Philosophy |
| ※181.1 | 韓國哲學・思想 | *181.1 | Korean Philosophy |
| ※181.2 | 中國哲學・思想 | *181.2 | Chinese Philosophy |
| ※181.3 | 日本哲學・思想 | *181.3 | Japanese Philosophy |
| ※181.4 | 印度哲學・思想 | *181.4 | Indian Philosophy |
| ※181.5 | 其他 東洋哲學 | *181.5 | Other Oriental Philosophy |
| 182 | 쏘크라테스以前 哲學 | 182 | Pre-Socratic Philosophy |
| 183 | 詭辯學派 및 쏘크라테스哲學 | 183 | Sophism and Socratic Philosophy |

| | | | |
|---|---|---|---|
| 184 | 푸라톤哲學 | 184 | Platonic Philosophy |
| 185 | 아리스토텔레스哲學 | 185 | Aristotelian Philosophy |
| 186 | 懷疑論 및 新푸라톤派哲學 | 186 | Scepticism and Neo-Platonism |
| 187 | 快樂主義(에피스트哲學說) | 187 | Epicureanism |
| 188 | 禁慾主義(스토아學派) | 188 | Stoicism |
| 189 | 中世紀哲學 | 189 | Medieval Philosophy |
| **190** | **現代哲學** | **190** | **Modern Philosophy** |
| 191 | 美國哲學 | 191 | American Philosophy |
| 192 | 英國哲學 | 192 | British Philosophy |
| 193 | 獨逸哲學 | 193 | German Philosophy |
| 194 | 佛蘭西哲學 | 194 | French Philosophy |
| 195 | 이태리哲學 | 195 | Italian Philosphy |
| 196 | 스페인 및 포르투갈哲學 | 196 | Spanish and Portuguess Philosophy |
| 197 | 러시아哲學 | 197 | Russian Philosophy |
| 198 | 스칸디나비아哲學 | 198 | Scandinavian Philosophy |
| 199 | 其他 現代哲學 | 199 | Other Modern Philosophy |
| **200** | **宗 敎** | **200** | **Religion** |
| 201 | 理 論 | 201 | Philosophy Theory Methodology |
| 202 | 槪要・便覽 | 202 | Compends Handbooks Outline |
| 203 | 辭 典 | 203 | Dictionaries. Encyclopedias |
| 204 | 論文集・講演集 | 204 | Essays. Addresses. Lectures |
| 205 | 定期刊行物・年鑑 | 205 | Periodicals |
| 206 | 團體・學會 | 206 | Associations. Societies' |
| 207 | 學習・指導 | 207 | Study and Teaching |
| 208 | 全集・叢書 | 208 | Collections |
| 209 | 宗敎史 | 209 | History of Religion |
| **210** | **自然神學** | **210** | **Natural thelogy** |
| 211 | 理神論・無神論・有神論 | 211 | Deism. Atheism. Theism |
| 212 | 汎神論 | 212 | Pantheism. |
| 213 | 創 造 | 213 | Creation |

| | | | |
|---|---|---|---|
| 249 | 家庭禮拜 | 249 | Family Worship |
| **250** | **牧會學(傳道·說教學)** | **250** | **Pastoral Theology** |
| 251 | 說教法 | 251 | Homiletics |
| 252 | 說教集 | 252 | Sermons |
| 253 | 牧　師 | 253 | Pastor |
| 254 | 教會行政 | 254 | Church Administration |
| 256 | 教區活動을 위한 社會團體는 267에 分類한다. | 256 | It is recommended that societies for parish work be classified in 267 |
| 258 | 教會의 社會事業 | 258 | Social Welfare Work of Church |
| 259 | 教會集團組織 | 259 | Group Organizations and Leadership |
| **260** | **基督教** | **260** | **Christian church** |
| 261 | 基督教社會神學 | 261 | Christian Social Theology |
| 262 | 教會政治 | 262 | Church Government |
| 263 | 安息日 | 263 | Christian Sabbath |
| 264 | 公衆禮拜(教會儀式包含) | 264 | Public Worship |
| 265 | 聖禮典 | 265 | Sacraments |
| 266 | 傳道 | 266 | Missions |
| 267 | 宗敎團體 | 267 | Religious Associations |
| 268 | 宗敎敎育 | 268 | Religious Educaion |
| 269 | 福音傳道 | 269 | Evangelism |
| **270** | **基督教會史** | **270** | **Christian Church History** |
| 271 | 修道會·僧院 | 271 | Religious Orders |
| 272 | 基督教徒 迫害는 270.1~.8 또는 國名이 同伴할 경우에는 274-279에 分類한다. | 272 | It is recommended that persecutions of christians be classified in 270.1-.8 or with country in 274-279 |
| 273 | 異敎는 270.1~,8 또는 274 279에 分類한다. | 273 | It is recommended that heresies be classified in 270.1-.8 or 274-279 |

| | | | |
|---|---|---|---|
| ※341 | 國際法 | *341 | International Law |
| ※342 | 憲 法 | *342 | Constitutional Law |
| ※343 | 刑 法 | *343 | Criminal Law |
| ※344 | 行政法 | *344 | Administrative Law |
| ※345 | 民 法 | *345 | Civil Law |
| ※346 | 商 法 | *346 | Commercial Law |
| ※347 | 司法制度·訴訟節次法 | *347 | Judicial System. Legal Proceedings |
| ※348 | 其他諸法 | *348 | Codes of Special Subjects |
| ※349 | 外國法 | *349 | Foreign Law |
| **350** | **行政學** | **350** | **Public Administration** |
| 351 | 行政의 諸問題 | 351 | Problems of Public Administration |
| 352 | 地方行政 | 352 | Local Government |
| 353 | 美國政府의 行政 | 353 | Administration of United States Government |
| 354 | 其他 各國行政府의 行政930~ 999와 같이 地理區分한다. | 354 | Adminstration of Executive Government other than United States |
| 355 | 軍事學 | 355 | Elements of Warfare |
| 356 | 陸 軍 | 356 | Ground Forces and Services |
| 357 | 騎 兵 | 357 | Cavalry |
| 358 | 空 軍 | 358 | Air Forces and Services |
| 359 | 海 軍 | 359 | Naver Forces |
| **360** | **社會福祉** | **360** | **Social Welfare** |
| 361 | 社會事業 및 事業機關 | 361 | Social Work and Agencies |
| 362 | 福祉事業 | 362 | Welfare Services |
| 363 | 政治的 社會團體 | 363 | Political Societies |
| 364 | 犯罪學 | 364 | Criminology |
| 365 | 刑政學 | 365 | Penology |
| 366 | 社會團體 | 366 | Associations |
| 367 | 社會클럽 | 367 | Social Clubs |

| | | | | |
|---|---|---|---|---|
| 368 | 保 險 | 368 | Insurance |
| 369 | 其他 社會團體·機關 | 369 | Other Associations |
| **370** | **敎 育** | **370** | **Education** |
| 371 | 敎育一般 | 371 | Teaching |
| 372 | 初等敎育 | 372 | Elementary Education |
| 373 | 中等敎育 | 373 | Secondary Education |
| 374 | 成人敎育 | 374 | Adult Education |
| 375 | 敎科過程 | 375 | Curriculum. |
| 376 | 女性敎育 | 376 | Education of women |
| 377 | 宗敎교육 및 道義敎育 | 377 | Religious and Moral Education |
| 378 | 大學敎育 940-999와 같이 區分한다. | 378 | College and University Education |
| 379 | 敎育과 國家 | 379 | Education and the State |
| **380** | **商 業** | **380** | **Commerce** |
| 381 | 國內商業 | 381 | Domestic Trade |
| 382 | 國際貿易 | 382 | International Trade |
| 383 | 郵 遞 | 383 | Postal Communication |
| 384 | 通 信 | 384 | Communication |
| 385 | 運 輸 | 385 | Transportation |
| 386 | 內陸水路運輸 | 386 | Inland Waterway Transportation |
| 387 | 海 運 | 387 | Marine Transportation |
| 387.7 | 空 輸 | 387.7 | Air Transportation |
| 388 | 陸運 | 388 | Highway Transportation |
| 389 | 度量衡 | 389 | Standardization |
| **390** | **風 俗** | **390** | **Customs** |
| 391 | 衣服 및 裝身具 | 391 | Costume and Accessories |
| 392 | 生活風習 | 392 | Customs of Life Cycle |
| 393 | 死亡者處理 | 393 | Treatment of death |
| 394 | 政治 및 社會生活風俗 | 394 | Political and Social Customs |
| 395 | 禮 法 | 395 | Etiquette |
| 396 | 女性의 社會的地位 | 396 | Woman's Position in Society |

| | | | | |
|---|---|---|---|---|
| ※415 | 其他東洋諸國語 | *415 | Other Oriental Languages | |
| 420 | 英 語 | 420 | English Language | |
| | 411과 같이 區分한다. | | May be dvided like 411 | |
| 430 | 獨逸語 | 430 | German | |
| | 411과 같이 區分한다. | | May be divided like 411 | |
| 439 | 其他獨逸系語 | 439 | Germanic Languages | |
| 440 | 佛蘭西語 | 440 | French | |
| | 411과 같이 區分한다. | | May be divided like 411 | |
| 449 | 푸로반스語 | 449 | Provencal | |
| 450 | 伊太利語 | 450 | Italian | |
| | 411과 같이 區分한다. | | May be divided like 411 | |
| 459 | 루-마니아語 | 459 | Rumanian | |
| 460 | 스페인語 | 460 | Spanish | |
| | 411과 같이 區分한다. | | May be divided like 411 | |
| 469 | 포르투갈語 | 469 | Portuguese | |
| 470 | 라틴語 | 470 | Latin | |
| | 411과 같이 區分한다. | | May be divided like 411 | |
| 479 | 其他 이태리系語 中世紀 및 現代라틴語 | 479 | Other Itlic. Medieval and Modern Latin(Church Latin) | |
| 480 | 希臘語 | 480 | Greek | |
| | 411과 같이 區分한다. | | May be divided like 411 | |
| 489 | 希臘語群·中世紀 및 現代希臘語 | 489 | Helenic Group. Modern Creek | |
| 490 | 其他言語 | 490 | Other Languages | |
| 491 | 印度 유럽語 및 印度 히타이트語族 | 491 | Indo-European Languagees Indo-Hittite | |
| 492 | 세마이트語族 | 492 | Semitic Languages | |
| 493 | 해마이트語族 | 493 | Hamitic Languages | |
| 494 | 퉁구즈. 터키. 새모에드. 휘노-우그릭, 하이포보리안語族 | 494 | Tunguzic, Turkic, Samoyed, Finno-Ugric and Hyperborean Languages | |
| 495 | 410을 보라 | 495 | See 410 Oriental Languages | |

分類한다
例: 星座圖 523.89. 天文臺刊
行物522.1

| | | | |
|---|---|---|---|
| 525 | 地　球 | 525 | Earth |
| 526 | 測地學 | 526 | Geodesy |
| 527 | 天體航法 | 527 | Celestial Navigation |
| 528 | 航海曆 | 528 | Nautical Almanacs |
| 529 | 時間測定 | 529 | Measurement of Time |
| **530** | **物理學** | **530** | **Physics** |
| 531 | 固體力學 | 531 | Mechanics of Solids |
| 532 | 液體力學 | 532 | Mechanics of Liquids |
| 533 | 氣體力學 | 533 | Mechanics of Gases |
| 534 | 音　響 | 534 | Sound |
| 535 | 光　學 | 535 | Optics |
| 536 | 熱 | 536 | Heat |
| 537 | 電氣 및 磁氣 | 537 | Electricity and Magnetism |
| | | 538 | It is recommended that magnetism be classified with electricity in 537; except terrestrial magnetism, 551.16 |
| 538 | 磁氣는 電氣와 같이 537에 分類한다 但, 地磁氣 511.16은 例外 | | |
| 539 | 分子, 核, 原子物理學 | 539 | Molecular, Nuclear, Atomic Physics |
| **540** | **化　學** | **540** | **Chemistry** |
| 541 | 物理化學 | 541 | Physical Chemistry |
| 542 | 化學實驗器具·裝置 및 設備 | 542 | Apparatus and Equipment for Chemical Laboratories |
| 543 | 分析化學 | 543 | Analysis |
| 544 | 定性分析 | 544 | Qualitative Analysis |

ronomical maps and tables bs classified with specific subjects e.g maps of stars, 523.89; observatory publications, 522.1

| 545 | 定量分析 | 545 | Quantitative Analysis |
| 546 | 無機化學 | 546 | Inorganic Chemistry |
| 547 | 有機化學 | 547 | Organic Chemistry |
| 548 | 結晶學 | 548 | Crystallography |
| 549 | 鑛物學 | 549 | Mineralogy |
| **550** | **地球科學** | **550** | **Earth Sciences** |
| 551 | 自然地質學 및 力學地質學 | 551. | Physical and Dynamic Geology |
| 552 | 岩石學 | 552 | Petrology |
| 553 | 經濟地質學 및 應用地質學 | 553 | Economic and Applied Geology |
| 554 | 유럽 地質學 | 554 | Geology of Europe |
| 555 | 亞世亞地質學 | 555 | Geology of Asia |
| 556 | 아프리카地質學 | 556 | Geology of Africa |
| 557 | 北아메리카地質學 | 557 | Geology of North America |
| 558 | 南아메리카地質學 | 558 | Geology of South America |
| 559 | 大洋洲와 極地方地質學 | 559 | Geology of Oceania and Polar Regions |
| **560** | **古生物學** | **560** | **Paleontology** |
| 561 | 古植物學 | 561 | Paleobotany |
| 562 | 無脊椎古動物學 | 562 | Invertebrate Paleozoology |
| 563 | 原史動物・多孔 | 563 | Protozoa, Porifera, cnidaria, Echinodermata |
| 564 | 軟體動物・擬軟體動物 | 564 | Mollusca and Molluscoidea |
| 565 | 節足動物 | 565 | Arthropoda |
| 566 | 魚脊椎動物學 | 566 | Vertebrate Polezoology |
| 567 | 魚類 | 567 | Fishes |
| 568 | 爬史類・鳥類 | 568 | Sauropsida(reptiles and. birds) |
| 569 | 哺乳類動物 | 569 | Mammals |
| **570** | **生物科學** | **570** | **Biological Chemistry** |
| 571 | 考古學 | 571 | Archeology |
| 572 | 人類學 | 572 | Anthropology |

| | | | |
|---|---|---|---|
| 573 | 自然人類學 | 573 | Physical Anthropology |
| 574 | 生物學 | 574 | Biology |
| 575 | 進化 | 575 | Evolution |
| 576 | 微生物學 | 576 | Microbiology |
| 577 | 生物의 化學的 特性은 574.19; 物理的 特性은 574.191에 分類한다 | 577 | It is recommended the chemical Properties of living matter be classified in 574.19; physical properties in 574.191 |
| 578 | 生物學的技法 | 578 | Biological Techniques |
| 579 | 生物學的 및 博物學的 蒐集品 | 579 | Biological and Natural History Collections |
| **580** | **植物學** | **580** | **Botany** |
| 581 | 植物生理學 및 식물形態學 | 581 | Plant Physiology and Morphology |
| 582 | 植物分類學 | 582 | Systematic or Taxonomic Botany |
| 583 | 雙子葉植物 | 583 | Dicotyledons |
| 584 | 單子葉根物 | 584 | Monocotyledons |
| 585 | 裸子葉植物 | 585 | Gymnosperms |
| 586 | 隱花植物 | 586 | Cryptogams |
| 587 | 羊齒植物 | 587 | Pteridophyta |
| 588 | 蘇臺類植物 | 588 | Bryophta |
| 589 | 葉狀植物 | 589 | Thallophyta |
| **590** | **動物學** | **590** | **Zoology** |
| 591 | 一般動物學 | 591 | General Zoology |
| 592 | 無脊椎動物 | 592 | Invertebrates |
| 593 | 原生動物 | 593 | Protozoa |
| 594 | 軟體動物 및 擬軟體動物 | 594 | Mollusca and Molluscoidea |
| 595 | 節足動物 | 595 | Arthropoda |
| 595.7 | 昆　虫 | 595.7 | Insecta(Hexapoda) |
| 596 | 脊椎動物 | 596 | Chordates |

| | | | |
|---|---|---|---|
| 626 | 船舶運河 및 낙거는(水門) 627.13; 灌漑用水路는 627.5에 分類한다 | 626 | It is recommended that ship canals and locks be classified in 627-13 irrigation canals in 627.5 |
| 627 | 水力工學 | 627 | Hydraulic Engineering |
| 628 | 衛生工學 | 628 | Sanitary Engineering |
| 629 | 其他工學 | 629 | Other Branches of Engeering |
| **630** | **農 業** | **630** | **Agriculture** |
| 631 | 農場經營 | 631 | Farm Management |
| 632 | 農作物生産의 有害한 要因 | 632 | Injurious Factors in Crop Production |
| 633 | 田畓農作物 | 633 | Field Crops |
| 634 | 果樹栽培 | 634 | Fruit Culture |
| 634.9 | 森 林 | 634.9 | Forestry |
| 635 | 園 藝 | 635 | Horticulture |
| 636 | 畜 産 | 636 | Animal Husbandry |
| 637 | 酪農業 | 637 | Dairy Industry |
| 638 | 養蜂·養虫 | 638 | Bee, Silkworm Culture |
| 639 | 狩獵·漁業 | 639 | Hunting, Fishing Industries |
| **640** | **家政學** | **640** | **Home Economics** |
| 641 | 飮食物 | 641 | Food |
| 642 | 食事와 待接 | 642 | Dining and Entertaining |
| 643 | 住宅設計 | 643 | Home Planning |
| 644 | 家庭暖房, 換氣는 697; 照明은 621.32에 分類한다 | 644 | it is recommended that house hold heating and ventilation be classified in 697; lighting in 621. 32 |
| 645 | 家具備置는 室內裝飾 747에 分類한다 | 645 | It is recommended that house furnishing be classified in interior decoration, 747 |
| 646 | 衣類 및 服裝 | 646 | Clothing and Personal Appearance |

| | | | |
|---|---|---|---|
| 667 | 洗濯・漂白・染色工業 | 667 | Clearning and Bleaching. Dyeing |
| 668 | 其他有機化學・原料 및 製品 | 668 | Other Organic Chemical Materials and Products |
| 669 | 冶金學・金屬工學 | 669 | Metallurgy |
| **670** | **製造業** | **670** | **Manufactures,** |
| 671 | 金屬製造業 | 671 | Metal Manufactures |
| 672 | 鐵・銅鐵・鐵合金 | 672 | Iron and Steel, Iron Alloys |
| 673 | 其他金屬 및 合金 | 673 | Other Metals and Their Alloys |
| 674 | 製材業 | 674 | Lumber Manufactures |
| 675 | 皮革・毛皮工業 | 675 | Leather and Fur Industries |
| 676 | 팔푸・製紙・세루로－즈 製造業 | 676 | Pulp, Paper and Cellulose Manufactures |
| 677 | 織物・纖維製造業 | 677 | Textile and other Fiber Manufactures |
| 678 | 고무製造 및 고무 | 678 | Rubber Manufactures and Rubber |
| 679 | 其他製造業 | 679 | Other Manufactures |
| **680** | **其他 製造業** | **680** | **Other Manufactures,** |
| 682 | 小規模鐵工 | 682 | Small Forge Work |
| 683 | 銃砲工(裝飾・열쇠・자물쇠 等) | 683 | Gusmithing |
| 684 | 木 工 | 684 | Woodworking |
| 685 | 皮革製造 | 685 | Lether Goods Manufacture |
| 686 | 製本은 655.45에 分類한다. | 686 | It is recomamended that binding be classified in 655.45 |
| 687 | 被服製造 | 687 | Apparel Manufacturing |
| 688 | 其他小品製造 | 688 | Small Article Manufacture |
| **690** | **建 築** | **690** | **Building construction** |
| 691 | 建築材料 | 691 | Building Construction Materials |

| | | | |
|---|---|---|---|
| 715 | 造園과 樹木 | 715 | Trees, Shrubs and Hedges in Landscape Architecture |
| 716 | 造園裝飾用草木잔디・花草等 | 716 | Herbaceous Plants or Annual in Landscape Architecture Structures in Lendscape Architecture |
| 717 | 造園과 建造物 | 717 | Structures in Lendscape Architecture |
| 718 | 墓地의 設計 | 718 | Planning of Ceameteries |
| 719 | 自然風景 | 719 | Planning of Natural Landscape Reservations |
| **720** | **建築術** | **720** | **Architecture** |
| 721 | 工學原理의 應用을 要하는 建築은 624에 分類한다 例: 基礎 924.15; 아ー치 624.77: 建築材料와 建築은 690~698 例: 지붕구조, 694.2; 벽돌建造, 693.2 大部分의 建築模樣을 要하는 構造物 各部分의 設計는 729 | 721 | It is recommended that architectual construction requiring employment of engineering Principles be classified in 624,e.g. foundations, 624.15; arches, 624.177; building materials and construction, 690-698, e. g. roof construction. 694.2; design of structural features, Where most of architectural construction material should fall, 729 |
| 722 | 古代建築(4,000 A. C-300 | 722 | Ancient Architecture |
| 723 | 中世紀建築(300 A. D-1,400) | 723 | Medieval Architecture |
| 724 | 現代建築(1,400-) | 724 | Modern Architecture |
| 725 | 公共建物 | 725 | Public Buildings |
| 726 | 聖堂・禮拜堂建物 | 726 | Ecclesiastical Architecture |
| 727 | 教育機關建物 | 727 | Educationa Architecture |
| 728 | 住宅建物 | 728 | Domestic Architecture |
| 729 | 建築設計 및 裝飾物 | 729 | Architectural Design and De |

coration

| | | | | |
|---|---|---|---|---|
| **730** | **彫　刻** | **730** | **Sculpture** |
| 731 | 彫刻材料 및 方法 | 731 | Materials and Methods of Sculpture |
| 732 | 古代彫刻(3,000-B.C- | 732 | Acient Sculpture(3000R. C.-) Primitive Sculpture |
| 733 | 古典的彫刻(1500 B.C-476 A.D) | 733 | Classical Sculpture(1500 B.C-476 A.D) |
| 734 | 中世紀彫刻 | 734 | Christian Sculpture. Eastern Sculpture |
| ※734.5 | 佛　像 | *734.5 | Buddhist Images. See also 294. 68 |
| 735 | 現代彫刻 | 735 | Modern sculpture |
| 736 | 特殊資料彫刻 | 736 | Carving of Special Materials |
| 737 | 古錢學(錢畵學) | 737 | Numismatics |
| 738 | 陶磁器彫刻 | 738 | Ceramic Sculpture |
| 739 | 金屬彫刻 | 739 | Metal Sculpture |
| **740** | **圖書 · 裝飾美術** | **740** | **Drawing Decorative Art** |
| 741 | 自在畵法 | 741 | Freehand Drawing |
| ※741.3 | 書　道 | *741.3 | Calligraphy |
| 742 | 遠近畵法 | 742 | Perspective |
| 743 | 藝術解剖 | 743 | Anatomy for Artists |
| 744 | 製圖術 梭戒製圖 · 幾何學删製圖 · 建築 및 工業製圖 生産圖面等 | 744 | Technical Drafting Industria Production Illustration |
| 745 | 裝飾美術과 圖案 | 745 | Decorative Art and Design |
| 746 | 手藝 · 刺繡 | 746 | Lacea. Tapestries. Needlework |
| 747 | 室內裝飾 | 747 | Interior Decoration |
| 748 | 유리裝飾製品 | 748 | Glassware |
| 749 | 家具 및 附屬品 | 749 | Furniture, and Accessories |
| **750** | **繪　畵** | **750** | **Painting** |
| 751 | 繪畵材料 및 方法 | 751 | Materials and Methods of |

|     |              |          |                |
|-----|--------------|----------|----------------|
|     |              |          | Painting       |
| 752 | 色彩의 理論 및 實際 | 752 | Color Theory and Practice |
| 753 | 叙事畵        | 753      | Epic Painting  |
| 754 | 風俗畵        | 754      | Genre Painting |
| 755 | 宗敎畵        | 755      | Religious Painting |
| 756 | 歷史畵        | 756      | Historical Painting |
| 757 | 肖像畵        | 757      | Portraiture    |
| 758 | 風景畵・靜物畵   | 758      | Landscape. Still Life |
| 759 | 繪畵史        | 759      | History of Painting |
| 759.1-.9 | 各國繪畵個人作品包含 | 759.1-.9 | National Schools of Painting. Includes Works of Individual Artists |
| ※759.1 | 東洋繪畵    | *759.1   | Oriental Painting |
| ※759.11 | 韓國繪畵   | *759.11  | Korean Painting |
| ※759.12 | 中國繪畵   | *759.12  | Chinese Painting |
| ※759,13 | 日本繪畵   | *759.13  | Japanese Painting |
| ※759.14 | 印度繪畵   | *759.14  | Indian Painting |
| ※759.15 | 其他      | *759.15  | Other Oriental Painting |
| 759.2 | 英・美國繪畵   | 759.2    | American, English Painting |
| 759.3 | 獨逸繪畵      | 759.3    | German Painting |
| 759.4 | 佛蘭西繪畵     | 759.4    | French Painting |
| 759.5 | 伊太利繪畵     | 759.5    | Italian Painting |
| 759.6 | 스페인繪畵     | 759.6    | Spanish Painting |
| 759.7 | 러시아繪書     | 759.7    | Russian Painting |
| 759.8 | 스칸디나비아繪畵  | 759.8    | Scandinavian Painting |
| 759.9 | 其 他        | 759.9    | Other Schools of Painting |
| **760** | **版畵 및 版刻** | **760** | **Prints and Print Making** |
| 761 | 浮彫刻        | 761      | Relief Prints  |
| 762 | 요판각(凹版刻)은 765~767에 分類한다 | 762 | It is recommended that intaglio work be classified in 765-767 |
| 763 | 철(凸)版刻     | 763      | Surfarce or Flat Prints |

|  |  |  |  |
|---|---|---|---|
| | | | Music |
| ※789.1 | 國樂器 | *789.1 | Korean Music |
| **790** | **娛 樂** | **790** | **Recreation** |
| 791 | 公衆娛樂·興行物 | 791 | Shows |
| 792 | 演劇·劇場 | 792 | Theater |
| 793 | 室內遊戱·宴會·娛樂 | 793 | Parties. Other Entertainment |
| 794 | 체스·바둑·체커 | 794 | Chess. Checkers |
| 795 | 카ー드 게임 및 卓上노리 | 795 | Card and Table Games |
| 796 | 運動·競技 | 796 | Athletics and Sport |
| 797 | 水上運動 空上運動 | 797 | Aquatic Sports. Air Sports |
| 798 | 魔術·競馬 | 798 | Equestrian Sports. Recing |
| 799 | 狩 獵 | 799 | Hunting Sports |
| **800** | **文 學** | **800** | **Literature** |
| 801 | 文學理論 | 801 | Philosophy. Theory. |
| 802 | 槪要·便覽 | 802 | Handbooks. Outline |
| 803 | 文學辭典 | 803 | Dictionaries Encyclopedias |
| 804 | 演說·講義·講演 | 804 | Essays Lectures. Addresses |
| 805 | 定期刊行物· 年鑑 | 805 | Periodicals |
| 806 | 團體·學會 | 806 | Associations. Societies |
| 807 | 學習·指導 | 807 | Study and Teaching |
| 808 | 修辭學·文章 | 808 | Literary Composition. Rhetoric |
| 808.8 | 叢書·全集 | 808.8 | Collections from Several Literatures Written Originally in Different Languages |
| 809 | 文學史 | 809 | History of Literature |
| **810** | **東洋文學** | ***810** | **Oriental Literature** |
| ※**811** | **韓國文學** | ***811** | **Korean Literature** |
| 811.1 | 詩 | 811.1 | Korean Poetry |
| 811.2 | 한국戱曲 | 811.2 | Korean Drama |
| 811.3 | 한국小說 | 811.3 | Korean Fiction |

| | | | |
|---|---|---|---|
| 811.4 | 隨　筆 | 811.4 | Korean Essays |
| 811.5 | 演　說 | 811.5 | Korean Oratory |
| 811.6 | 書翰文・日記・記行 | 811.6 | Korean Letters, Diaries. Travels |
| 811.7 | 諷刺・유－모어 | 811.7 | Korean Satire and Humor |
| 811.8 | 雜文學 | 811.8 | Korean Miscellany |
| 811.9 | 漢文學 | 811.9 | Chinese Literary Works in |

811.9 漢文學을 各主題에 넣지 않고 한곳에 모으려면 文學共通區分에 의하여 分類한다
例: 漢文詩 811. 91

811.9 Chinese Literary Works in Korean When Dresirable, may be classified in 811.9 by litetary form divisions

※812　中國文學
812.1-. 8은 811과 같이 區分한다.

*812　**Chinese Literaure**
812.1-8 May be divided like 811

※813　日本文學
811과 같이 區分한다

*813　**Japanese Literature**
May be divided like 811

※814　印度文學
814.1.-.8. 811과 같이 區分한다

*814　**Indian Literature**
814.1-.8 May be divided like 811

※815　其他東洋諸國文學

*815　**Other oriental Literatures**

※820　英・美文學

*820　**American, English Liter atures**

| | | | |
|---|---|---|---|
| 821 | 詩 | 821 | Poetry |
| 822 | 영미 戲曲 | 822 | Drama |
| 823 | 영미 小說 | 823 | Fiction |
| 824 | 隨　筆 | 824 | Essays |
| 825 | 演　說 | 825 | Oratory |
| 826 | 書翰・日記・紀行 | 826 | Letters, Diaries and Travels |
| 827 | 諷刺・유－모어 | 827 | Satire and Humor |
| 828 | 雜文學 | 828 | Miscellany |
| 829 | 古代英文學(앙그로색손) | 829 | Old English(Anglo-Saxon) Literature |
| **830** | **獨逸文學** | **830** | **German Literature** |

| | | | | |
|---|---|---|---|---|
| | 420과 같이 區分한다 | | | May be divided like 820 |
| 839 | 其他獨逸語系文學 | | 839 | Other Germanic Literature |
| **840** | **佛蘭西文學** | | **840** | **French Literature** |
| | 420과 같이 區分한다 | | | May be divided like 820 |
| 849 | 푸로반스文學 | | 849 | Provencal Literature |
| 849.9 | 캐타로니아文學 | | 849.9 | Catalan Literature |
| **850** | **伊太利 文學** | | **880** | **Italian Literature** |
| | 420과 같이 區分한다 | | | May be divided like 820 |
| 859 | 루－마니아文學 | | 859 | Rumanian Literature |
| **860** | **스페인文學 420과 같이** | | **860** | **Spanish Literature** |
| | 區分한다 | | | May be divided like 820 |
| 869 | 포르투갈文學 | | 869 | Portuguese Literature |
| **870** | **라틴文學** | | **870** | **Latin Literature** |
| 871 | 詩 | | 871 | Latin Poetry |
| 872 | 戲 曲 | | 872 | Latin Dramatic Poety |
| 873 | 叙事時 | | 873 | Latin Epic Poetry |
| 874 | 抒情詩 | | 874 | Latin Lyric Poetry |
| 875 | 演 說 | | 875 | Latin Oratory |
| 876 | 書翰·日記·紀行 | | 876 | Latin Letters. Diaries, Travels |
| 877 | 諷刺·유－모어 | | 877 | Latin Satire and Humor |
| 878 | 雜文學 | | 878 | Latin Miscellany |
| 879 | 中世紀 및 現代라틴文學 | | 879 | Other Italic, Medieval and Modern Latin Literature |
| **880** | **希臘文學** | | **880** | **Greek Literature** |
| 881 | 詩 | | 881 | Greek Poetry |
| 882 | 戲 曲 | | 882 | Greek Dramatic Poetry |
| 883 | 叙事詩 | | 883 | Greek Epic Poetry |
| 884 | 抒情詩 | | 884 | Greek Lyric Poetry |
| 885 | 웅 변 | | 885 | Greek Oratory |
| 886 | 書翰·日記·紀行 | | 886 | Greek Letters. Diaries. Travels |

| | | | |
|---|---|---|---|
| 887 | 諷刺·유-모어 | 887 | Greek Satire and Humor |
| 888 | 雜文學 | 888 | Greek Miscellany |
| 889 | 中世 및 現代希臘文學 | 889 | Hellenic Group, Modern Greek Literature |
| **890** | **其他文學** | **890** | **Literature of other Languages** |
| 891 | 印度 유럽 言語文學 | 891 | Indo-European Literatures |
| 892 | 세미語系文學 | 892 | Semitic Literatures |
| 893 | 하무語系文學 | 893 | Hamitic Literatures |
| 894 | 퉁구즈·터-키·새모예드·휘노-우그릭·하이퍼보리안文學 | 894 | Tunguzic, Turkic, Samoyed, Finno-Ugric and Hyperborean Literatures |
| 895 | 810 을보라(東洋文學) | 895 | See, 810 |
| 896 | 아프리카文學 | 896 | African Literature |
| 897 | 北아메리카土着文學 | 897 | North American Literatures |
| 898 | 南아메리카土着文學 | 898 | South American Literatures |
| 899 | 오스트로네시아文學 | 899 | Austronesian Literatures |
| 899.9 | 其他文學 | 899.9 | Other Literatures |
| **900** | **歷　史** | **900** | **History** |
| 901 | 文化史 | 901 | History of Civillization |
| 902 | 概要·便覽 | 902 | Handbooks. Outlines |
| 903 | 역사·辭典 | 903 | Dictionaries. Encyclopedias |
| 904 | 論文集·講演集 | 904 | Essays. Lectures |
| 905 | 定期刊行物·年鑑 | 905 | Periodicals |
| 906 | 團體·學會 | 906 | Associations. Societies |
| 907 | 學習·指導 | 907 | Study and Teacing |
| 908 | 全集·叢書 | 908 | CoIletions |
| 909 | 現代世界史 | 909 | Modern World History |
| **910** | **地誌·紀行** | **910** | **Geography & Trauel** |
| 911 | 人文地理 | 911 | Historica Geography |
| 912 | 地圖 | 912 | Atlases |
| 913 | 古代世界地理 | 913 | Geography of Ancient |

|       |                          |       |                                                        |
|-------|--------------------------|-------|--------------------------------------------------------|
|       |                          |       | World                                                  |
| 914   | 유-럽地理                | 914   | Geography of Europe                                    |
| 915   | 亞細亞地理               | 915   | Geography of Asia                                      |
| 916   | 아프리카地理             | 916   | Geography of Africa                                    |
| 917   | 北아메리카地理           | 917   | Geography of North America                             |
| 918   | 南아메리카地理           | 918   | Geography of South America                             |
| 919   | 大洋洲의 諸島 및 極地    | 919   | Geography of Oceania and Polar Regions                 |
| **920** | **傳　記**             | **920** | **Biograpgy**                                        |
| 929   | 系譜學·紋章學            | 929   | Genealogy and Heraldry                                 |
| **930** | **古代世界史**         | **930** | **Ancient History**                                  |
| 931   | 中國古代史는 952에 分類한다 | 931   | It is. recommanded that ancient Indian history be classified in 952 |
| 932   | 古代埃及(에지푸트)       | 932   | Acient Egypt                                           |
| 933   | 古代猶太文明             | 933   | Ancient Hebrew Civilization                            |
| 934   | 印度古代史는 954에 分類한다 | 934   | It is recommended that ancient Indian history be classified in 954 |
| 935   | 古代近東                 | 935   | Ancient Near East                                      |
| 936   | 古代유럽·여러民族         | 936   | Ancient European Tribes                                |
| 937   | 古代로마                 | 937   | Ancient Rome                                           |
| 938   | 古代希臘                 | 938   | Ancient Greece                                         |
| 939   | 其他古代 여러民族文明     | 939   | Other Ancient Civilizations                            |
| **940** | **유럽역사**           | **940** | **European History**                                 |
| 941   | 캐타로니아               | 941   | Scotland                                               |
| 941.5 | 愛　蘭                   | 941.5 | Irish Republic(Eire)                                   |
| 941.6 | 北愛蘭                   | 941.6 | Northern Ireland                                       |
| 942   | 英國史                   | 942   | England                                                |
| 942.9 | 웨일스(英國의 西南部地域) | 942.9 | Wales                                                  |

| | | | |
|---|---|---|---|
| 943 | 獨逸역사 | 943 | Germany |
| 943.6 | 오-스트리아 | 943.6 | Austria |
| 943.7 | 첵코스로바키아 | 943.7 | Czechosolovakia |
| 943.8 | 포랜드 | 943.8 | Poland |
| 943.9 | 헝가리 | 943.9 | Hungary |
| 944 | 佛蘭西역사 | 944 | France |
| 944.949 | 모나코 | 944.949 | Monaco |
| 945 | 이태리 | 945 | Italy |
| 945.4 | 싼마리노 | 945.4 | San Marino |
| 945.8 | 말타 | 945.8 | Malta |
| 946 | 스페인 | 946 | Spain |
| 946.7 | 안도라 | 946.7 | Andorra |
| 946.8 | 지부랄탈 | 946.8 | Gibraltar |
| 946.9 | 포르투갈 | 946.9 | Portugal |
| 947 | 소비엣聯邦共和國 | 947 | Union of Soviet Socialist Republic European Part |
| 948 | 스칸디나비아 | 948 | Scandinavia |
| 949 | 其他유립諸國 | 949 | Other European Countries |
| **950** | **東洋史** | **950** | **History of Asia** |
| ※951 | 韓國歷史 | *951 | Korean History |
| 951.1 | 文化史 | 951.1 | History of Civilization |
| 951.2 | 古代史 | 951.2 | Early Period(2333 B.C.) |
| 951.3 | 中古史(三國 및 新羅 B.C 57~A.D-936) | 951.3 | Medieval Period (B. C. 57-936 A.D.) |
| 951.4 | 近古史(高麗 918~1392) | 951.4 | Early Modern Period (Kory A.D.918-1392) |
| 951.5 | 近世史(李朝 1392~1386) | 951.5 | Modern Period Dynasty (A.D. 1392-1896) |
| 951.6 | 現代史(日政時代 1910~1945) | 951.6 | Japanese Period (1910~1945) |
| 951.7 | 大韓民國時代(1945~1959) | 951.7 | Republic of Korea (1945-1959) |

| | | | |
|---|---|---|---|
| 951.9 | 地方史 | 951.9 | Local History |
| ※952 | 中國歷史 | *952 | Chinese History |
| ※953 | 日本歷史 | *953 | Japanese History |
| ※954 | 印度歷史 | *954 | Indian History |
| 954.1 | 부 탄 | 954.1 | Bhutan |
| 954.2 | 네 팔 | 954.2 | Nepal |
| 954.7 | 파키스탄 | 954.7 | Pakistan |
| 954.8 | 쎄이론 | 954.8 | Ceylon |
| 955 | 아라비아 · 이란 | 955 | Arabia, Iran |
| 956 | 近 東 | 956 | Near East |
| 957 | 亞世亞의 蘇聯 | 957 | Union of Soviet Socialist Republics Asiatic Part |
| 958 | 中南部亞世亞 | 958 | Middle East |
| 959 | 佛英印度支那 | 959 | French Indo-china |
| 959.1 | 버-마 | 959.1 | Union of Burma |
| 959.3 | 타이(泰) | 959.3 | Siam |
| 959.5 | 마레이聯邦 | 959.5 | Federation of Malaya |
| 959.52 | 싱가포르 | 959.52 | Singapore |
| **960** | 아프리카역사 | **960** | **African History** |
| 961 | 北아프리카 | 961 | North Africa |
| 962 | 에지프트(埃及) | 962 | Egypt |
| 963 | 에티오피아 | 963 | Ethiopia |
| 963.5 | 伊太利東部아프리카 | 963.5 | Italiao East Africa |
| 964 | 모록코 | 964 | Morocco |
| 965 | 알제리아 | 965 | Algeria |
| 966 | 北部中央아프리카 | 966 | North Central Africa |
| 967 | 南部中央아프리카 | 967 | South Central Africa |
| 968 | 南아프리카 | 968 | South Africa |
| 969 | 印度洋諸島 | 969 | Islands of Indian Ocean |
| **970** | 北아메리카 | **970** | **North American History** |
| 971 | 캐나다 | 971 | Canada |
| 972 | 멕시코 | 972 | Mexico |

| | | | | |
|---|---|---|---|---|
| 972.8 | 中央아메리카 | | 972.8 | Central America |
| 972.9 | 西印度諸國 | | 972.9 | West Indies. Antilles |
| 973 | 北아메리카合衆國 | | 973 | United States |
| 974 | 北東諸洲 | | 974 | Northeastern States |
| 975 | 南東諸洲 | | 975 | Southeastern States |
| 976 | 中南部諸洲 | | 976 | South Central or Gulf States |
| 977 | 中北部諸洲 | | 977 | North Central or Lake States |
| 978 | 西部諸洲 | | 978 | Western or Mountain States |
| 979 | 太平洲沿岸諸洲 | | 979 | Pacific States |
| **980** | **西아메리카** | | **980** | **South American History** |
| 981 | 브라질 | | 981 | Brazil |
| 982 | 아르헨티나 | | 982 | Argentina |
| 983 | 치리 | | 983 | Chile |
| 984 | 볼리비아 | | 984 | Bolivia |
| 985 | 페 르 | | 985 | Peru |
| 986.1 | 컬럼비아 | | 986.1 | Colombia |
| 986.2 | 파나마 | | 986.2 | Panama |
| 986.3 | 파나마運河 | | 986.3 | Panama Canal and Canal Zone |
| 986.6 | 에콰도르 | | 986.6 | Ecuador |
| 987 | 베네즐라 | | 987 | Venezuela |
| 988 | 기아나 | | 988 | Guinas |
| 989.2 | 파라과이 | | 989.2 | Paraguay |
| 989.5 | 우루과이 | | 989.5 | Uruguay |
| **990** | **大洋洲·極地** | | **990** | **History of Oceania** |
| 991 | 인도네시아 | | 991 | Indonesia |
| 992 | 순 다 | | 992 | Sunda |
| 993 | 머라네시아·뉴질랜드 | | 993 | Melanesia, New Zealaod |
| 994 | 濠洲(오스트레일리아) | | 994 | Australia |
| 995 | 뉴기니아 | | 995 | Papua-New Guioea |
| 996 | 폴리네시아·미크로네시아 | | 996 | Polynesia and Micronesia |
| 997 | 孤立된 諸島 | | 997 | Isolated Islaods |
| 998 | 北極地方 | | 998 | Arctic Regions |
| 999 | 南極地方 | | 999 | Antarctic Regions |

# 參考文獻

*A Modern Outline of Library Classification*, by J. Mills. London, Chapman & Hall 1962.

*Introduction to Cataloging and the Classification of books*, by Margaret Mann, 2nd ed, Chicago, A.L.A, 1943.

*Dewey Decimal Classification*, 15 ed, and 16ed, New york. Forest Press.

*Code for Classifiers*, by W. S. Merrill, 3rd ed. Chicago. A.L.A. 1954.

*Colon Classification*, by S. R. Ranganathan. Borebay Asia Publishing House, 1960.

*A Manual of Classification for Librarians and Bibliographers*, by W. C. Sayers. 3rd ed, 1955.

**朝鮮十進分類表**(K.D.C) 朴奉石編 서울, 國立圖書館 1947.

**圖書分類導綸**. 李丙洙著, 서울, 1963,

**圖書分類法要說**(改訂增補版), 加藤宗厚著, 東京, 理想社 1959.

**圖書の 分類**(改稿版) 加藤宗厚著, 東京, 埋想社 1962.

* 본 도서는 1964년에 출간 된 청랑 정필모 박사의 도서분류법개론을 한국학술정보에서 새롭게 펴낸 것임.

● 저자 ●

정필모(鄭駜謨)　　중앙대학교 영어영문학과 졸업
　　　　　　　　　중앙대학교 대학원 문학석사
　　　　　　　　　연세대학교 대학원 도서관학석사, 문학박사
　　　　　　　　　중앙대학교 문헌정보학과 교수, 중앙도서관장, 인문과학연구소장
　　　　　　　　　중앙대학교 문리과대학장, 부총장
　　　　　　　　　(현) 중앙대학교 명예교수

**주요 저서**

文獻分類法, 文獻分類論, 國際百進分類法硏究, 目錄組織論,
目錄組織論(개정판), 高麗佛典目錄硏究, 文獻情報學原論,
情報經濟學原論, 文獻情報學原論(개정판), 文獻情報學原論(제3개정판),
文獻情報學原論(제4개정판), 圖書館 및 文獻利用法,
一般參考文獻槪說, 學術情報媒體의 標準化指針,
學術論文作成指針, 韓國文獻記號表.
동의보감에 나타난 암치료 처방전, 국제백진분류법

淸浪 鄭駜謨 博士著作全集 21

# 圖書分類法槪論
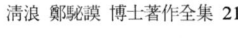

| | |
|---|---|
| ● 초판인쇄 | 2005년 01월 5일 |
| ● 초판발행 | 2005년 01월 10일 |
| ● 지은이 | 정필모 |
| ● 펴낸이 | 채종준 |
| ● 펴낸곳 | 한국학술정보(주) |
| | 경기도 파주시 교하읍 문발리 파주출판정보산업단지526-2 |
| | 전화 031) 908-3181(대표)·팩스 031) 908-3189 |
| | 홈페이지　http://www.kstudy.com |
| | e-mail (e-Book 사업부)　ebook@ kstudy.com |
| ● 등 록 | 제일산-115호(2000. 6. 19) |
| ● 가 격 | 26,000원 |

| ISBN | 89-534-2140-3 | 94020 | (Paper Book) |
|---|---|---|---|
| | 89-534-2141-1 | 98020 | (ebook) |
| | 89-534-1824-0 | 94020 | (Paper Book set) |
| | 89-534-1825-9 | 98020 | (ebook set) |